国家社会科学基金项目
河南师范大学学术专著出版基金资助
河南师范大学法学院法学专著科研资助

ZHONGGUO NONGMINGONG QUANLI
BAOHU DE FALÜ KAOCHA

中国农民工权利保护的
法律考察

黄进才◎著

人民出版社

目　录

绪　论

一、研究对象

本著作以农民工为研究对象。农民工是指具有农村户籍，在城市从事非农产业的一个庞大的特殊群体。这个群体的称谓很多，诸如"民工"、"外来进城务工人员"等。其中以"农民工"一词在近年使用得最为普遍。

"农民工"这一称谓已经约定俗成，但并不表明这一称谓的科学性。一般而言，根据所从事的职业来称谓从业人员比较科学。"农民工"这一称谓把农民工这个群体界定为农民，而没有界定为工人。如果照此逻辑，城市工人到农村承包"四荒"等土地，就只能叫做"工人农"了。显然这一称谓是不科学的。如何科学地界定农民工这个群体不仅仅是个称谓问题，也反映出计划经济体制下城乡二元结构的固定思维。但是为了在研究过程中叙述方便，我们也暂且使用了"农民工"一词。

农民工是一个庞大的群体。据国家统计局发布的《2008年度人力资源和社会保障事业发展统计公报》显示，全国农民工总量达到了2.3亿人，比邻国俄罗斯的总人口还要多。

农民工是一个伴随着我国的城市化进程而出现并不断壮大的特殊社会群体。对于农民工这一群体，可以从以下四个层面来进一步理解：第一，在地域上，农民工来自农村；第二，在职业上，农民工在城市从事的是非农职业，主要在第二或第三产业领域；第三，在制度身份上，农民工的户籍身份还是农民，与具有非农户籍身份的人有着明显的身份差别；第四，在劳动关系上，农民工属于被雇佣者。

二、研究方法

本书作主要采用了价值分析、比较分析、文献与历史研究、社会实证分析等研究方法。其中，价值分析方法分别从人权、平等、正义与和谐的价值角度探讨了农民工权利法律保护的正当性；比较分析方法主要借鉴发达国家城市化进程中对劳工权利保护有益的做法；文献与历史研究方法主要是对改革开放以来农民工权利保护的政策与法律演变进行系统研究。

本书在理论分析的基础上偏重于社会实证分析方法，比如问卷调查、抽样调查、个案访谈等方法。作者在我国东部地区选择了青岛市、东莞市，在我国中部地区选择了河南省郑州市、新乡市、开封市、许昌市和洛阳市五个典型地区，在我国西部地区选择了西安市作为调查地点。调查重点在河南省。本调查从 2008 年 8 月至 2010 年 7 月历时近两年，采用发放调查问卷、个别访谈及召开座谈会、研讨会等形式，对涉及的实证性问题进行直接的调查与研究。其中参与调查过程的研究生和本科生达 500 人次，向典型地区发放问卷 3000 余份，针对 51 个涉及农民工权利法律保护的问题进行调研。调查数据的录入和统计利用统计 SPSS 软件完成，并采用总体描述和异地对比相结合的方法对数据进行分析，力求全面、真实地反映目前我国农民工权利法律保护的现状，确保农民工权利法律保护对策的可行性和普适性。

三、农民工的基本情况

在调查总样本 3502 人中，河南省郑州市有效人数为 559 人，新乡市有效人数为 601 人，洛阳市有效人数为 600 人，开封市有效人数为 550 人，许昌市有效人数为 551 人，陕西省西安市有效人数为 200 人，广东省东莞市有效人数为 220 人，山东省青岛市有效人数为 221 人。

（一）农民工基本身份情况

1. 年龄情况

在回答问卷的 3480 名农民工中，15—17 岁年龄段的占总人数的 9.3%，18—35 岁的占 49.9%，36—45 岁的占 30.5%，46—65 岁的占 10.3%。其中，在东莞市农民工中，18—35 岁的占 70.6%，36—45 岁的占 22.0%，46—65 岁的占 3.7%。可见，农民工年龄普遍较轻，正处于劳动力最旺盛的年龄。

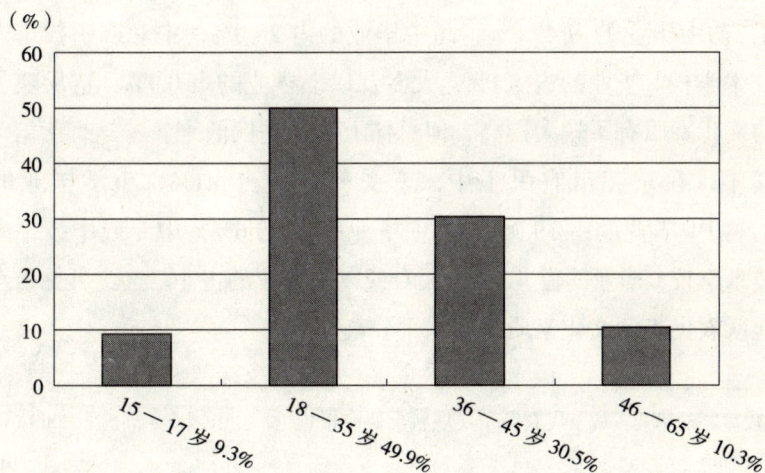

图 1　农民工的年龄构成

2. 性别情况

在回答问卷的 3395 名农民工中，男性占总人数的 69.3%，女性占 30.7%。

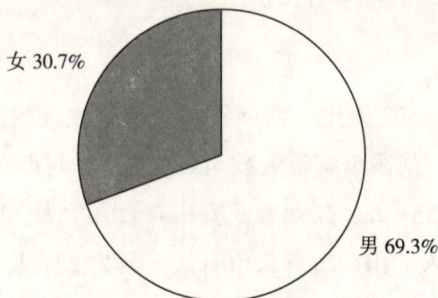

图 2　农民工的性别构成

外出农民工总量中男性居多，而女性青年农民多在省内流动。据《第二次全国农业普查主要数据公报（第 5 号）》，全国外出男性农民工 8434 万人，占总量的 64%；女性农民工 4747 万人，占 36%。男性农民工输出速度要大于女性农民工，在远距离跨省流动的新一代农民工中，男性比重较大；而省内流动中，女性青年较多[①]。

3. 受教育程度

在回答问卷的 3478 名农民工中，未受教育的占 5.9%，小学毕业的占 18.3%，初中毕业的占 47.8%，高中毕业的占 23.0%，中专或中技（中等职业技术学校）毕业的占 4.1%，大专及以上毕业的占 0.9%。这反映了农民工的文化素质有了较大提高，但总体上看还是偏低[②]。

其中，在东莞市农民工中，未受教育的占 4.1%，小学毕业的占 11.9%，初中毕业的占 39.9%，高中毕业的占 29.6%，中专或中技（中等职业技术学校）毕业的占 4.3%，大专或以上毕业的占 10.1%。可见，东部沿海地区农民工的文化素质整体水平较高。

---

① 刘俊彦，胡献忠. 新一代农民工发展状况研究报告［J］. 中国青年研究，2009，（1）：49—57.

② "外来农民工" 课题组. 珠江三角洲外来农民工状况［J］. 中国社会科学，1995，（4）：92—104.

（％）

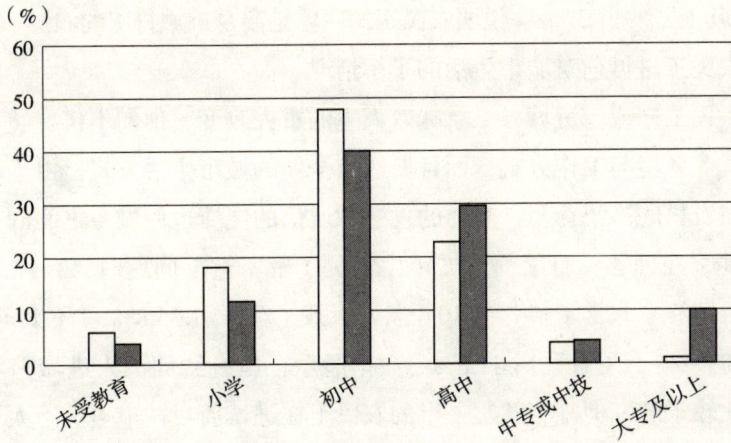

图 3　农民工受教育程度

（二）农民工进城务工情况

1. 农民工进城前的身份情况

在回答问卷的 3479 名农民工中，选择"学生"的占 25.3%，"务农"的占 42.8%，"家庭非农经营"的占 9.1%，"在村镇企业务工"的占 5.1%，"在外打零工"的占 13.0%，"复转军人"的占 1.5%，"村或乡镇干部"的占

（％）

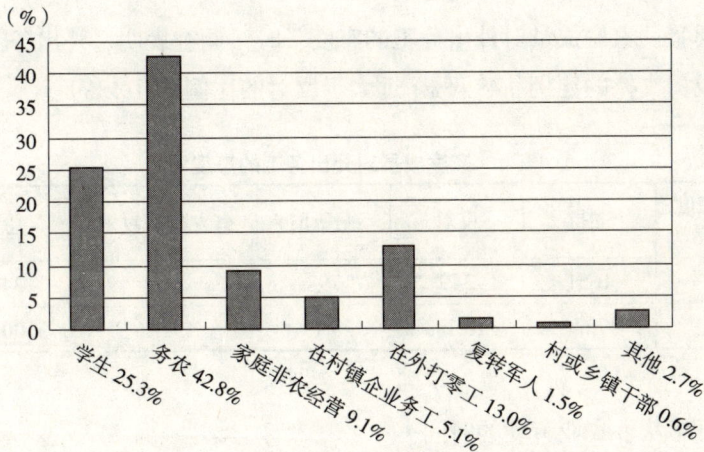

图 4　农民工进城前的身份

0.6%，"其他"的占 2.7%。说明农民工的主体是离乡进城打工的农民。

2. 农民工进城前对城市生活的了解情况

对农民工来说，进城务工意味着人生的重大改变，他们不仅要学习应对新的就业环境与工作方式，而且要适应全新的城市生活方式。由于电视等传媒在农村的广泛普及，交通的发达和通信的便捷也使城乡之间的交流更为便捷，在回答"打工前对城市生活的了解"这一问题时，3447 名农民工中，回答"非常了解"占 10.3%，"大致了解"占 35.8%，"不太了解"占 42.1%，"很不了解"占 11.8%。数据显示，虽有约四成人进城前对城市生活比较了解，但是有超过一半的农民工在进城前对城市生活不太了解或很不了解，农民工融入城市生活，还有许多工作要做。

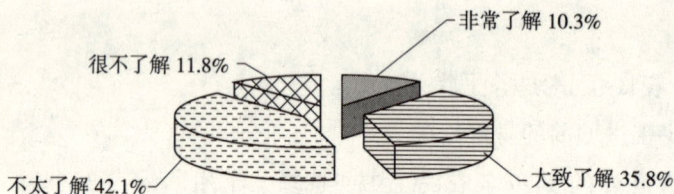

图 5　农民工进城前对城市生活的了解情况

3. 家庭成员对外出务工的态度

在回答"家庭成员对外出务工的态度"时，调查表明，外出务工得到了家庭成员支持的比例（47.6%）远大于反对的比例（10.1%）。

表 1　家庭成员对外出务工的态度

态度 数据	支持	反对	无所谓	有支持有反对	总计
有效样本	1651	349	798	667	3465
百分比	47.6%	10.1%	23.1%	19.2%	100.0%

4. 每年从事农业劳动的时间

关于"现在每年从事农业劳动的时间"的问题，回答"不再从事"的占 26.0%，偶尔从事的占 43.1%，3 个月至半年的占 19.4%，半年以上的占 11.5%。其中，东莞市农民工回答"不再从事"的所占比例更高（43.1%），偶尔从事的占 41.2%，3 个月至半年的仅占 5.6%，半年以上的占 10.2%。这组数据表明大多数农民工已经与农民的身份标志无关而成为全职的非农劳动者。

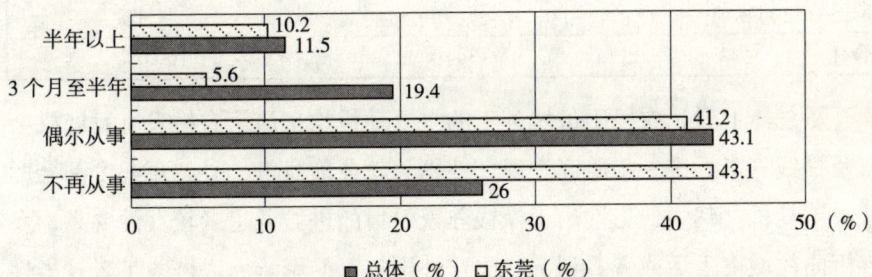

图6　农民工每年从事农业劳动的时间

5. 进城务工的原因

农民工的进城务工动机可以分为三个层次：即生存理性、经济理性和社会理性。一些学者认为，在农民工进城务工初期，往往更多表现的是生存理性选择，但随着外出寻求就业次数的增多和时间的拉长，社会理性选择和经济理性选择将表现得越来越突出[①]。依据这种理论，本次调查将农民工外出动机划分为三个层次，首先是生存理性，即"挣钱养家"，其次是个人发展的需求，最后是"见世面"，即"向往城市生活"。

在回答"为什么出来工作"问题的 3410 名农民工中，选择"农村没有发展机会"的占 20.1%，"挣钱养家"的占 53.2%，"向往城市生活"的占 14.7%，"土地被征收，无地可种"的占 3.1%，"看到亲友外出所以也外出"的占 7.5%，"躲避农村的麻烦"的占 1.3%。

---

① 文军. 从生存理性到社会理性选择：当代中国农民外出就业动因的社会学分析 [J]. 社会学研究，2001，(6)：12.

表2 外出务工原因

选项	人数	比例
农村没有发展机会	687	20.1%
挣钱养家	1813	53.2%
向往城市生活	502	14.7%
土地被征收，无地可种	105	3.1%
看到亲友外出所以也外出	257	7.5%
躲避农村的麻烦	46	1.3%
合计	3410	100.0%

从总体上看，农民工进城务工的主要动机均是认为农村没有发展机会以及挣钱养家。进一步研究发现，性别、就业前身份、受教育程度都会影响务工动机。其中，男性出于挣钱养家的目的进城务工者较女性要高，女性因向往城市生活或者看到亲戚朋友外出打工受影响而进城务工者较男性要高；进城前是学生、在乡镇企业务工及在外打零工者考虑的主要是当地农村没有发展机会，而务农及从事家庭非农业经营者外出的动机主要是挣钱养家；学生组中向往城市生活而进城打工者比例最高；初中学历及以下者的务工动机主要是挣钱养家，高中学历及以上者则是觉得农村没有发展机会，受教育程度越高，向往城市生活的比例越高。

6. 进城务工的渠道

在关于农民工进城务工的渠道调查中，约四成（38.9%）的人是通过亲朋好友的介绍，参加本乡、本村的包工队和依靠自己各占19.5%，参加当地政府、学校有组织的劳务输出的占5.0%，用人单位直接到乡里招工的占4.9%，中介机构介绍的占3.6%，其他渠道占8.5%。其中，东莞市通过亲朋好友介绍进单位的占了更大的比例（54.8%），参加本乡、本村的包工队的只占2.7%，用人单位直接到乡里招工的只占1.8%，中介机构介绍的占了较高的比例（6.4%）。这一事实说明个人社会网络是农民工进城找工作的主要依靠。调查显示，有部分学生直接到用人单位"实习"开始其打工生涯。

一般认为，社会资本是真实或虚拟资源的总和，通过社会网络获得①。农民工尚未建立起以业缘关系为主的正式社会网络，仍以亲缘、地缘和血缘为基础的非正式社会网络为主。在农民工找工作的过程中，非正式的社会网络起到了提供职业信息的作用。农民工的主要居住生活、交往网络也是由地缘、血缘交织在一起的。这种网络也使得农民工无论在交往方式还是在闲暇方式上，都习惯于并乐于与这些原有的关系来往，从而减少了与市民互动的机会，降低了相互交流沟通的深度。

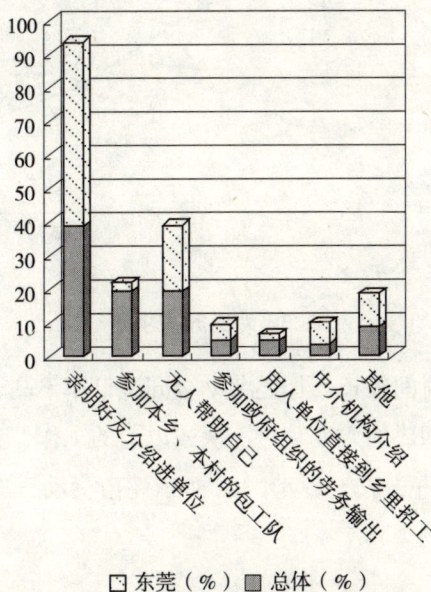

图 7　农民工的进城务工渠道

虽然"参加当地政府、学校有组织的劳务输出"和"中介机构介绍"不是主要的进城务工渠道，但是所占比例在持续增加，这说明政府和市场中介组织都在努力疏通农民工外出务工渠道，引导农民工的合理流动。当然，这种努力的程度还需要进一步加强。中介机构介绍的比例偏低（3.6%）表明，城市劳务市场特别是以农民工为主要服务对象的市场发育

---

① 布迪厄. 文化资本与社会炼金术［M］. 上海：上海人民出版社，1997：9.

严重不足。

7. 农民工的外出时间和工作变动次数

调查显示，有近 80% 的农民工在城市就业与工作的时间在一年以上，有 25.2% 的农民工累计外出务工时间超过了五年，有约 10% 的人已经务工超过 10 年以上。农民工在流入地居住趋于长期化。

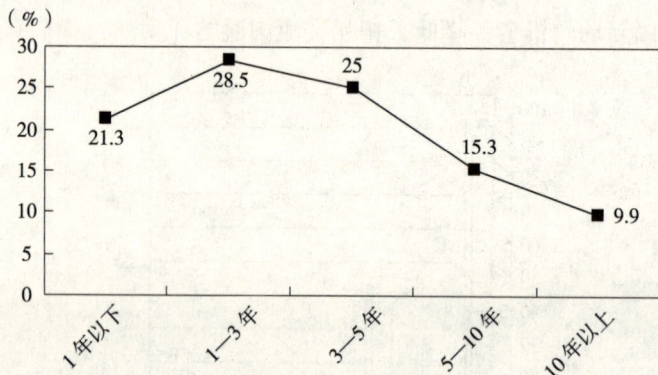

（%）

图 8　外出务工时间

由于在外务工时间较长，加之劳动合同签订率不高，许多农民工工作变换频繁，有超过四成的人变动过三次或以上的工作，其中，变动三次以上工作的农民工约占三成（29.8%），而东莞市变动三次以上工作的农民工占到了更大的比例（36.7%）。

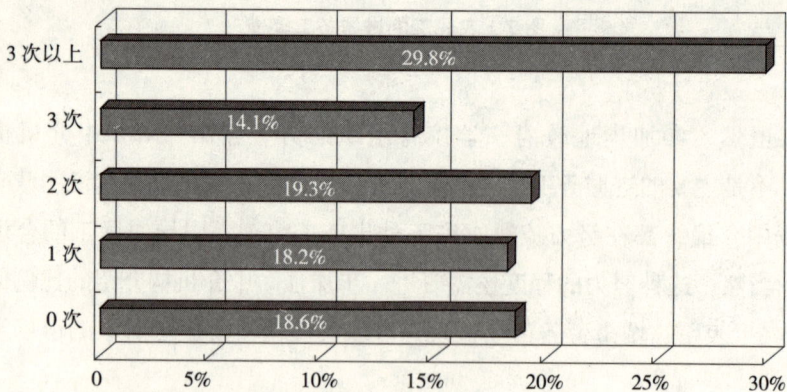

图 9　工作变动的次数

农民工工作变换的频繁表明他们是对市场最敏感的就业群体，他们已经习惯了被解雇或离职。调查显示，当遇到更合适的工作时，只有不到10%的人会继续做现在的工作①。

农民工调换工作比较频繁，并不意味着他们有更多的择业机会，恰恰相反，是意味着他们在就业方面缺乏保障，缺乏稳定性。而且他们变换一次工作，就意味着他们需要重新开始。先前的工作虽然对他们有一定的磨炼作用，使他们有更多的工作经验，但是并不能成为他们晋升、向上流动的考核指标。事实相反，随着时间的流逝，他们在就业竞争中很快失去了优势。

由于农民工大量从事的是非固定职业，例如建筑业、餐饮业等，他们的职业流动非常频繁。调查显示，大部分农民工都不是初次就业，没有变动工作的人只占18.6%，有29.8%的农民工已经是改换工作超过3次了。根据广东省1995年的调查，外来农民工在一个地区的平均时间为二至三年。同年北京大学在广东东莞的调查发现，样本中50%的人到东莞不足两年，90.2%在5年以下，66.2%的民工进过两个以上的单位②。由于传统单位制的影响，城市居民的职业通常比较稳定，即使是更换工作单位，也往往是由于能改善待遇而作出的主动选择。而农民工频繁更换工作的结果带来的不是岗位升迁和境况的改善，而是迫不得已的选择，如遭老板辞退、工厂倒闭等。

8. 用人单位的性质和工种情况

关于所在企业的性质，有效回答此问题的3425名农民工中，国有企业占8.8%，集体企业占11.9%，股份制企业占13.7%，私营企业占36.1%，个体企业占27.6%，三资企业占1.9%。其中，在东莞市217名农民工中，回答私营企业占51.6%。可见，东部沿海地区私营企业占有相当大的

---

① 郑功成，黄黎若莲.中国农民工问题与社会保护［M］.北京：人民出版社，2007：30—116.

② 广东外来农民工联合课题组.精英移民与新兴大城市战略［J］.农村劳动力流动研究通讯，1995，（8）：43—49.

比重。

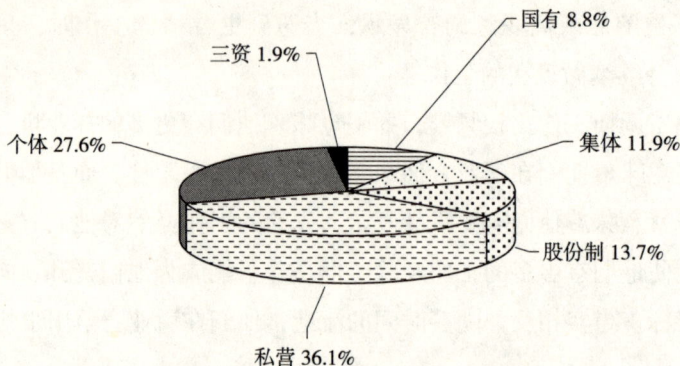

图 10　目前所在的企业性质

对于"目前的工作领域"这一问题，3446 位农民工中，回答"采矿业"的占 6.4%，"制造业"的占 16.2%，"建筑业"的占 31.4%，"交通运输业"的占 7.5%，"饮食服务业"的占 18.4%，"其他行业"的占 20.0%。其中，东莞市 218 名农民工回答"采矿业"的占 0.9%，"制造业"的占 30.3%，"建筑业"的占 6.4%，"交通运输业"的占 3.2%，"饮食服务业"的占 24.8%，"其他行业"的占 34.4%。可见，农民工主要分布在城市的建筑、环卫、搬运等行业，从事的大都是重、脏、累、险的工作。

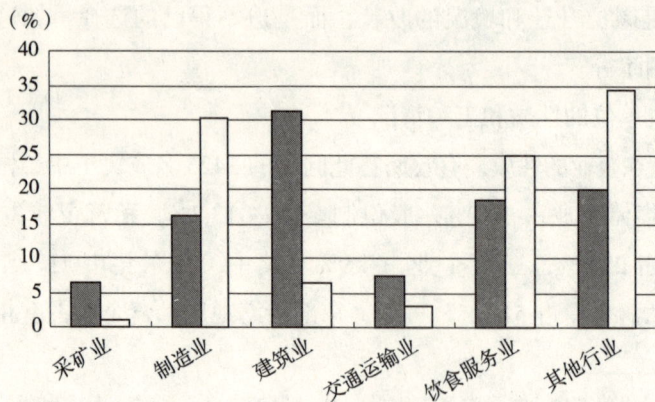

图 11　目前的工作领域

（三）农民工的分化与分层

改革开放以来，农民工群体发生了明显变化，呈现出人口成分、流动目的、个体诉求多元化的新特点。根据流动程度的大小，可将农民工划分为三个群体。

第一类是基本融入城市的农民工。即在城市有固定的住所和工作单位，收入相对稳定。该类农民工对在城市落户、获取社会保障、解决子女教育问题、享受公共医疗服务、享有更多公民权利有较高要求，对农村的土地依赖性较弱。

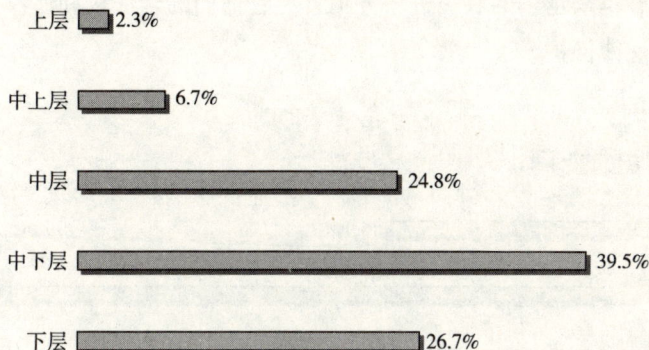

上层　2.3%

中上层　6.7%

中层　24.8%

中下层　39.5%

下层　26.7%

第二类是我国农民工的主体——常年农民工。即既有相对稳定的职业、收入和居住地，又有一定流动性（主要是春节返乡）的农民。他们渴望稳定、较高水平的收入，同时对稳定的居住场所、公共医疗服务、文化服务、计生服务、就业服务、工伤和医疗保险等也有较强的需求，对远期的养老保险服务需求意愿较弱，对土地仍有较强的依赖性。

第三类是间歇性或季节性农民工，仍以农业为主、务工为辅，或务工、务农并重。能够获得应得的劳动报酬是其基本需求，外出具有一定盲目性，对就业信息服务、维权服务有较强的需求①。

_____

① 韩俊，崔传义，金三林.现阶段我国农民工流动和就业的主要特点［J］.发展研究，2009，（4）：45—48.

总体上讲，近七成的农民工认为自己的收入在当地城市处于下层或中下层，而认为自己的收入在当地城市处于中上层或上层的不到10%。这一自我评价显示农民工对于自己在城市的经济地位有相当清醒的认识。

相比外出前收入的增加，农民工在回答"自己的收入水平在家乡属于哪个层次"问题时，大部分人认为自己现在的收入在家乡应该属于中层。这说明，农民工的收入较其在农村农业劳动收入相对高些，是吸引农民进城的主要原因。由此可以推断，只要农业收入不能达到城市打工收入的水平，就会有越来越多的农民进城务工，尽管他们的合法权利还没有得到切实有效的法律保护。

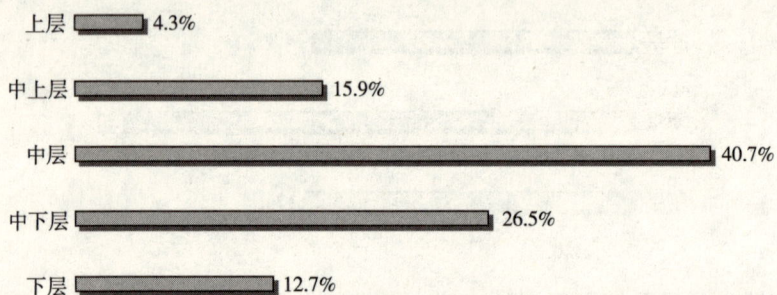

上层 4.3%

中上层 15.9%

中层 40.7%

中下层 26.5%

下层 12.7%

图13　收入水平在家乡所属的层次

无论如何，城市就业相对提高了农民工在家乡的经济地位。由于农民工大多是青壮年劳动力，许多人更是家里的经济支柱，他们在城市的收入成为部分家庭的主要来源。调查显示，约有八成农民工每个月都向家里寄钱，汇款金额以200—800元的占较大比例（54.4%），汇款801—1000元的占13.7%。

没向家里寄钱的约占两成，可能有以下几个原因：第一，收入可能只够维持在城里的生活，特别是部分年轻、外出时间不长且消费相对较高者；第二，可能是对部分年轻未婚人士来说，家里经济条件还可以，不需

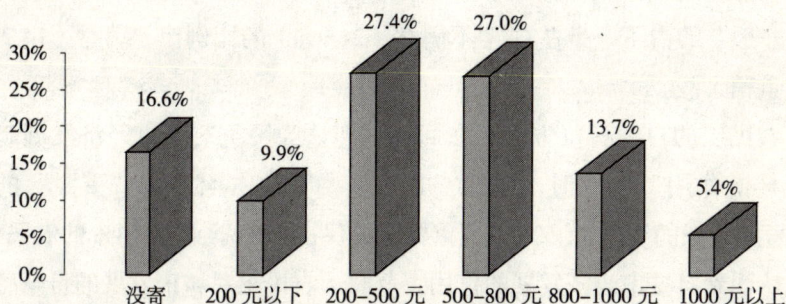

图 14　每月寄的钱数

要寄钱；第三，可能是全家都在外打工，因此不用寄钱①；第四，新一代
农民工的出现。2009 年出版的《广东消费蓝皮书》显示，新生代农民工
的生活方式与其父辈相比，已发生重大变化。老一代农民工 80%—90%
会把工资寄回家或带回家，65%—70% 的新生代农民工却将收入用于自己
的吃穿住行。

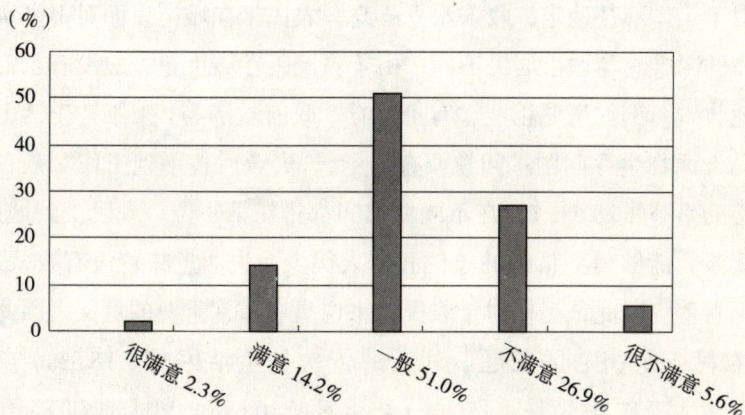

图 15　对就业岗位和收入水平的满意程度

---

① 郑功成，黄黎若莲．中国农民工问题与社会保护［M］．北京：人民出版社，2007：30—116．

　　大部分的农民工对自己就业岗位和收入水平的满意程度还过得去，选择"一般"的占了一半左右，"不满意"（26.9%）的比例比"满意"（14.2%）的比重稍大些。

　　农民工的自我评价方面。在回答"您认为民工对城市经济发展起到什么样的作用"问题时，选择"非常重要"的占45.7%，"重要"的占28.3%，"一般的"占21.5%，"不重要"的仅占4.5%。高达74%的农民工，自我认识到对城市经济发展的作用，反映了农民工对城市发展的自豪感。

表3　对城市经济发展所起作用的认识

数据 认识	非常重要	重要	一般	不重要	总计
人数	1564	968	735	155	3422
百分比	45.7%	28.3%	21.5%	4.5%	100.0%

（四）农民工潜在和实际困难及对政府的期望

1. 农民工潜在和实际困难

　　由于工作不甚稳定，收入水平不高，农民工在城市里面对很多实际的或潜在的困难。与城市居民不同，由于农民工在城市里一般没有工资以外的其他收入（例如房屋租金、有价证券、政府救济等）来维持生活，一旦失业马上面临生存问题。问卷调查显示，"失业后找不到工作"是农民工最担心的事情（28.5%），在不同城市间都排在第一位。农民工到城市后，举目无亲，能够得到帮助的单位和个人很少，失业意味着没有收入来源，生活无着落。因此，工作对于农民工来说具有非常重要的意义。因此，失业是农民工最担心的问题。其后的依次是生活困难（16.5%）、养老（16.4%）、工作中受伤（15.2%）、生病（10.6%）和无钱供孩子上学（6.7%）等。而东莞市"生病"排在第三位（15.1%）、"无钱供子女上学"占有较高的比例（11.1%），可见东莞市的农民工对医疗保险和子女上学费用是比较担心的。总体来看，由于许多农民工没有任何医疗保险和养老保险，再加上目前看病贵，超出农民工的承受范围，虽然大部分农民工身强体壮，但是工作中受伤和生病后的医疗问题仍然是许多农民工所担心的。

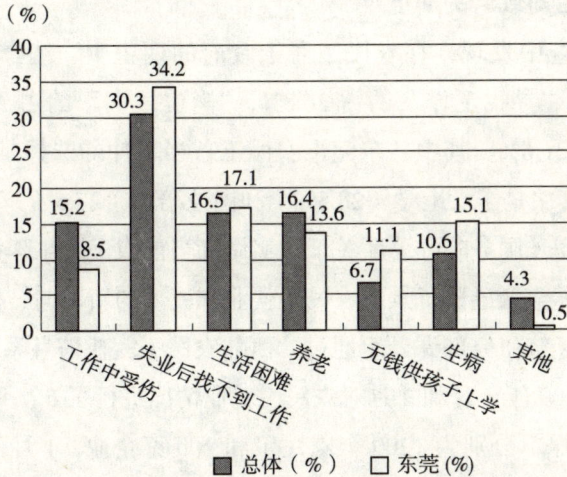

图 16　最担心的问题

进城务工遇到的最大困难，选择"工作太辛苦"的占 24.4%，经济上的因素似乎也非常靠前，选择"生活费太贵"的占 19.5%，选择"找不到工作"的占 16.1%，选择"缺乏人身安全感"的占 11.1%，选择"劳动条件恶劣"的占 10.7%，选择"居住条件差"的占 10.4%。其中，东莞市农

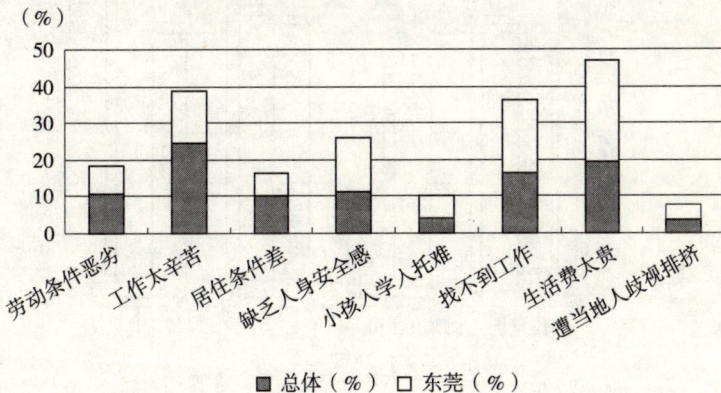

图 17　进城务工遇到的最大困难

民工首当其冲的选择是生活费太贵（27.4%），经济上的因素似乎凌驾于其他因素之上，排在第二位的是找不到工作（20.2%）。

2. 农民工对政府的期望

问卷调查中发现，在农民工对于政府的期望中，选择"子女上学"的占 27.6%，"寻找工作"的占 26.8%，"岗位培训"的占 24.0%，"解决住房"的占 21.6%。其中，东莞市农民工首当其冲的选择是"寻找工作"（34.0%），其次是子女上学（28.5%）和岗位培训（27.5%）。

为了贯彻《国务院办公厅关于切实做好当前农民工工作的通知》的精神，了解国际金融危机背景下农民工就业和流动的新动向，国务院发展研究中心农村经济研究部课题组通过"西陆农民工就业信息系统"，于 2008 年 12 月、2009 年 1 月和 2 月对农民工就业情况进行了 5 次调查。12 月份的两次调查样本分别为 1209 个农民工和 200 家企业，1 月份的调查样本为 809 个农民工，2 月份的两次调查样本分别为 1284 个农民工和 342 家企业。调查显示，面对金融危机，农民工强烈要求政府加强相关服务。首先是希望政府能更好地保障农民工权利，这一比例占到 53.3%；其次是希望政府帮助增加就业机会，提供就业信息，这一比例为 44.4%。

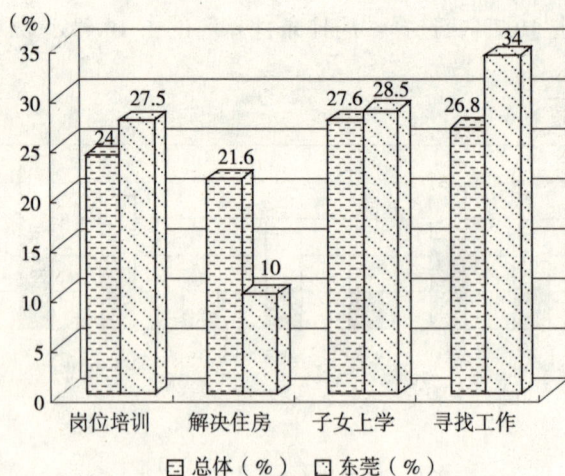

图 18　希望政府做的工作

18

农民工希望政府提供就业培训服务的比重只有17.6%，这可能与很多农民工不知道政府有免费培训项目有关。2009年1月份的调查表明，被访农民工中，仅35.7%的人知道国家对农民工有免费就业培训。农民工对培训时间要求较短：2月份的调查表明，时间在一个月以内的培训最受欢迎，选择比例达71.9%，其中，选择半个月以内培训时间的农民工比例为38.4%。仅有28%的农民工能接受1个月以上的培训，有13.2%甚至只愿意接受1个星期以内的培训①。

四、研究的基本内容

本著作围绕"什么是农民工权利"，"为什么要对农民工权利进行法律保护"，"农民工权利保护现状与原因如何"，以及"怎样对农民工权利进行法律保护"这一系列问题展开论述。除绪论和附录外，共分为五章。

第一章农民工权利法律保护的理论判断。本章从农民工的概念、权利的范围、权利法律保护的内涵与特征、在城市化进程中的地位等理论问题入手，初步回答了农民工权利法律保护中的一些基本理论问题。着重论述了农民工问题的本质是农民工权利问题；较深入分析了作为农民工权利公力保护的法律保护，相对于私力保护和社会保护所具有的明显的优越性。

第二章农民工权利法律保护的正当性研究。本章分别从人权、平等、正义、和谐等法律价值角度较深入探讨了农民工权利法律保护的正当性与合理性。

第三章农民工权利法律保护现状与缺损原因实证分析。本章首先对农民工权利法律保护现状进行了历史回顾，之后较全面地实证分析了农民工权利保护中存在的问题与缺损的原因。从当前农民工权利法律保护的现状

---

① 韩俊.农民工希望政府加强权益保护和就业服务［N］.中国经济时报，2009—4—15（4）.

看，一个不容忽视的客观问题是，农民工权利方面存在民主政治权利被漠视、劳动合法权利受到侵犯、就业权不平等、社会保障权缺乏、文化教育权得不到保障、人身权利受到执法侵害等诸多问题，究其原因除了等级观念的影响，城乡分割的二元体制外，其中法律制度供给的滞后是农民工权利难以得到有效保护的直接原因。

第四章国外劳工权利保护的启示。本章概括介绍了国外保护劳工权利的立法经验及对我国农民工权利保护立法所具有的借鉴作用。

第五章农民工权利法律保护的对策研究。本章围绕农民工权利法律保护的基本理念、农民工权利法律保护路线、农民工权利法律保护体系与机制、制定《农民工权利保护法》的建议等问题重点进行分析和探讨，提出了建立全方位的立体化的农民工权利法律保护体系、健全多主体参与的多层次的农民工权利保护机制和制定《农民工权利保护法》等具体法律对策。

第一章　农民工权利法律保护的理论判断

一、城市化进程中的农民工

（一）农民工是中国城市化进程中所特有的过渡现象

农民工现象是中国转型期间城乡二元经济社会结构、传统户籍制度与市场经济发展及中国城市化进程相冲突的产物。20 世纪 70 年代末、80 年代初，在中国农村改革大潮中，许多农民从农田走进了附近的乡镇企业，实现了"离土不离乡"的转变。到了 20 世纪 80 年代末、90 年代初，随着中国城乡综合改革的深化，大批农民又从封闭、落后的乡村，走进了繁华的都市，在城市主要从事着苦、脏、累、险的工作。实现了"离土不离乡"向"离土又离乡"的转变。按照现行户籍制度的规定，他们仍是农民，但又是城市产业工人。他们被城市居民习惯称呼为"农民工"。从此，在中国大地上逐步发展形成了叹为观止的中国农民工潮，成为中国独特的一道社会大观。

目前，我国经济发展正在进入"刘易斯转折点"阶段。"刘易斯转折点"是指一国农业部门的剩余劳动力被吸干以后，工资在市场机制的作用下出现上涨，农业部门不存在边际生产率为零的剩余劳动力，实现二元经济向一元经济转折的时期。"刘易斯转折点"的到来是一个由量变到质变的渐进过程。从劳动力的结构性短缺开始，这一过程分为两个阶段：第一

21

阶段是农村剩余劳动力从无限供给到有限剩余的转折。其主要标志是农村剩余劳动力出现绝对下降，劳动力供求的结构性矛盾开始突出，转移劳动力工资开始上涨。第二阶段是农村剩余劳动力由结构性短缺发展到全面短缺，其主要标志是劳动人口出现负增长，农村各年龄段劳动力都会出现短缺。无论是大规模的抽样或经验观察，还是相关研究成果都表明，我国正经历着劳动力从无限供给到出现短缺的转变[①]。可见，"刘易斯转折点"的到来使农民工开始变得稀缺。

当代中国农民工现象及问题的出现，是中国长期的城乡二元经济社会结构演变发展的必然历史产物，是当代中国农民试图在现有经济社会体制框架内，冲破城乡二元结构，改变农民自身地位和经济状况，分享中国改革开放、经济发展、城市发展成果，而采取的一种自发的大规模群体行动[②]。最终也必然随着城乡一体化新体制的全面确立而分化，并分别归入到农民或者市民群体。（估计还会持续 20 年左右）。届时，中国农民工现象及问题，将最终完成历史使命。

（二）中国城市化进程的关键在农民工

城市化是人们的行为方式和生产方式由农村社区向城市社区转化的过程，以及由此引起的社会流动、阶层分化等社会后果[③]。中国自改革开放以来，其城市化进程不可逆转。城市化进程的关键在农民工。一方面，农民工的大规模流动，是我国城市化进程的根本途径。农民工不仅为城市发展作出了巨大的贡献，同时也接受了城市文明，其生活经历又使其较易融入城市，这种通过劳务输出而渐进地推进城市化进程的方式其实是符合中国的城市化发展规律的。另一方面，农民工的非农化及其素质的提高，又为推进我国工业化进程提供了基本前提。调研数据显示，农民工已经成为

---

① 韩俊.中国农民工战略问题研究［M］.上海：上海远东出版社，2009：21.

② 张秋锦，张强.纪念农村改革发展 30 周年论文集［M］.上海：上海财经大学出版社，2009：249.

③ 朱力.社会学原理［M］.北京：社会科学文献出版社，2003：213.

中国产业工人的主体，尤其集中在制造业。虽然高新技术产业是国家产业发展的方向，但目前的现实只能是制造业立国，而要想在国际市场上具有竞争优势，必须促使制造业升级，这又取决于农民工素质的提高。可以这样说，农民工促使中国成为了制造业大国，也必将随着农民工素质的提高而成就中国成为制造业强国。因此，解决了农民工问题，便解决了中国城市化进程中的关键问题[①]。国家应将农民工问题放在城市化进程中加以宏观长远考虑，并不断改革与完善现有政策和法制。

（三）农民工问题的本质是农民工权利问题

从总体上来看，农民工仍是一个容易遭受社会排斥的弱势群体。尽管农民工工作取得了显著的成效，农民工的权利保护状况正在不断得到改善，但是农民工的政治权利、经济权利、社会权利、文化权利以及迁徙自由等还没有得到切实有效的保护，结果造成了农民工民主权利缺失、工资水平普遍偏低、劳动安全条件差、文化生活贫乏、在城镇落户难等问题。可见，现阶段农民工问题的本质是农民工权利问题，是一个包含了政治权利、经济权利、社会权利和文化权利的综合性问题。

农民工问题的存在与发展变化，正在全方位地影响着中国的城市化进程。如果我们对农民工权利保护问题视而不见，就可能丧失解决农民工问题的良好时机，进而丧失国家发展的良好时机。因此，在中国城市化的进程中，农民工权利保护问题值得我们高度关注。

二、农民工的社会地位

（一）当代中国农民工社会地位低下

中国农民工问题的实质，是农民工能否享受与城市居民相同的权利，

---

① 郑功成，黄黎若莲．中国农民工问题与社会保护［M］．北京：人民出版社，2007：22.

获得与城市居民完全平等的社会地位。社会地位是指社会成员基于社会属性的差别而在社会关系中的相对位置及其围绕这一位置所形成的权利和义务关系。目前，在中国几十个社会阶层诸多，决定社会地位的因素中经济收入、政治权利、职业声望等农民工是最低的，反映了农民工的社会地位是最低的。

长期以来，学术界对农民工的研究一直没有脱离"农民工是农民"的窠臼，地方政府在解决农民工问题时也总是把政策的立足点放在"农民问题"上，从而使得农民工问题一直没有得到有效地解决。如果不能正视农民工的社会地位低下这一现实，我国城乡差距、地区差距和贫富差距扩大的趋势就不可能得到根本的改变和扭转，农业弱质、农村落后、农民弱势的问题也不可能得到解决。"① 由此可以看出，让农民享受与城市人一样的国民待遇，科学地界定农民工的社会地位，对于促进城乡社会协调发展和加速我国全面建设小康社会都具有重要的现实意义。

（二）农民工社会地位的科学定位

2004 年 9 月，在中国工会第十四次全国代表大会开幕式报告中首次明确提出"一大批进城务工人员成为工人阶级的新成员。"2004 年中央一号文件再次提出，"进城就业的农村劳动力已经成为产业工人的重要组成部分。"特别值得一提的是 2006 年 3 月 28 日，国务院发布了《关于解决农民工问题的若干意见》，这是中央政府第一次比较全面地就解决当代中国农民工问题作出的正式决定。文件称"农民工是我国改革开放和工业化、城镇化进程中涌现的一支新型劳动大军，有的长期在城市就业，已成为产业工人的重要组成部分。"对中国农民工的地位做了很大提升。这说明我国政府不仅承认了"农民工"的工人阶级属性，而且承认了"农民工"在工人阶级中的重要地位。这无疑是对"农民工"的一种鼓舞，也是

---

① 国务院研究室发布《中国农民工调研报告》，农民工成支撑工业化发展的重要力量〔EB/OL〕.http：//www.agri.gov.cn/llzy/t20060417_594106.html，2006—04—17.

党和国家"重农"思想的体现。

关于农民工的社会地位，我们认为，农民工是当代中国的新型产业工人阶层，是工人阶级中新的有机组成部分，具有自己的特点。

1. 农民工是当代中国的新型产业工人阶层，是工人阶级中新的有机组成部分

1978 年以后，中国的社会转型进入快速或加速发展时期。在这一时期，中国社会的阶层结构发生明显的变化。在原有阶层内部，农民阶层出现了两方面的分化：一是职业分化，即所谓的"离土"；二是地域的分化，即所谓的"离乡"。对于现在的很多农民来说，他们仅仅户籍在农村，而工作在非农行业，生活在城镇之中。正是由于农民"离土"和"离乡"的过程，催化了农民工阶层的出现。

首先，从产业关系看，农民工已经成为新型产业工人。农村剩余劳动力最早是往乡镇企业转移，他们是"离土不离乡"的产业工人。这是因为，从劳动的性质上看，乡镇企业是以工业为主体，包括交通运输、建筑建材、轻工化工、机械制造、原材料加工、商业、服务业等在内的产业系统，已根本不同于农业；从劳动的方式上看，乡镇企业已经从耕种栽培的农业劳动方式中分离出来，其劳动者已成为广泛参与非农产业的劳动大军。

"民工潮"之后，农村剩余劳动力大量地向城镇转移，这时他们是"离土又离乡"的产业工人。他们在城镇所从事的工作，无论是建筑业、家政、商业贸易、运输业，还是自己开公司、办企业、当老板，都是属于产业工人的性质，而与农民在土地上从事农业劳动已经没有任何职业上的相似之处。虽然大多数农民工还具有农村户籍，但是他们已经不从事农业劳动，他们与农村唯一的"天然脐带"只不过是原农村户籍所在地仍拥有的责任田而已，但他们已经是事实上的产业工人，他们在与社会化大生产的联系上、生产资料的占有方式上、分配关系上，已经具有新型产业工人的一般特征。

其次，从劳动交换关系看，农民工已经成为新型产业工人。劳动交换是劳动力的所有者与劳动力的使用者之间劳动力让渡与劳动报酬支付的一

种交换关系。它既是劳动关系的核心，也是劳动者与企业建立劳动关系的主要目的。新型产业工人是通过劳动交换以获取货币收入为主的劳动者。从与企业劳动组织建立劳动交换关系的角度观察，新型产业工人在收入来源上，不再以农业收益为主；在收入方式上，货币工资已成为表征其劳动力价格的主要形式①。

新型产业工人阶层这种新鲜血液的流入，壮大了工人阶级的队伍，扩大了工人阶级的群众基础，更新了传统意义上的工人阶级的内涵。无论从理论上还是现实生活中，农民工已经逐步成为我国工人阶级的一部分。

2. 农民工作为工人阶级队伍新成员的主要特点

农民工是推动我国经济社会发展的重要力量，但农民工毕竟是时代发展的产物。农民工主要有以下几个特点：

第一，职业身份的双重性

农民工进城务工，一方面，其职业身份由农民向市民转变，社会地位发生了变化，另一方面，现存的社会制度结构却不能够给农民工完全的市民待遇和完整的社会福利保障，他们生存的根基仍然在农村。这最终导致了他们亦工亦农、亦城亦乡的双重职业身份。

第二，生存方式的流动性

农民工是一个庞大的流动群体，他们大多在城市和农村之间来回迁徙，游离于农村和城市社会体系之外，处于被社会歧视、排斥的境地。

第三，就业谋生的不稳定性

农民工大量涌向城市，造成了城市劳动力市场的供求失衡，也给农民工自身带来在城市就业的不稳定，加上农民工自身条件的限制，他们大多只能以非正规就业为主，权利难以保障。

第四，自身素质的局限性

农民工大多文化水平低，综合素质差，欠缺适应现代化生产的专门技

---

① 谢建社. 新产业工人阶层——社会转型中的"农民工"[M]. 北京：社会科学文献出版社，2005：256.

能与知识，法律意识也很淡薄，加上组织化程度低，缺乏利益表达和权利维护的渠道和载体，这导致了农民工权利保护成为了不容回避的严峻社会问题。

三、农民工权利的概念及范围

（一）农民工权利的概念

农民工权利具有双重性：一方面是指农民工作为公民依照有关法律规定所享有的权利；另一方面是指法律对农民工必须享有权利的许可与保护。其应具有以下特点：第一，农民工的权利必须是法律、法规明确规定的，或者是可以从法律规范的精神中推定的；第二，法律规定的农民工权利是一种普遍意义的权利，反映农民工的基本权利保障；第三，农民工的权利受到侵害时，可以依法寻求保护，国家机关不仅应依法给予恢复，而且应通过强制手段使权利享有者得到一定的补偿；第四，农民工的权利是具体权利，它的享有只是一种可能性，对每个具体人员并不必然发生，并且其具体权利种类和权利范围是根据农民工的不同类别和职务而设置的①。

（二）农民工权利的范围

农民工权利的范围是非常广泛的，农民工也是公民，因此公民所享有的基本权利，如健康权、生命权、人格尊严权等，农民工是当然享有的。我们这里重点从农民工的政治权利、经济权利、社会权利和文化权利这四个方面来理解农民工的权利：

1. 政治权利

政治权利有狭义和广义之分。狭义的政治权利是指公民参与公共事务

---

① 陈美招.都市边缘群体——农民工的权利保护研究［D］.福建：福建师范大学，2005.

管理的权利，亦即参政权。广义的政治权利除参政权之外，还包括表达权、监督权、知情权等公民权利。农民工的政治权利是指农民工及其与农民工相关的组织遵循法律的要求，依法拥有参与并影响政治生活从而在社会生活领域实现其利益诉求的一切权利，主要包括：

（1）参与公共事务的决定权

所谓公共事务，指个体（公民）集合而成的共同体的事务，关涉每一个体而非个人事务。主要包括选择公共权力的行使者、在共同体内的利益分配、决定资源增益等。农民工作为社会共同体中的一个群体，同样享有公共事务参与权利、利益分配权利和资源增益的决定权。

（2）参与国家事务的权利

农民工参与政治生活并不限于参与公共事务的决定，而且有权根据自己的意愿依照法定标准并经法定程序，使自身成为公共权力的行使者，从而参与国家权力的运行。

（3）对国家权力监督与制约的权利

监督权是指宪法赋予公民监督国家机关及其工作人员活动的权利，是公民作为国家管理活动的主人监视与制约国家机关及其工作人员违法失职行为的权利。

（4）对政治生活信息的知情权，亦即知政权

知情权有广义、狭义之分。广义知情权是指公民、法人及其他组织享有知悉、获取、传播官方与非官方信息的自由和权利。狭义知情权即知政权，指公民、法人和其他组织对国家机关所享有的信息知情权①。

2. 经济权利

经济权利是指公民依照宪法的规定享有的有关物质利益的权利，是公民从社会获得基本生活条件的权利。农民工的经济权利主要包括：

（1）劳动权利

第一，工作权，也称就业权，内容包括工作获得权、自由择业权和平

---

① 谢建社. 中国农民工权利保障［M］. 北京：社会科学文献出版社，2009：208—211.

等就业权。工作获得权表现为要求国家和社会提供工作机会的权利。自由择业权是指劳动者依自己的意愿自主选择职业的权利。平等就业权是指劳动者不分种族、性别、宗教信仰、社会出身、财产状况等因素而平等地获得就业机会的权利。

第二，劳动报酬权，是指劳动者按照劳动的数量和质量取得报酬的权利，包括报酬协商权、报酬请求权和报酬支配权。报酬协商权是指劳动者与用人单位平等协商确定劳动报酬的形式和水平的权利。报酬请求权是指劳动者付出职业劳动后，请求用人单位按时足额支付劳动报酬的权利。报酬支配权是指劳动者根据自己的意志和需要使用和处分自己报酬的权利。

第三，休息休假权，是指基于恢复和补充体力和脑力的需要，劳动者依法享有的由用人单位加以保障的定期充分休息休假的权利，事实上，农民工普遍反映劳动超时现象严重。

第四，职业安全权，又称劳动安全权，是指劳动者在职业劳动中人身安全和健康获得保障，免遭职业危害的权利①。

第五，教育（培训）权，即劳动者在从事某种职业之前或之中，有获得相关职业培育和训练的权利。农民工无论从事建筑、餐饮、家政还是其他行业，都应该有权利获得相关职业培训。

（2）土地承包经营权

土地承包经营权是反映我国经济体制改革中农村承包经营关系的新型物权，是指承包人（个人或单位）因从事种植业、林业、畜牧业、渔业生产或其他生产经营项目而承包使用、收益集体所有或国家所有的土地或森林、山岭、草原、荒地、滩涂、水面的权利。土地是农民的命根子。在当前，土地具有双重功能，既是生产资料，又是生活保障资料。在农民工进城以后，保护农民工的土地承包经营权，是一个关系农民工切身利益的重大问题。

---

① 刘德芳.构建我国农民工权利法律保护制度研究——以湖南农民工为个案［D］.甘肃：兰州大学，2007.

3. 社会权利

农民工的社会权利是指保证农民工在社会立足的社会保障权利、城市居住权利、迁徙权利和获得法律救济权利等。

（1）社会保障权

社会保障权，是指劳动者获得社会保险、救助、优抚和福利的权利，是劳动者享受国家和用人单位提供的种种福利待遇和保障措施，在年老、患病、工伤、失业、生育和丧失劳动能力的情况下获得物质帮助的权利。

（2）城市居住权

农民工的城市居住权是指农民工作为城市居住者所享有的各种与住房有关的权利。大量农民工进入城市生活、居住，这已经是一个不争的事实，同时，农民工定居城市的意愿和趋势也愈见明显。因此，城市居住权成为农民工权利的重要组成部分。

（3）迁徙自由

迁徙自由本身是宪法中人身自由的一个延伸，不管宪法有无明文规定，这种自由都随宪法的存在而存在。我国政府于 1998 年 10 月 5 日签署的《公民权利和政治权利国际公约》规定："除非依照法律所规定的根据和程序，任何人不得被剥夺自由"；同时规定："合法处在一国领土内的每一个人在该领土内有权享受迁徙自由和选择住所的自由。"

（4）获得法律救济权

获得法律救济权，是指劳动者的合法权利受到不法侵害后，可以依法请求有关部门和人员提供法律援助和救济的权利。

4. 文化权利

农民工的文化权利主要包括两个方面：一是农民工自身的受教育权利；二是农民工子女的受教育权利。

（1）平等受教育权利

受教育权，是指公民享有从国家接受文化教育的机会和获得受教育的物质帮助的权利。农民工受教育权就是农民工向国家和社会提出的发展其个性、才智和身心能力的受教育要求。具体地说，农民工受教育权是指农民工所享有的并由国家保障实现的接受教育的权利，其内容包括受教育机会权、受教育条件权和受教育公正权三个方面①。

（2）子女受教育权利

义务教育阶段的受教育权利是法律授予每一个公民的基本权利，因此对农民工子女实施义务教育、保护他们的受教育权是法律的责任。

四、农民工权利法律保护的基本内涵

农民工权利法律保护就是国家根据宪法和有关法律法规的规定，依法保护暂时或长期离开农村土地到城镇从事非农业生产而身份或户籍仍是农民的劳动者的各项权利，并排除其他非法行为的干涉或者侵害，使其各项权利得以实现。这种权利法律保护制度体现了我国政治体制的特色，是人民当家作主的一种具体体现。

农民工权利法律保护，是一种国家公力对农民工权利的保护，相对与私力保护和社会保护具有明显的优越性。私力保护就是依靠自己的力量来实现权利或者解决纠纷，主要通过矛盾双方的交涉、和解或者一方采用暴力、威胁的形式使对方屈服等方式进行。对于社会中的弱势群体，同时又缺乏利益代表组织的农民工来说，他们没有与对方讨价还价的资本，因此想要通过与资方交涉、和解来达到私力保护的目的几乎是不可能实现的。于是，他们往往采取第二种方式，即通过诸如暴力、威胁甚至自杀等极端的做法以求自身权利的实现。而这种方式不但帮不了农民工，反而会导致农民工犯罪，甚至使农民工丧失宝贵的生命。因此可以说，农民工权利的私力保护是无力的。社会保护是指通过各种社会机构或者第三方力量，比如工会、新闻媒体等，来对农民工权利提供保护。目前，越来越多的农民

---

① 李楠. 人权框架下的受教育权理论初探［EB/OL］.http：//www.law-lib.com/lw/lw_view.asp?no=8342.html，2007—06—26.

工加入了工会组织，新闻媒体也对农民工相当的关注，这使得农民工的声音在社会中变得响亮起来。然而，这种保护方式可以说只是一种道德层次的保护，无论工会还是新闻媒体，他们都缺乏对于实体权利的处分权，这使得他们所维护的农民工权利的实现在很大程度上依赖于司法机关或者行政机关的处理。因此，农民工权利的社会保护具有相当大的局限性。农民工权利的公力保护是指通过运用公权力来对农民工的权利进行保护，它可分为行政保护与法律保护两种方式。对农民工权利的行政保护是行政机关通过运用行政权来实现的。作为一种涉及广泛的保护方式，行政保护不但手段灵活，并且具有及时性和低成本的特点。因此，行政保护在农民工权利保护的过程中发挥着不可替代的作用。但同时，行政保护自身也有着难以克服的缺陷。比如，政府各部门之间缺乏有效的协调机制，导致多个部门各自为政，争权弃责的现象时有发生。同时，政府对农民工的行政保护缺乏长效的运行机制，导致行政保护只能治一时之标，不能持续有效的发挥作用。另外，政府对待农民工的一些错位的观念，如"亲资本、疏劳动"、"重本地、轻外地"等，使得农民工不能够得到公正的待遇。而法律保护以国家为后盾以法律为依据既有力又有效。

由于农民工权利私力保护和社会保护的局限性以及行政保护自身的缺陷，作为农民工权利公力保护的另外一种方式，法律保护应当也将必然在农民工权利的保护过程中发挥重要的作用。

第二章 农民工权利法律保护的
正当性研究

要阐述农民工权利法律保护的正当性，首先应了解"正当"一词的含义。在我国古代，"正""当"通常分别使用，"正"的词义是指"不高不下""不斜不歪""公平合理"及"合理合法"等含义。"当"则有"对等""适宜""应该"及"公正"等含义。"正"与"当"组成并列词"正当"，意指"相当相称"，"正确适宜"。在现代，"正当"一词通常是指事物处于一种适宜状态，引申义指社会制度公正、平衡或人的行为与观念合理合法。在社会领域，我国学者认为，"正当"一词是指人们基于特定价值尺度对社会秩序、制度与人的行为、思想所作出的判断：符合人们所认同价值的秩序、制度、行为和思想，被认为具有正当性，反之，则被认为不具有正当性[①]。在此，价值尺度就成为人们辨别是非、指导行为和判断社会秩序是否正当的依据。

我国农民工权利法律保护的正当性，也诚如学者所言，"归根到底，它涉及到人类社会最根本的价值理念，以及为达成这种追求所选择的方法或技术上的恰当性。"[②]因此，阐明人们的基本需要以及由此而形成的基本价值是法律保护的正当性基础。社会基本价值是人们某些共同目的与动机

---

① 高鸿钧等.法治：理念与制度［M］.北京：中国政法大学出版社，2002：144.
② 周勇.少数人权利的法理——民族、宗教和语言上的少数人群体及其成员权利的国际司法保护［M］.北京：社会科学文献出版社，2002：16.

的集中体现，它反映着人们的基本需要。对于人类来说，只有能够满足需要的目的和动机才是有价值的。"凡是对人有用、有利、有益的，能够满足人的某种需要，有助于实现人的目标的东西（实体或精神），就被认为是有价值的，就会得到人们的肯定评价。"[①] 人类的需要是多方面的，故从法理上讲，价值是一个有机联系的整体，但法学家对它们的构成要素却有着不同的认识。新自然法学派的后起之秀菲尼斯提出了自然法的人类基本幸福或基本价值的七种形式，即"生命、知识、游戏、美感、社交、实践理智性、宗教"。[②] 美国学者彼得·斯坦和约翰·香德则认为，秩序、公平、个人自由，"这是法律制度的三个基本价值"[③]。我国学者认为，法的基本价值至少有这样三个：秩序、自由、正义[④]。在此，价值判断就成为人们不能回避也不应回避的问题。法学家的任务，就是既要为现存法律秩序的评价和批判提供一套价值准则，引导人们通过法律制度来对现行社会进行改造，又要对未来社会提供一种法的理想图景并以此引领人们走向未来的价值目标。可见，发现和阐述人类社会业已确立并取得共识的一些最基本价值观应作为认知的前提。一般的，自由、正义、财富、知识、美德、健康、安全、快乐等，都被人们视为价值的存在形态。

作为一种理论上的证成，应该为农民工权利法律保护寻求一种共识性的价值信念。我们认为，自由、公平与正义是价值体系中具有最高层次的价值，自然应成为农民工权利法律保护的正当性基础。同时，我国农民工作为一个结构复杂、人口日益庞大的一个新的弱势群体，在社会转型过程中由于各种历史与现实因素的相互作用，其权利保障缺失已成为当前构建和谐社会的一个主要矛盾。而现代经济社会，社会的稳定和谐这一目标体现了人类的基本需要，也被认为是价值体系中的基本价值之一，也理应成

① 张文显.法理学（第三版）[M].北京：高等教育出版社，北京大学出版社，2007：294.
② 沈宗灵.现代西方法理学[M].北京：北京大学出版社，1992：70—71.
③ [美]彼得·斯坦，约翰·香德.西方社会的法律价值[M].王献平译，北京：中国人民公安大学出版社，1990：1.
④ 卓泽渊.法的价值论[M].北京：法律出版社，1999：662.

为我国农民工权利法律保护的正当性依据。尤其值得注意的是，在农民工权利法律保护的价值体系中，人权构成了现代法律一切权利的源泉和评判标准，它是连接价值和实在权利的桥梁①，所以，我国农民工权利法律保护的正当性理论证成的叙述点就从人权开始。

一、人权与农民工权利法律保护

（一）人权的含义

审视当今世界，"人权"一词常常被人们在不同的意义上加以使用。例如，有的在道德意义上使用人权一词，有的则在法律意义上使用人权一词。有的强调人权里的个人自由和政治权利，有的则强调经济、社会、文化权利，尤其是民族自决权、发展权。有的用人权来表述"人要存活"的需求，有的则用人权来表述"人要存活得好些"的需求。有的将人权当做客观存在于一切民族和文化中的通用的低限原则，有的则将人权作为一切国家和民族都要为之奋斗的理想目标。有的以国际国内立法中的权利条款作为人权的内容，有的则根据"人的尊严和价值"来界定人权等②。

对人权的理解之所以会产生多种歧义，不仅是因为人权的发展史充满了传统与变革、理想与现实等的冲突运动，更是因为政治理念、经济利益、文化类型等的差异，致使人们对人权概念产生了不同的认识和解释③。但并不意味着人权是不可知的。因为人类在人性、需要等方面具有许多相同性，致使人们在认同人权内涵上具有某些相同的基础。普遍的人权是古往今来被最大多数人所共同认同的一个社会政治原则。作为普遍权利，人权意味着所有的人类成员，不因种族、阶级、信仰、财富、性别等

---

① 齐延平.社会弱势群体的权利保护 [M].济南：山东人民出版社，2006：96.

② 夏勇.人权概念起源：权利的历史哲学 [M].北京：中国政法大学出版社，2001：原版导言 1—2.

③ 王家福，刘海年.人权与 21 世纪 [M].北京：中国法制出版社，2000：22.

差异，皆一律平等，拥有人之作为人的同等的尊严和价值①。就像西方古典自然法学派那样，把人权说成假设的"自然状态"里的个人所享有的来自本性的或天赋的权利。英国学者米尔恩就认为，人权"之所以具有普遍性，不仅在于它是每一个共同体具体道德的一部分，而且还在于它适用于所有的人——不管他们是谁，也不管他们属于何种共同体和联合体。"②也就是说，存在某些无论被承认与否都属于任何时代和任何地方的全体人类的权利，人们仅凭其作为人即享有这些权利。这种天赋人权的解释及其所蕴涵的理念曾经支撑着自由主义政治法律哲学的理性殿堂，造就了美国、法国近代革命的辉煌。如美国的《独立宣言》明确宣布："我们认为这些真理是不言而喻的：人人生而平等，他们都从造物主那里被赋予了某些不可转让的权利，其中包括生命权、自由权和追求幸福的权利。"法国1789年的《人权宣言》也公开宣称："在权利方面，人们生来并且始终是自由平等的。""任何政治结合的目的都在于保存人的自然的和不可动摇的权利。这些权利就是自由、财产、安全和反抗压迫。"我国学者卓泽渊也认为，"人权是以人的自然属性为基础，以社会属性为本质，作为人所应当享有的权利。"③

普遍人权赖以存在和发展的基础，一方面在于人的尊严和价值。人，仅仅因为他们是人，就享有他们所应当享有的基本权利。否则，他们就将失去做人的资格，就将不成其为人。"其逻辑是：人们拥有权利的唯一理由是他们是人（大写的人）；人之所以拥有权利，是因为他是一个人。所以，人权往往被定义为人作为人应该享有的权利。"④依照人类社会的共同本性，人们彼此之间应当是平等的、自由的，都应当有生存的权利和过好物质生活和精神生活的权利。这是人作为人所应当享有的尊严，是人作为

---

① 夏勇.人权概念起源：权利的历史哲学［M］.北京：中国政法大学出版社，2001：180.

② ［英］A.J.M.米尔恩.人权哲学［M］.王先恒等译，北京：东方出版社，1991：233—234.

③ 卓泽渊.法理学［M］.北京：法律出版社，2002：234.

④ 张文显.法哲学范畴研究（修订版）［M］.北京：中国政法大学出版社，2001：401.

人所应当具有的价值。正如维也纳宣言所指出的："一切人权都源于人类固有的尊严和价值，人是人权和基本自由的中心主体，因而应是实现这些权利和自由的主要受益者，并应积极参与其中。"这一思想也是《联合国宪章》以及《世界人权宣言》等基本的国际人权文件的指导原则。另一方面，人权的普遍性是基于人类有着共同的利益和共同的道德。人作为人，共同生活在这个世界上，他们不仅有着共同的本性，在很多方面，人类也存在着共同的理想与道德观念。"它所包含的公平对待权以及不受无理干涉的自由权是普遍道德的权利，亦即人权。"①M.康士顿在《什么是人权》中明确表示人权乃是属于道德权利的一种，范伯格也认为人权是"所有人无条件地及不可更换地平等拥有的基本而重要的道德人权的一种。"②这就是说，人权要受人们的一定道德伦理观念的支持与认可。

人权从性质上讲是道德权利，这是一个应然性的概念，"人权并不是来自于自然、政府、法律和国家，而是来自道德心，"③但也应认识到，这样一种基于道德确信而非制度事实的理论只能证成人权的价值，不可能阐释人权的历史。因此，还应当把人权看做历史的产物，从社会的、文化的角度阐释人权的由来，总结出人权产生和发展的历史规律④。正如恩格斯所指出："一切人，作为人来说，都有某些共同点，在这些共同点所及的范围内，他们是平等的，这样的观念自然是非常古老的。但是，现代的平等要求是与此完全不同的；这种平等要求更应当是，从人的这种共同特性中，从人就他们是人而言的这种平等中，引申出这样的要求：一切人，或至少是一个国家的一切公民，或一个社会的一切成员，都应当有平等的政治地位和社会地位，要从这种相对平等的原始观念中得出国家和社会中的平等权利的结论，要使这个结论甚至能够成为某种自然而然的、不言而喻

---

① ［英］A.J.M. 米尔恩. 人权哲学［M］. 王先恒等译，北京：东方出版社，1991：301.

② 叶保强. 人权的理念与实践［M］. 香港：天地图书有限公司，1991：16.

③ 齐延平. 社会弱势群体的权利保护［M］. 济南：山东人民出版社，2006：98.

④ 夏勇. 人权概念起源：权利的历史哲学［M］. 北京：中国政法大学出版社，2001：原版导言 4—5.

的东西，那就必然要经过而且确实已经过了几千年。"①

人权是一个历史与社会的范畴。古希腊作家索福克勒斯在其公元前400多年的作品中就出现了"人权"这个字眼②。不过早期的人们主要是从自然正义的视角来使用人权这个概念，并认为人权是由人的本性所赋予人的权利。人权思想伴随着人类社会走入现代，其内容已经发生了某些变化。到了第二次世界大战以后，经济、社会和文化权利已被明确载入国际人权宪章等国际人权文件中，从而极大地拓展了人权概念的外延，其范围恰如《经济、社会和文化权利国际公约》所确认的那样："按照世界人权宣言，只有在创造了使人可以享有其经济、社会及文化权利，正如享有其公民和政治权利一样的条件的情况下，才能实现自由人类享有免于恐惧和匮乏的自由的理想。"③可见，人权概念的外延是不断丰富发展的，公民的政治权利，经济、社会和文化权利，和平权、发展权和环境权等都已成为当代人权的范畴。同时，人权概念的内涵与外延是与特定文化相关联的，《世界人权宣言》、《经济、社会和文化权利国际公约》、《公民权利和政治权利国际公约》等国际人权宪章主要是以西方工业社会的社会经济文化状况为背景的，而对于广大发展中国家来说，由于社会经济文化状况不同，西方的价值观念和制度对它们未必适合。米尔恩就指出："任何一种理想标准的人权概念都忽视了文化的多样性。如果这一理想要自成一体，它必定要出自特定的文化和文明传统，属于其他传统的人们没有理由接受它。"④因此，在划定人权概念的外延时，要关注人权与文化之间的密切关系。

总之，当代社会的人权应当在最普遍、最大包容度上认识和理解其所涉及的范围，以保证人权概念的兼容性和适应性⑤。从通常角度上讲，人

---

① 马克思恩格斯选集（第3卷）［M］.北京：人民出版社，1972：142—143.

② 中国社会科学院法学研究所.当代人权［M］.北京：中国社会科学出版社，1992：379.

③ 中国社会科学院法学研究所.国际人权文件与国际人权机构［M］.北京：社会科学文献出版社，1993：10.

④ ［英］A.J.M.米尔恩.人权哲学［M］.王先恒等译，北京：东方出版社，1991：9.

⑤ 王家福，刘海年.人权与21世纪［M］.北京：中国法制出版社，2000：36.

权概念主要由人权的主体、形态和客体等方面构成。

首先，从人权的主体方面看，人权只能由人所享有，其所指的主要是个人，然后才是个人群体，如农民工、妇女等。

其次，从人权的形态方面看，人权应包括应然人权、法定人权和实有人权三种基本形态。应然人权又称道德人权，它是基于人的独立性、自主性和尊严而形成的应然权利体系，是人权的最基本形态。应然人权经过国家的法定的程序上升为国家意志的时候，它就会转化成为法定人权，成为人们享有的法定权利，这种法定权利通过法律的实施，便最终转化为实有人权，即人们实实在在享有的权利。可见，人权是以应然人权为基础的上述三种人权形态的有机结合。当然，在应然人权向法定人权和实有人权的转化演进过程中，法定人权起着关键的、中枢性的作用，其内容主要涵盖三个方面：一是人身权利，主要表现为生存权、健康权、迁徙权、名誉权、荣誉权、肖像权等，它是人权的最重要内容；二是政治权利，主要表现为选举、建议、检举、控告、申诉等权利；三是经济、社会、文化等方面的权利，主要表现为财产权、劳动权、休息权、获得物质帮助权等。

最后，从人权的客体来看，人权只是权利的组成部分，是权利的一种重要形式。人为了生存和发展所必须的各种物质和精神的需要，按其所体现的社会关系的重要性可划分为基本权利与普通权利。基本权利通常由宪法或基本法加以确认或规定。普通权利通常是由宪法以外的法律法规加以确认和规定。划分基本权利和普通权利的意义在于，当基本权利和普通权利发生冲突时，应当优先保障公民的基本权利。

（二）人权视角下的农民工权利法律保护

人权与法律有着十分密切的关系，人们通常将人权法律化以保护人权。人权法律化的内在根据，一是取决于法律规范的确定性、强制性和稳定性。将人权上升为人权法有助于依靠国家权威来实现人权，比起将人权仅停留在道德上的应然状态来说，更具有可操作性和现实性。二是取决于人权的内在特性。人权是一个抽象的字眼，并不具备自我调节和自我实现的实施机制，要实现对人权理想的追求，就需要用法律的规范性和可救济性魅力体现对人权的关怀。三是取决于法治的内在要求，人权是法治的起点和归宿①。人权与法律的相互结合，是历史发展和人权保障的必然要求。如果没有法律对人权的确认和保障，人权只能停留在道德权利的应有状态，而通过法律可以在人权面临侵害的危险时及时获得救济，法律是保护人权的重要途径之一。

国际人权宪章对人权保护的重要性尤其体现在对社会弱势群体和少数人群体的保护之上，"要尊重其权限管辖下的所有臣民受到公平对待的人权，政府就必须把提供法律保护无例外地扩大到所有人身上，每个人都有权利获得同等的法律保护。"②建立一个国际标准有助于确保对社会弱势群体的全面保护，因为如果没有来自外部的关注，一个社会中由多数人组成的群体很可能不能够清楚地认识到其他群体所遭受的苦难。

对照国际人权宪章所宣布和规定的各种权利，我们可以十分明了以权利的法律保护为统率来解决中国农民工问题的新路径。一方面，我们应看到，改革开放以来，我国的人权保障事业有了长足进步。1991年，中国政府发表了《中国的人权状况》白皮书，明确指出，对于一个国家和民族来说，人权首先是人民的生存权。因为，"生存权的目的，在于保障国民能过上像人那样的生活，以在实际社会生活中确保人的尊严。"③没有生存权，其他一切人权均无从谈起。2004年，我国现行宪法进行了第四次修改，在第33条增加了"国家尊重和保障人权"一款，这在中国的人权史上具有划时代意义。现代法治社会的根本目标和基本标志之一，就是人权得到最为切实的保障。另一方面，在现实生活中，我国农民工等社会弱势群体的人权法律保护方面还存在一些不尽如人意的地方：

1. 生存权状况较差

人权的实质内容是人的生存和发展，生存权是指人的生命不受非法剥

① 李龙．法理学［M］．北京：人民法院出版社，中国社会科学出版社，2003：172.
② ［英］A.J.M.米尔恩．人权哲学［M］．王先恒等译，北京：东方出版社，1991：301—302.
③ ［日］大须贺明．生存权论［M］．林浩译，北京：法律出版社，2001：16.

夺的权利。特定的物质生活条件是生存权和发展权的基础，唯物史观认为，整个社会生活，包括政治生活，均是受物质生活资料的生产方式所制约的。人们必须首先解决了吃、喝、住、穿的问题，然后才能从事政治、科学、艺术、哲学、宗教等活动。对此，马克思和恩格斯在《德意志意识形态》中明确指出："我们首先应当确定一切人类生存的第一个前提，也就是一切历史的第一个前提，这个前提是：人们为了能够'创造历史'，必须能够生活。但是为了生活，首先就需要吃喝住穿以及其他一些东西。因此，第一个历史活动就是生产满足这些需要的资料，即生产物质生活本身。"①马克思主义关于人权首先是生存权和发展权的观点，是建立在唯物史观基础上的。

生存质量的亟待提高是现今我国农民工面临的首要问题。我国农民工大多居住在城市周边或城区工棚中，这些住处多为廉价的城郊出租屋或者由雇主提供的简易住处，设施不全，周边环境较差，治安也难有保障。并且他们大多工资微薄，一旦失去工作就没有经济来源。再加上我国社会保障统筹层次低，覆盖面窄，没有把农民工纳入社会保障网络，用工单位一般很少主动为农民工办理社会保险，农民工时常面临巨大劳动安全风险，当发生工伤事故时往往得不到及时的治疗和经济赔偿，只得拖着伤残的身体回到原籍，成为农村新的贫困户。

2. 劳动权受限

农民工群体是以经济上的弱势即物质生活资料的贫乏为主要特征的。农民工生活比较窘迫，消费水平低下，主要原因是由于他们的劳动权受到限制。劳动权是人权的构成要素之一，它是指具有劳动能力的公民支配自身劳动力并要求国家或社会为其提供劳动机会的权利。劳动权是人们取得赖以生存的物质生活资料的基础，也是行使其他权利的物质前提。我国劳动和社会保障部 2003 年 3 月 20 日致最高人民法院的答复明确指出：凡与用人单位建立劳动关系的农民工（包括农民轮换工），都应当适用《劳动

---

① 马克思恩格斯选集（第 1 卷）[M].北京：人民出版社，1995：78—79.

法》，农民工是受劳动法保护的劳动者。然而，由于我国二元劳动力市场的存在，一些城市在就业方面普遍实行先城后乡的政策，并在招工方面设置种种职业、工种限制，使农民工的劳动权不能与城市居民一样获得同等地保护。还有些雇主利用众多农民工急于挣钱谋生的心理，往往提出苛刻的条件，迫使农民工从事报酬非常低廉或城里人不愿干的脏、重、险的简单劳动，他们时常处于失业状态，无法获得稳定的劳动机会。

3. 政治权利缺失

社会经济地位与政治要求之间有着密切的关联，经济上的弱势必然使得农民工在各种政治权利的享有上也处于弱势地位。农民工作为中国社会转型过程中的一个特殊群体，在城市和企业的决策层中缺少利益代表，缺少维护自身权利的一些制度化表达方式，这直接导致其基本的政治诉求和政治参与权利的缺失，如缺乏通过结社组成工会，增加自己在利益博弈中的筹码。另外，我国农民工多数就业于个体私营企业，他们同雇主之间是纯粹的雇佣关系，没有参与企业管理、行使民主监督、维护合法权利的职工代表大会这样的组织形式，更没有主人翁意识。因此，应尽快把农民工纳入工会组织，才能依法积极主动地维护他们的正当合法权利。

4. 迁徙自由受阻

迁徙是人的身体活动的表现，而迁徙自由则是人的身体自由或人身自由的延伸，是人的生存权利和人身自由权利的重要内容。迁徙自由是宪法和法律赋予公民自由离开原居住地到外地旅行定居的权利。第二次世界大战后，居住和迁徙自由成为国际人权宪章所确认的国际人权之一，《世界人权宣言》第 13 条第 1 款规定："人人都享有在其国境内自由迁徙及居住的权利"。我国 1954 年宪法第 90 条第 2 款明确规定公民有"居住和迁徙的自由"。1975 年宪法将居住和迁徙自由从宪法中取消，1982 年现行宪法也没有恢复这一权利。改革开放以来，虽然我国小城镇的户籍制度逐步放开，市场经济体制的建立也加强了农民向城市流动的趋势，但迁徙自由远远落后于社会实践，亿万农民工仍难摆脱农民身份的特殊印记。当代经济和社会的飞速发展，迫切需要在宪法中恢复公民的居住和迁徙自由。

5. 教育权缺失

劳动力跨区域流动，不仅要求农民敢于突破乡土观念的束缚，同时还要具备在外闯荡的素质条件，能够满足需求方对劳动力的素质要求。从世界历史与现代的经验来看，人口流动性大、迁移程度高的国家和地区，往往充满了经济增长的活力；而人口流动性差、迁移程度低的以土著人为主的国家和地区，经济增长速度缓慢，甚至停滞。因此，人口迁移过程中的学习实际是一种人力资本的投资过程，这种人力资本的积累和人力素质的提高，会强劲地推动国民经济增长。而我国农业技术落后与农民劳动技能普遍低下，要缓解这一问题，就要增加现代物质资本和人力资本，对农民工进行有效的岗前培训。但由于我国长期奉行国家工业化战略，教育资源配置偏向城市，城乡教育资源分配不均，导致农民工所能分享的教育资源十分有限。有些企业为了降低成本，也缺乏对上岗农民工进行必要的教育培训的积极性。就业期限短、工作不稳定，农民工自身也没有学习新技术的动力，缺乏技术和技能的农民工往往会给企业安全生产和产品质量带来很大隐患。

生存权、发展权以及政治、社会、经济、文化等各方面的权利是人权包含的主要内容。农民工的艰难处境，凸显出我国在人权法律保护方面的不足。我们一方面应当顺应世界立法的趋势，进一步完善农民工人权的宪政保障，因为它是立法保护、行政保护、司法救济等其他保护形式的基础，是确认和保障人权的核心价值和主要功能。要在宪法中制定和完善着力保护包括农民工在内的社会弱势群体的特别保护条款，如禁止歧视性条款、迁徙自由条款等；另一方面，要依法对农民工的权利进行法律救济，坚持人权体系中"生"的权利优于其他权利的原则，在农民工生存权受到侵害时，应当采取具有优先的、超常规的法律方法予以救济。我们相信，用法律手段保障农民工的人权，将对我国人权事业的不断进步和最终实现起到巨大的推进作用。因此，基本人权理论构成我国农民工权利法律保护的正当性基础之一。

二、平等与农民工权利法律保护

（一）平等的理念及其发展

美国学者 E. 博登海默认为，法律平等不外乎是"凡是为法律视为相同的人，都应当以法律所确定的方式对待。"平等的立法行为可以配置权力、权利和利益，特别是对所有社会成员进行基本权利的配置，如生命权、自由权、财产权、受教育权和政治参与权[①]。《布莱克维尔政治学百科全书》中关于"平等"的释义是"在政治思想中，平等的概念有两种基本的用法：第一是指本质上的平等，即人是平等的动物；第二是指分配上的平等，即人与人之间应在财产分配、社会机会和（或）政治权力的分配上较为平等。在平等主义的理论中，本质上的平等常被用来证明分配上的较为平等。"[②]《现代汉语词典》对"平等"的解释是"平等指人们在社会、政治、经济、法律等方面享有相等待遇。"[③]

平等的凸显是人类社会不平等现象的严重存在。社会的不平等，必然相应地催生出平等的观念，这是事物的辩证法。西方许多思想家都阐述过平等的重要思想。从古希腊、罗马的古典平等理论，到中世纪"在上帝面前人人平等"的神学原则，再到近现代"在法律面前人人平等"，平等作为人类文明的基本信条，始终根植于社会的土壤之中，平等理念必然也带上时代的烙印，导致对平等含义的理解和实现平等的路径选择千差万别。最初法律所保障的平等是所谓的形式平等，它从抽象的法律人格的意义上来要求平等对待一切个人，摒弃阶级、种族、肤色、语言、宗教、财产状况、受教育程度以至国籍等各方面的差别。这种形式上平等的实质内容，

---

① ［美］E. 博登海默. 法理学：法律哲学与法律方法［M］. 邓正来译，北京：中国政法大学出版社，1999：285—286.
② 布莱克维尔政治学百科全书（修订版）［M］. 北京：中国政法大学出版社，2002：244.
③ 现代汉语词典（第 5 版）［M］. 北京：商务印书馆，2005：1051.

在于保障每个人机会上的平等，至于因为竞争所导致的结果不平等，则在所不问。

19 世纪末 20 世纪初，资本主义由自由竞争进入了垄断阶段，近代的形式平等理念也受到了人们的抨击，其局限性正如日本学者大须贺明所指出的："财产权不可侵犯和契约自由等经济的自由权，便以保障形式上的平等为后盾，压倒性地有利于有产者而不利于无产者，使两者之间的不平等和差距极大地扩大开来。自由能使有产者获得实际利益，但对于无产者却形同充饥之画饼，因而形式的平等越受保障，矛盾就越为深刻。"[①] 近代资本主义法律追求形式平等和经济自由的结果，造成了社会贫富之间的两极分化，为了解决此社会弊端，人们认识到有必要通过国家权力的干预，在一定的程度上对形式平等原则予以修正，以追求实质意义上的平等。"所谓实质上的平等原理，主要指的是为了在一定程度上纠正由于保障形式上的平等所招致的事实上的不平等，依据个人的不同属性采取分别不同的方式，对作为个人的人格发展所必需的前提条件进行实质意义上的平等保障。"[②] 实质平等是通过对强者某些自由的限制来实现对经济、社会与文化权利的保障。由此，平等的理念从绝对的机会平等转变为实现相对的、实质的机会均等。

从形式平等与实质平等在保护社会弱势群体的关系方面来看，形式平等理论是对社会弱势群体的权利保护的首要前提。对社会弱势群体的保护首先就在法律上确认平等的权利，只要他是一个生物学意义上的人，就应该享有这些权利。但也应该看到，权利的平等并不意味着所有人能够在同等的程度上和范围内实际上都享受使用这些权利的手段，他们只是在确定基本权利的制度规范面前人人平等，而在实际生活中，每个人在权利的实现程度上显然是不同的，这也如同学者所描述的自由的权利"表现为平等公民权的整个自由体系，它们对所有人都是平等的、一视同仁的；而个人

---

① ［日］大须贺明.生存权论［M］.林浩译，北京：法律出版社，2001：26.

② 林来梵.从宪法规范到规范宪法：规范宪法学的一种前言［M］.北京：法律出版社，2001：107.

与群体的自由则与其拥有的能力和手段成比例的。拥有较大权威和财富的人具有达到他们目的的较多手段，而拥有较少权威和财富的人拥有达到他们目的的手段却较少。"①社会弱势群体由于身份等原因享有不同等的自由权利，因此，仅仅基于形式平等理论对弱势群体的保护是不充分的，也是不彻底的，必须建立实现实质平等的法律保护制度，采取特别的法律保护措施，对社会弱势群体实行倾斜性保护。

（二）平等视角下的农民工权利法律保护

我国宪法在《公民的基本权利和义务》一章中明确规定："中华人民共和国公民在法律面前一律平等"。这一表述，包含了形式平等和实质平等双重含义，从形式平等上看，所有中国公民不论其身份、职业等有何差异，均享有同样的机会。从实质平等上看，就是要通过平等分配和社会补偿，如对社会弱势群体给予适当的扶助，尽可能使一个社会的所有成员都处于一种平等的地位。改革开放以来，农民工在城市的流动使他们深切感受到城市相对发达的市场经济环境中市场主体间的平等交换氛围，这有助于清除他们自身长期存在的身份等级观念，有助于增强他们与城市居民平等的自信心。同时，农民工自主择业与用人单位的双向选择，使农民工完全依附某一单位的状况大大减少，潜移默化地塑造了农民工的平等观念。所有这些条件无疑给现存的城乡隔阂和不平等现象提供了一个化解的机会。但现实生活中，农民工的平等权利仍因诸多因素限制难以充分行使，主要体现在：

1.国民待遇方面的不平等

国民待遇的平等意味着国家给予全体国民同等保护的权利，依法平等地享有权利，不受任何差别对待。就农民工而言，农民工与城市居民在劳动、报酬、休息、教育培训、社会保障等诸多方面应一律平等。但肇始

---

① 何怀宏.公平的正义——解读罗尔斯《正义论》[M].济南：山东人民出版社，2002：79—80.

于 20 世纪 50 年代的二元户籍制度，将全体公民划分为农业户口和非农业户口两大类，农民在户口登记、就学就医、社会保障、劳动就业、粮油供应、税费负担等各个方面享受的权利和承担的义务与城镇居民有很大的不同。"国家政策人为地限制乃至剥夺了农民作为共和国公民应当平等享有的基本权利，同时农民也被人为地承担了不平等的义务"①，这实质上是对农民群体的一种制度性歧视。而制度所规定的不平等的先天性身份决定了他们在享受各种社会权利上的天壤之别。法国学者托克维尔指出：身份平等是一件大事，"它赋予舆论以一定的方向，法律以一定的方针，执政者以新的箴言，被统治者以特有的习惯。"② 中国城乡分割的二元社会结构，使得政府偏好城市而忽略农村，造成了"现代城市文明与愚昧肮脏的穷乡僻壤并存；受到良好教育的市民与大量文盲半文盲的农民并存；'奔驰''皇冠'与毛驴拉板车并驾齐驱"的局面③，形成了事实上的户口等级制。户口等级制又异化为利益分配功能，强化了城乡对立，加剧了城乡居民机会的不平等和经济上的不平等。随着市场经济的发展，有些农民已经离开农村到城镇寻求发展的机会，但这种机会的实现仍然受到农村户籍身份的限制。功能异化的户籍制度作为区分城乡居民国民身份的重要标志，目前仍是成为向城市居民和农村居民提供不同待遇的"合法依据"。因此，给予农民工平等的国民待遇，给予农民工作为共和国公民应当享有的平等权利，消除使其在政治、经济、社会等各个方面沦为"二等公民"的现有城乡二元户籍制度，全体公民的平等权才能得到切实的保护，平等的理念在社会中才能真正得到实现。

2. 机会的不平等

机会均等意味着职位或机会对所有有能力人的开放，每个人都有平等

---

① 张英洪. 农民权利论［M］. 北京：中国经济出版社，2007：10.
② ［法］托克维尔. 论美国的民主［M］. 董果良译，北京：商务印书馆，1997：4.
③ 郭书田，刘纯彬等. 失衡的中国——农村城市化的过去、现在与未来［M］. 石家庄：河北人民出版社，1990：7—8.

的机会凭借自己的能力去争取自己所想要的东西①。机会平等为每一个人提供了平等参与合作的保障，如平等接受教育和医疗、职业和技能训练的机会，平等参与各种职务的机会等。这种分配制度对才能和天赋一视同仁，使社会条件较幸运者或者天赋较高者能够和较不幸者或天赋较低者平等地合作②。仅就就业平等而言，我国自改革开放以来，在保障农民工就业待遇平等方面做了很多努力，但与城市职工相比，其就业机会还处在严重的不平等状态。当前人们讨论的就业公平问题的焦点主要是指公共就业资源的公平享有上，如果一种就业政策的制定，不能保证每个人公正的享有公共就业资源，就不能称之为公平的就业政策。我国长期以来户籍制度的影响使得城市形成了二元用工制度，城市市民和农民工就业分为两个板块加以区别对待，农民工明显处于劣势，主要表现在：第一，就业成本高。农民工进城务工，城市的劳动、公安、环卫、计划生育等部门要求他们办理各种证件，并收取相关费用。第二，就业渠道窄。一些城市对农民工进入的行业、工种进行了限制。农民工只能在低级劳动力市场就业，被限制在城市职工不愿进入的行业及工种。第三，就业无保障。农民工多数是单位的临时工，劳动合同签订率低，就业极不稳定，经常面临失业的危险。在现实生活中，农民工在就业过程中主要遇到了来自政策及用人单位的不平等对待。就国家政策而言，国家主要负责城市的就业和培训，而忽略农民工的就业与培训。政府统计失业率时，只统计城镇居民的失业率，而根本不把人口众多的农村剩余劳动力统计在内。"农村劳动力就业问题几乎完全处于自生自灭状态。农村劳动力的就业培训问题更是完全处于自流状态。"③还有不少企事业单位录用农民工以后，在工种分配、工资发放、劳动管理、技术培训、职务升迁等方面对农民工和城镇户口工人不能一视同仁。这显然违背了机会均等原则与正义原则所要求的人与人之间权

① 李龙. 法理学［M］. 北京：人民法院出版社，中国社会科学出版社，2003：242.

② 郭夏娟. 为正义而辩［M］. 北京：人民出版社，2004：229—230.

③ 郭书田，刘纯彬等. 失衡的中国——农村城市化的过去、现在与未来［M］. 石家庄：河北人民出版社，1990：58.

利平等。针对农民工在城市就业无论在起点上还是过程当中都处于严重的不平等现状，政府正在采取措施，逐步取消限制性就业政策，例如，2003年国务院下发的《国务院办公厅关于做好农民进城务工就业管理和服务工作的通知》中明确要求取消对农民工进城务工的职业工种限制，取消专为农民工设置的登记项目，对农民工和城市居民一视同仁。当然，最有效的还是通过法治取消限制性就业制度与政策，为建立开放的、自由的、统一的全国性劳动力市场扫除障碍。

3. 城乡基本需要方面的不平等

经过改革开放几十年的发展，我国在城市已经建立了一整套完整的包括住房、教育、医疗、价格补贴等在内的社会保障和社会福利政策。而在农村，国家对农民的福利关注远不及城市，农民几乎被排斥在国家福利体系之外。农民工在城市化、工业化进程中作出的巨大贡献，还没有得到社会的普遍认可，各种各样的歧视和不公正对待，使他们不断地处于被边缘化的状态。农民工在孩子上学、医疗保险、养老等方面，不能享受与工作所在地居民同等的权利。户口的终生性和世袭性，强化了城乡差异的世代继承，导致城乡对立，损害了平等、公平的原则。广大农民工辛勤劳动和微薄收入极不相称，造成了他们的回报与贡献之间的严重失衡，使得他们不仅在社会制度层面，而且在社会经济层面无力摆脱弱势的地位。

针对我国长期实行的城乡有别的人口户籍管理制度阻碍人们平等观念形成的现实情况，当前法律的主要任务是尽快取消现有户籍制度，彻底消除把城乡人口划分为彼此分割的、经济利益上实行差别对待的两大社会集团，并通过立法，努力实现下列目标：增加农民工教育投入，提高农民工人口质量，加强区域协调，实现区域平衡发展，加大扶贫力度，缩小贫富差距。真正实现"中华人民共和国公民在法律面前一律平等"，把个人在社会发展中至关重要作用的平等权赋予了每一个农民工，确保农民工群体的基本尊严得到尊重，赋予他们作为社会成员的基本权利，使他们平等地参与城市的工作和生活，这无论对于农民工群体的利益，还是整个社会的进步都具有重要的意义。

三、正义与农民工权利法律保护

（一）正义的含义

正义具有多层次的含义。其中比较有影响的有：正义意味着各得其分，各得其所；正义指一种德行；正义意味着一种对待的回报；正义指法治或合法性；正义指一种公正的体制①。人们之所以对正义的标准有不同的理解，主要是由于正义概念的历史性、阶级性和具体性所致。马克思主义认为，正义是一个历史的、阶级的概念，而不是一个永恒的，超阶级的抽象的概念。恩格斯就指出，正义"始终只是现存经济关系在其保守方面或在其革命方面的观念化、神圣化的表现。"② 按照马克思《经济学手稿》里的权利进化思想，在人对人的依赖的时代，最正当的事情莫过于团体利益至上，个人各守其分，正义要求个人服从团体，服从政治的、精神的权威；在"以物的依赖为基础的人的独立性"时代，正义要求尊重和维护每个人的尊严和价值，这样，就必须宣布私有财产和人身自由神圣不可侵犯，否则，个人的独立便会失去"物的依赖"，同时，经济自由、政治民主成为正义的重要内容；再往后，个人的全面自由和全面发展成为社会正义的要求，美好的社会乃是"自由人的联合体"，从而形成新型的权利义务关系③。马克思主义在人类历史上第一次深刻揭示了正义的客观经济基础，实现了正义理论史上的伟大变革。

美国当代著名政治哲学家约翰·罗尔斯的正义论在当代世界具有重大影响。他指出社会体制即社会基本结构的正义具有决定意义。④ 所谓社

---

① 张文显. 法哲学范畴研究 [M]. 北京：中国政法大学出版社，2001：202—203.

② 马克思恩格斯选集（第2卷）[M]. 北京：人民出版社，1972：539.

③ 夏勇. 人权概念起源：权利的历史哲学 [M]. 北京：中国政法大学出版社，2001：29.

④ ［美］迈克尔·J. 桑德尔. 自由主义与正义的局限 [M]. 万俊人等译，南京：译林出版社，2001：86.

会基本结构是指一整套的主要的社会制度、经济制度、政治制度和法律制度。在罗尔斯看来，正义是社会制度的首要价值，某些法律和制度，不管它如何有效率和有条理，只要它不正义，就必须加以改造或废除。为此，罗尔斯提出了关于正义的两个基本原则。第一，平等自由原则，每个人都有平等的权利去拥有可以与别人的类似自由权并存的最广泛的基本自由权。第二，在与正义的原则相一致的情况下，使这种不平等适合于最少受惠者的最大利益（差别原则）；使这种不平等依系于在机会平等的条件下职务和地位向所有人开放（机会公正平等原则）。① 这两个基本原则构成了罗尔斯公平正义论的核心。罗尔斯的第一个原则适用于政治结构，指的是政治的平等和自由②。罗尔斯的第二个原则适用于经济和社会权利与利益的分配，目的是为了实现公民的平等自由权利。他认为，社会正义必须使社会最少受益者获得最大利益，要通过平等分配和社会补偿，使竞争过程中弱者的经济权利得到维护，尽可能使社会的所有成员都处于一种平等的地位。正义原则就是通过调节社会制度，尽量排除社会历史和自然方面的偶然因素对于人们生活前景的影响。③

（二）正义视角下的农民工权利法律保护

正义一开始就与法律结下了不解之缘，它是法的价值核心。"正义只有通过良好的法律才能实现"，"法是善良和正义的艺术"。这些古老的法学格言和法的定义表明法是或应当是实现正义的手段，法律最重要的价值在于实现正义。

社会主义社会理所当然地应当成为迄今为止人类历史上最有利于实现公平正义的社会。那么如何实现这一理想目标呢？我们认为，实现法律追求的正义理想，首先要确定当前社会正义的内容所在，一般认为，现代

---

① ［美］罗尔斯. 正义论［M］. 何怀宏等译，北京：中国社会科学出版社，1988：60—61.

② ［美］迈克尔·J. 桑德尔. 自由主义与正义的局限［M］. 万俊人等译，南京：译林出版社，2001：84.

③ ［美］罗尔斯. 正义论［M］. 何怀宏等译，北京：中国社会科学出版社，1988：5—6.

意义上的社会正义主要包括：一是在经济、政治和社会的各个领域为每个成员的自由发展和才能的发挥提供公正平等的机会和手段；二是社会提供一套合理分配社会资源和利益的社会程序规范和程序制度；三是社会具有一种合理的纠偏机制，以便维护社会的正义和公平①。

1. 应得原则

把应得作为判定我国农民工法律保护制度公平性的重要原则，是因为应得是确立是否正义的重要依据。根据应得观，一个公平的社会应当让每一个有着相同的才干和能力的人都获得平等的成功机会或前景，只要是一国国民，就应该享受最基本的国民权利和保障，国家不应该根据其身份、阶层或社会背景等而差别地对待每个公民，因为每个公民都履行了同等的国民义务和责任。我国农民工作为一个庞大的社会群体，对社会主义市场经济建设的付出是有目共睹的，然而他们却难以享受与城市居民一样的待遇。因此，在全社会制定一套适当分配利益和负担的正义原则，把对农民工权利的法律保护建立在正义的基础上具有现实意义，应当把指导分配的正义原则进一步法律化，通过法律构建对农民工有利的权利保护体系与机制，以实现社会的公平正义。

2. 合理差别原则

罗尔斯所提出的差别原则反映了对社会弱势群体的偏爱，"一种尽力想通过某种补偿或再分配使一个社会的所有成员都处于一种平等的地位的愿望。"②罗尔斯把差别原则的基点限定在"最少受惠者"阶层。从概念上看，结合我国的农民工权利法律保护现状，"最少受惠者"应该包括农民工在内。我国的农民工人数众多，长期生活在城市社会的底层，他们与其他最低阶层的群体一样，在主流的分配制度中处于不利地位，且自身无力改变这种不幸的制度背景。而且这部分人的权利在目前又缺乏法律的制度性的保障措施，这就使得原本在经济与政治地位上相对较低的农民工在我

---

① 公丕祥.法理学［M］.上海：复旦大学出版社，2002：93.
② ［美］罗尔斯.正义论［M］.何怀宏等译，北京：中国社会科学出版社，1988：8.

国从产生到现在就一直被法学界普遍认为是社会群体中最为脆弱的一个群体，并且在今后的一定历史时期内，还将继续以一个庞大数量处于社会分层的相对低层。虽然与改革开放初期相比，现在的农民工已经拥有了更多的机会参与公共领域，农民工进入主流社会的有形障碍正在被铲除，但农民工追求公平正义的目标并没有实现，农民工的实际地位并未因此而彻底改善。

正义的社会首先应保护农民工等弱势群体的权利。在当前城乡差距仍然存在的情况下，应从农民工遭遇不平等待遇的历史与现实出发，通过法律制度以保障农民工实际的平等地位。有一种观点认为，这样的差别对待会导致农民工群体更加特殊化。但我们认为，承认某些群体具有特殊的权利是促进他们全面参与社会的最好途径，有助于他们按照自身的特殊条件发展他们实现自由的能力。对我国农民工来说，社会的基本制度和规则最重要的是保证其劳动成果得到社会的承认，使他们从这种劳动中得到应有的补偿。法律规定的权利与义务不应从身份出发，而应该根据不同的角色，有区别地保护农民工这种处于最不利地位的弱势群体。

3. 补偿与救济原则

"为了平等地对待所有人，提供真正的同等的机会，社会必须更多地注意那些天赋较低和出生于较不利的社会地位的人们。"[1]如果忽视人们能力上的区别，平等、公平就"成为一种'漂亮的然而是空虚的浮夸之词'。对于在这种不平等下生活的不走运的社会成员提供'补偿'，是一种社会责任。社会和法律程序正向人们提出这种要求。法律应当力求确认和支持这种要求。"[2]如前所述，有差异的平等目标更有利于保证农民工的特殊需要与目的，这就可以把国家和政府的公共政策调整到最有利于农民工的状态。在这一基础上，认识到不公正的户籍制度是农民工不利地位的根源，必须由制度本身作出补偿。据此，我们提出政府的决策与各种规则应该向

---

① ［美］罗尔斯. 正义论［M］. 何怀宏等译，北京：中国社会科学出版社，1988：96.

② ［美］伯纳德·施瓦茨. 美国法律史［M］. 王军等译，北京：中国政法大学出版社，1990：265.

农民工倾斜，通过补偿性优惠措施弥补制度的缺陷，从根本上纠正制度性的不正义。"补偿性优惠措施"是指对过去制度与实践中出现的差错、过失与不足进行补偿的各种政策与实践①。根据罗尔斯主张的补偿原则，在市场调节的不平等分配中，获利较多者应该给较少者以相应的补偿。因为幸运者无疑较多地使用了社会共同创造的就业资源，应当从他们的权利中拿出相应的部分，补偿或归还给不幸运或机会较少者，否则便是不公平的。我国应该从现实存在的差异出发，针对农民工特殊的雇佣与工资制度，通过法律与政策制定有差别的农民工政策与规则，以期实现社会正义。在分配领域，必须以正义的名义给予农民工一定的政策和法律倾斜，以对其利益进行特别保护。如政府在教育方面应实施一种免费的义务教育或对私立教育的补偿金制度，确保农民工子女在接受教育方面具有平等的机会；通过最低工资制度和社会保障制度为农民工提供生活来源，保证农民工最基本的生存权利等，为处于社会劣势地位的农民工提供必要的社会保障，使他们能过上有尊严的生活。

正义是社会主义核心价值之一，马克思主义政党在执政之后，承担的一个重要职责就是维护社会正义。在我国社会主义初级阶段，邓小平就强调在追求高速发展的同时，不能以造成两极分化、牺牲社会公平正义为代价。他指出："如果导致两极分化，改革就算失败了。"② 按照正义原则的要求，当前我国法律面临的重要任务就是改变农民工与城市居民贫富差距幅度过大，社会再分配力度较弱，农民工基本权利保障的总体状况偏弱的状况。依法律程序保证农民工的机会均等，从总体上为每个农民工提供大致相同的发展机会，同时还要根据农民工自身条件提供差别程度不同的发展机会，以鼓励农民工最大限度地使用各种机会以实现自身的价值。因为，确保每个社会成员基本权利的平等，给予处于弱势地位的群体以特殊的法律保护，是实现社会正义的必然要求。

---

① 郭夏娟.为正义而辩［M］.北京：人民出版社，2004：299.

② 邓小平文选（第三卷）［M］.北京：人民出版社，1993：364.

四、和谐与农民工权利法律保护

（一）和谐的含义

和谐是人类共同的价值目标。早在 2500 年前的中国，孔子就提出了"和而不同"的伟大理想。在西方，和谐理念也源远流长。古希腊哲学家毕达哥拉斯首次把和谐作为哲学的根本范畴加以定义，苏格拉底则将和谐理念引进到社会领域。柏拉图在阐述公正及和谐的基础上，提出了"理想国"的构想。亚里士多德试图通过中等阶层掌握政权，平衡贫富两个阶层的利益，以实现社会的和谐。空想社会主义者也把和谐社会作为理想社会的目标。但由于阶级与历史的局限，这些思想家所提倡的和谐理念具有浓重的空想主义色彩，往往脱离特定的经济基础，而缺乏实践性。马克思主义以历史唯物主义为思想武器，找到了实现和谐社会的答案。他们认为，人类只有依靠工人阶级推翻资本主义实现共产主义，才能实现以社会公平正义和每个人全面自由发展为表征的和谐社会。

和谐之所以成为必要并且"始终是人类孜孜以求的一个社会理想"，是由于人类社会存在着不和谐和矛盾。"和谐是以差别和对立的存在为前提的"[1]。在人类社会当中，存在哪些不和谐或者矛盾呢？一般来说，可将其归为两类：一类是由人类社会的利益与分配问题导致的不和谐。马克思主义认为，"每一既定社会的经济关系首先表现为利益"[2]。"人们为之奋斗的一切，都同他们的利益有关。"[3]利益是在需要的基础上形成的，它反映了人作为需求主体对需求对象的依赖关系。人类在追逐物质利益的过程中必然会产生对立和摩擦，为把对立和摩擦减少到最低限度，就要权衡和调节各种利益冲突，因此，任何社会变革归根到底都是利益关系的重新调

---

① 张文显. 法理学（第三版）[M]. 北京：高等教育出版社，北京大学出版社，2007：413.

② 马克思恩格斯选集（第 3 卷）[M]. 北京：人民出版社，1995：209.

③ 马克思恩格斯全集（第 1 卷）[M]. 北京：人民出版社，1995：187.

整。在利益关系多元化、利益诉求多样性的情况下，各群体利益之间既有相容的一面，又有利益矛盾冲突的一面。这些矛盾如果不及时加以协调和化解，任其发展，就有可能演化为群体利益对抗，最后可能导致整体社会的动荡甚至崩溃。另一类是人们之间心理塑造与调整的不同而导致的不和谐。人是以群体方式生活的，"人是社会的人，社会也是人的社会"①。社会是由人群组成的一种特殊形态的群体形式，是相当数量的人按照一定的规范发生相互联系的生活共同体，而组成社会群体的人们各有不同的情感和利益，虽然法律确定了不同主体之间的利益界限，引导全体公民在法定范围内行使权利，履行义务，防范侵权行为发生，但是如果人们不能以此为基础给予相互之间在情感和利益上的宽容与让步，不能尊重不同个体的利益诉求，而是相互排斥，或强求同一，就会激发矛盾，破坏和谐。

和谐就是矛盾得到很好的协调与解决的状态，它强调的是事物各要素之间的均衡和协调。对于上述人类社会存在的两类不和谐情况，需要用不同的方法来解决：前者需要我们建立正确、及时反映各方利益的法律机制，让不同社会利益群体和社会阶层都能有平等的机会和渠道充分表达自己的利益诉求。"妥善处理各方面的利益关系，把一切积极因素调动和凝聚起来，至关重要。努力形成各尽所能、各得其所而又和谐相处的局面。"②要在大力发展生产力的同时建立一套激励、分配与纠纷解决机制，使得人类的利益分配达到"每个人都得到其应得的东西"；后者则需要我们不断提高公民的科学文化素质和思想道德素质，大力培育"宽容、博爱、妥协"等伦理道德观念，以诚信这一道德要求同时也是法律要求为基础解决人们之间的诚信缺失和信用危机，对人的精神世界进行调整从而使人的心理达到平衡，进而实现人与人之间感情上的"诚信友爱"。在此二者的基础上，实现整个社会的"充满活力"与"安定有序"。

可见，和谐社会实现的关键要以利益分配为基础，以伦理道德观念为

---

① 郑杭生.社会学概论［M］.北京：中国人民大学出版社，2003：5.
② 十六大以来重要文献选编（上）［M］.北京：中央文献出版社，2005：22.

指导。胡锦涛同志对社会主义"和谐社会"做了科学论断："我们所要建设的社会主义和谐社会，应该是民主法治、公平正义、诚信友爱、充满活力、安定有序、人与自然和谐相处的社会。"①因此，构建"和谐社会"，不仅需要"制度、理性、权力"等外在的、刚性的因素，也需要"同情、宽容、博爱"等内在的、柔性的因素②。就这两方面的关系而言，生产力的发展是解决人类社会一切矛盾的根本，是实现和谐的物质前提和基础，但由于人类社会对利益追求与分配是没有止境的，矛盾的纠纷不可避免，所以，实现社会和谐同样要发挥"同情、宽容、博爱、妥协"等伦理道德观念的作用。

（二）和谐视角下农民工权利法律保护

和谐社会就是社会系统中的各个部分，各种要素处于一种相互协调的状态。我国是一个农村人口占绝大多数的农业大国。没有农村的和谐，就不会有整个社会的和谐。伴随着中国特色社会主义的进程，农民工日益彰显着其重要的地位和作用，他们既是中国产业工人的后备军，也是用工业文明改造贫困乡村的生力军；他们一方面为城市发展提供源源不断的新生产力，不断创造新的市场需求，另一方面又将极大地改变中国农村的落后面貌。然而，在我国工业化程度加速发展，耕地被大量占用，有限的农业资源负荷加重，农业劳动力过剩日趋加剧的情况下，加上我国城乡二元体制的长期存在，附加在户籍制度上的农民的经济、政治、社会和文化等权利不能落实，农民工作为日益庞大的一个新的弱势群体，其权利保障缺失已成为当前构建和谐社会的一个主要矛盾。从某种意义上说，农民工问题是"三农"问题集中的外在表现，是市场开放之后人口基数大这一影响我国经济社会发展的硬约束的日趋充分的表现，对构建社会主义和谐社会提出了严峻挑战。因此，必须以保护农民工权利为基点，构建社会主义和谐

---

① 胡锦涛.深刻认识构建和谐社会的重大意义［N］.人民日报，2005—02—20（1）.
② 阎巍.和谐视角下公私权力（利）配置的历史考察［J］.法学家，2007，（2）：42.

社会的法律机制。

1. 构建引导和维护农民工与城市居民和谐的法律机制

改革开放以来，农民工已融进了城市的各个方面，成为经济建设不可或缺的重要力量。但即便如此，城市政府、社会居民却无视该群体的存在。就政府来说，在统计成绩、计算人均 GDP 时，在总人口中未把农民工包括在内。就城市居民来说，他们占据着天然的社会资源和竞争优势，形成身份上的优越感，往往对农民工所提供的各种服务和方便视而不见，看到的只是农民工带来的所谓"社会问题"，对他们的人格缺乏应有的尊重。在城市长期工作和生活的农民工，被看做是"低规格"的社会群体而受到与城市居民不同的对待。城市的繁荣与乡村的萧条形成鲜明对比，城乡二元结构构筑的用工和户籍制度以及由此产生的歧视性分配、福利制度所产生的巨大差距催生了农民工群体的相对被剥夺感，使农民工对城市对人产生情感、心理上的隔膜。

农民工与城市居民的和谐相处是社会稳定、人民安康的重要条件。当前引导和维护农民工与城市居民和谐的法律机制很多，我国宪法、民法通则、亲属法、教育法等法律法规，都明确地规定了社会成员的权利和义务及其界限，引导全体公民在法定范围内行使权利，履行义务。当前迫切需要建立健全农民工群体和城市其他社会阶层的利益表达和协商机制，为各个利益群体和社会阶层提供以理性、合法的形式表达利益诉求的政策博弈的制度性平台。如果每一个城市居民都能够做到肯定农民工的伟大贡献和基本尊严，人民和睦相处，社会和谐的状态就能够实现。

2. 构建引导和维护农民工与国家和谐的法律机制

法律的运用就是在权利与权力之间形成理性平衡。关注和保护弱势群体，不仅体现一个社会应有的道德关怀和福利救济，更是各级政府和社会组织肩负的责任和义务。政府应当扩大农民工有序地参与政治程序和公共生活的机会和渠道，充分尊重和保护他们的权利，使农民工群体意识到在国家和社会中的主人翁地位，切实感受到自己是人，有做人的权利，才能增强对国家的认同，为构建和谐社会作出贡献。法律是维护农民工权利，妥善解决农民工问题的重要保障。根据中国当前的实际情况，构建引导和维护农民工与国家和谐的法律机制，一是要对现行户籍制度进行渐进的和过渡的改革，使它不再成为农民工迁徙自由和择业自由的限制；二是要深化农村的土地制度改革，使外出务工处于不稳定就业状态的农民工有承包地作为维持生计的最后一道防线；三是重视解决农民工子女的上学问题。农民工流入地政府要根据区域人口变化情况，合理配置城镇义务教育资源，保障以公办学校为主接受农民工子女的义务教育，保证农民工子女与当地居民子女一样享受符合标准的义务教育，使教育公平这一构建社会主义和谐社会的基础性工程真正落到实处；四是加强对农民工的培训，全面提高农民工的整体素质，这既适应当代飞速发展的经济社会的要求，也是维护农民工自身教育权利的实际需要；五是完善农民工群体的社会保障制度。应根据我国农民工现有的实际情况，采取分类分层的保障办法，优先解决农民工基本保障问题。它涉及农民工切身利益，而且直接影响社会稳定和谐。

3. 构建工农城乡利益大体均衡的法律机制

城乡协调发展，是社会主义和谐社会的重要标志。城乡居民利益关系反映的是处于不同社会地位、担任不同社会角色的不同社会阶层，不同社会群体之间的物质利益关系。随着经济的发展和社会的分化，随之而来的是城乡利益主体之间的冲突日益增多。和谐社会不是不存在利益冲突，而是在承认社会分化和利益冲突的前提下，将利益冲突保持在一定限度内，通过不同利益主体之间的妥协和合作来促进社会整体利益的增进和实现不同利益主体的共赢。对于城乡不同主体的权利和利益，最有效的维护手段是运用法律创造一种利益表达机制。利益表达机制的功能，在于为城乡不同利益诉求的社会主体提供充分反映自己利益要求的常规性途径，让不同意见和对立性情绪通过合法的渠道释放出来。和谐社会就是利益表达的规范化和制度化①。"要从法律上、制度上、政策上努力营造公平的社会环

---

① 孙立平. 和谐就是利益表达的规范化和制度化 [J]. 山西师大学报，2005，（3）：10.

境，从收入分配、利益调节、社会保障、公民权利保障、政府施政、执法、司法等方面采取切实措施，逐步做到保证社会成员都能够接受教育，都能够进行劳动创造，都能够平等地参与市场竞争、参与社会生活，都能够依靠法律和制度来维护自己的正当权利。"①在和谐社会构建中，农民工的利益诉求尤为重要，它在一定程度上反映了他们从社会所获取的财富多少。要从法律、政策取向上抓准农民工群体利益与不同阶层群体的具体利益的结合点，切实关心农民工最现实、最直接的利益，坚决反对和纠正损害农民工利益的行为。因此，构建完善的城乡利益均衡机制解决农民工问题的利益表达是构建社会主义和谐社会的一项重要内容，也是构建社会主义和谐社会的客观要求。

4. 建立健全化解农民工矛盾和纠纷的法律机制

构建和谐社会必须注重及时有效地化解矛盾和纠纷，而法律正是化解矛盾和纠纷的第一机制②。随着我国城市化进程的不断加快，越来越多的农民工进入城市寻找工作和寻求发展，但制度的不健全使农民工面临着巨大的市场和生活风险，在城市中处境艰难。同时，现阶段农民工具有的人数众多、身份职业的两重性流动性强、未来发展的不确定性等特点，也给农民工的社会保障带来了现实的困难。农民工被排除在社会保障体系之外，这就迫切需要建立面向农民工的权利救济制度，使被忽视、被稀释、被侵害的权利均能得到救济。因此，必须完善司法体制，加强社会和谐的司法保障，建立农民工法律援助机制，为经济困难或特殊案件的农民工给予减少、免收费用，为农民工提供必要的社会救助。可以说，建立面向农民工的法律保护制度是保障农民工权利的需要，是改革城市社会保障体系的需要，是提高我国城市化水平的需要，是全面建设小康社会的需要，是实现社会公平、维护社会和谐的需要。

综上所述，社会公平正义是个体和谐与社会和谐的基本条件，而法治

---

① 胡锦涛.在省部级主要领导干部提高构建社会主义和谐社会能力专题研讨班上的讲话[N].人民日报，2005—02—19（1）.

② 张文显.法理学（第三版）[M].北京：高等教育出版社，北京大学出版社，2007：420.

是社会公平正义的根本保证，是和谐社会最重要的机制。我们必须加强引导和维护人与人和谐的法律机制的建设，健全农民工权利保护的法律法规，必须从法律上重新看待和评价农民工的法律地位，通过法律的途径赋予农民工应有的主体地位。同时，通过法律保护农民工的合法权利，包括尽早在《宪法》上确立公民的迁徙自由权、行政知情权等直接涉及农民工权利的宪法权利，《农民工权利保护法》应尽快出台，用法律手段为构建公平正义、诚信友爱、消除各种歧视的社会主义和谐社会保驾护航。

第三章 农民工权利法律保护现状与缺损原因实证分析

一、农民工权利法律保护回顾

关于我国农民工权利的法律保护，我们认为可以大致分为三个阶段：农民工权利法律保护基本空白阶段（1949—1978 年）；农民工权利差别保护阶段（1979—1994 年）；农民工权利全面保护阶段（1995 年至今）。

（一）农民工权利保护基本空白阶段（1949—1977 年）

新中国成立后，改革开放前，我国实行的是严格的二元户籍制度和就业制度，农村劳动力的流动受到严格的限制。这一时期，国家对农民工（临时工）在经济上基本排斥，对其权利法律上鲜有保护。在户籍制度方面，1954 年《中华人民共和国宪法》虽然规定"公民有居住和迁徙的自由"，但 1958 年 1 月由第一届全国人民代表大会常务委员会通过的《中华人民共和国户口登记条例》却又规定，"公民由农村迁往城市，必须持有城市劳动部门的录用证明、学校的录取证明或者城市户口登记机关的准予迁入的证明，向常住地户口登记机关申请办理迁出手续"。还规定，"公民在常住市、县范围以外的城市暂住三日以上，由暂住地户主或者本人向户口登记机关申请暂住登记，离开前申报注销"。据此制度，我国农民的居住和活动范围限制在农村。这一法律文件使原来与宪法相抵触的户籍制度合法化。① 在就业制度方面，1952 年政务院《关于劳动就业问题的决定》规定，国家就业制度原则上只负责城市非农业人口在城市的就业安置，排斥农民工在城市就业。在工资制度方面，1962 年国务院《关于国营企业使用临时工的暂行规定》指出，临时工的工资待遇，可以参照本地区相同工种、技术的长期职工执行；劳保福利待遇，可以按照本地区的相关规定执行。1965 年，国务院《关于改进对临时工的使用和管理的暂行规定》指出，临时工的工资待遇，参照本地区统一规定的相同工种、同等技术的固定工工资标准作出规定，临时工的劳保待遇，暂按各地现行规定执行。但由于国家对来自农村的临时工的用工形式进行严格控制，因此，这些法规形同虚设。此外，国家实行的仅适用于城镇居民的消费凭证制度，更增加了农村人口在城镇生存和就业的难度。

（二）农民工权利差别保护阶段（1978—1994 年）

1978 年 12 月，以党的十一届三中全会为标志，中国进入了改革开放的历史时期。这一时期有两个特点：

1. 法律对农民工就业和流动的限制和歧视并没有根本性转变

1979 年国务院批转国家计委《关于清理压缩计划外用工的办法》指出，清理的重点是全民所有制单位在劳动计划外使用的农村劳动力。1981年，中共中央、国务院颁布《关于广开门路，搞活经济，解决城镇就业问题的若干决定》指出："对农村多余劳动力通过发展多种经营和兴办社队企业，就地适当安置，不使其涌入城镇。对于农村人口、劳动力迁进城镇，应当按照政策从严掌握。农村人口迁入城镇的要严格履行审批手续，公安、粮食、劳动等部门要分工合作把好关，不要政出多门。要严格控制使用农村劳动力，继续清退来自农村的计划外用工。"② 1984 年以前的改

---

① 王洪春，阮宜胜. 中国民工潮的经济学分析［M］. 北京：中国商务印书馆，2004：253
② 马雪松. 从"盲流"到产业工人——农民工的三十年［J］. 企业经济，2008，（5）：5—8.

革，农民向非农产业转移的主要方式不是外出打工，而是去乡镇企业——就是农民在种好责任田之后的一项副业。"离土不离乡，进厂不进城"，曾被誉为是中国特色的城市化道路①。

1984 年，国务院颁发了《关于农村进入城镇落户的通知》，允许长期在城镇务工、经商、有固定职业和住所的农民，在自理口粮的情况下迁入城镇落户。《通知》的出台，成为"允许农村劳动力流动"的一个标志。1989 年爆发的"民工潮"，引起了政府的高度关注，也制定了相应政策，但政策应对主要表现在缓解交通和城市基础设施的压力等方面。审言之，主要是解决社会秩序方面的问题，还不是从就业的角度解决问题。

进入 20 世纪 90 年代中期，城市面临严峻的就业形势。就业开始成为政府的主要议题。1994 年 11 月，原劳动部公布了《农村劳动力跨省流动就业管理暂行规定》。这个文件把前几年一些地方政府局部性的农民工流动限制措施上升为全局性政策规定。文件的主要内容是，用人单位若招用外省劳动力，需经劳动部门核实确为当地无法招用到工人的工种、行业。被用人单位跨省招收的农村劳动者，外出之前，须持身份证和其他必要的证明，在本人户口所在地的劳动就业服务机构进行登记并领取外出人员就业登记卡；到达用人单位后，须凭出省就业登记卡领取当地劳动部门颁发的外来人员就业证；证、卡合一生效，简称流动就业证，作为流动就业的有效证件。最早从限制的角度处理农民工问题的是一些流入地的地方政府，如长江三角洲、珠江三角洲等发达地区，北京、上海、广州等大城市。主要方法是清理遣返；建立外来农村劳动力"务工证"制度；出台一套严密限制使用外来劳动力的规章细则。其实质是外来劳动力进入本地只能从事本地劳动力不愿意选择的行业工种②。

2. 根据企业性质而对农民工权利采取区别保护

---

① 谭立独，夏江平. 农民工进城务工三十年——从"盲流"到产业工人［J］. 工友，2008，（11）：6—11.
② 赵树凯. 农民流动三十年［J］. 中国发展观察，2008，（1）：44—46.

（1）对国营企业中农民工权利的保护

1984年10月15日劳动人事部和城乡建设环境保护部发布的《国营建筑企业招用农民合同制工人和使用农村建筑队暂行办法》规定：企业所需的劳动力，除少数必需的专业技术工种和技术骨干外，应当招用农民合同制工人，逐步降低固定工的比例。企业也可以使用农村建筑队参加施工。农民合同制工人的工资待遇，按照各地区具体情况确定。一般进企业三个月内，按同工种固定工的定级工资标准执行；三个月后，按其技术水平、劳动态度、体力强弱等考评定级，工资待遇可相当于或略高于同工种固定工人的水平。农民合同制工人在企业工作期间，按照同工种固定工的标准发给劳动保护用品。

1991年国务院《全民所有企业招用农民合同制工人的规定》强调，企业招用的农民合同制工人是指从农民中招用的使用期限在一年以上，实行劳动合同制的工人，包括从农民中招用的定期轮换工。农民工在企业工作期间，与所在企业其他职工享有同等的权利。农民工享受城镇合同制工人的工资待遇。农民工在工作期间的劳动保护用品，由企业按照同工种城镇合同制工人的标准发给等。由此可见，国有企业中的农民工劳动保护状况相对于其他性质的企业要好得多。

（2）对乡镇企业和私营企业中农民工权利的保护

1987年劳动人事部、农牧渔业部颁发的《关于加强乡镇企业劳动保护工作的规定》强调，乡镇企业必须认真贯彻执行国家和地方的劳动保护法规，贯彻"安全第一，预防为主"的方针，采取有效的技术措施和组织措施，防止伤亡事故和职业病。有易燃、易爆和尘毒危害作业的新建、乡镇企业，由建设单位提出申请书（包括产品种类、生产规模、生产工艺、初步设计、安全卫生设施和企业负责人等），经县主管部门、劳动部门和公安部门审批。安全卫生工程设施必须与主体工程同时设计、同时施工、同时投产。乡镇企业必须为职工配备符合国家标准的防护用品用具，并教育工人正确使用等。

1988年6月国务院发布的《中华人民共和国私营企业暂行条例》第5

章对劳动管理进行了规定，私营企业招用职工必须按照平等自愿、协商一致的原则以书面形式签订劳动合同，确定双方的权利、义务。私营企业必须执行国家有关劳动保护的规定，建立必要的规章制度，提供劳动安全、卫生设施，保障职工的安全和健康。私营企业对从事关系到人身健康、生命安全的行业或者工种的职工，必须按照国家规定向保险公司投保。私营企业有条件的应当为职工办理社会保险等。

（3）对三资企业中农民工权利的保护

1979年《中外合资经营企业法》、1986年《外资企业法》、1988年《中外合作经营企业法》都强调企业应当与中国职工签订劳动合同，劳动合同应当就雇用、解雇、报酬、劳动保护、劳动保险等事项进行约定。同时强调三资企业应当建立工会，以维护职工的合法权利[①]。1992年国家体改委、劳动部发布《关于加强外商投资企业中方职工社会保障工作的通知》，强调了对中方职工社会保障的保护。

（三）农民工权利全面保护阶段（1995年至今）

1995年1月1日《中华人民共和国劳动法》正式施行，以此为标志，农民工权利告别了"区别保护"时代，进入了全面保护阶段。这一时期，国家和地方制定了一系列关涉农民工劳动就业、劳动合同、加入工会、户籍管理、工伤保险、医疗保险与养老保险、劳动争议仲裁与审判的法律文件，对农民工权利进行了全方位的保护。

1. 关于农民工劳动就业权利保护

1994年7月5日，第八届全国人民代表大会常务委员会第八次会议通过了《中华人民共和国劳动法》，于同日公布，自1995年1月1日起施行。《劳动法》是新中国成立以来第一部专门保障劳动者合法权利的基本法律，成为规范社会主义市场经济条件下劳动关系的基本法规。《劳动法》涉及范围很广，突破了计划经济按不同所有制形式分别立法的传统模

---

① 蒋月.中国农民工劳动权利保护研究［M］.北京：法律出版社，2006：46—53.

式，对不同所有制经济组织中劳动者的权利和义务按照同一标准做了统一规定。《劳动法》第 2 条规定，在中华人民共和国境内的企业、个体经济组织和与之形成劳动关系的劳动者，适用本法。劳动者的各项劳动权利集中体现在《劳动法》第 3 条："劳动者享有平等就业和选择职业的权利、取得劳动报酬的权利、休息休假的权利、获得劳动安全卫生保护的权利、接受职业技能培训的权利、享受社会保险和福利的权利、提请劳动争议处理的权利以及法律规定的其他劳动权利。"1995 年 8 月劳动部《关于贯彻执行〈中华人民共和国劳动法〉若干问题的意见》第 1 条明确指出，劳动法的适用范围包括"乡镇企业职工和进城务工、经商的农民"，明确将农民工纳入劳动法的保护范围。

2000 年 1 月劳动部办公厅《关于做好农村富余劳动力劳动就业工作的意见》提出：要建立流动就业信息预测预报制度；促进劳务输出产业化；发展和促进跨地区的劳务协作，开展流动就业专项监察，保障流动就业农村劳动者合法权利等。有学者就此指出，在新中国成立 50 周年之后，"农民工作为流动就业者的合法权利被正式提了出来。"[1]

2003 年，《国务院办公厅关于做好农民进城务工就业管理和服务工作的通知》，要求各地区、各有关部门要取消对企业使用农民工的行政审批，取消对农民进城务工就业的职业工种限制，不得干涉企业自主合法使用农民工，并且明确要求各级政府努力改善农村劳动力转移的环境。

《国务院办公厅转发建设部等部门关于进一步解决建设领域拖欠工程款问题意见的通知》（国办发〔2004〕78 号）第十二条规定，严格劳动用工制度。施工企业招用农民工，必须依照《劳动法》及相关规定，与农民工签订劳动合同。劳动合同要明确合同期限、劳动报酬、工作内容、工作时间、劳动保护、劳动条件、工资支付的方式及违反劳动合同的责任等内容。对不与农民工签订劳动合同、损害农民工合法权利的用工单位，地方各级劳动保障部门要及时依法处理。

---

[1]　陈民.农民工维权论［M］.北京：中国工人出版社，2003：311.

2003 年 12 月 30 日，劳动和社会保障部第 7 次部务会议通过了《最低工资规定》，自 2004 年 3 月 1 日起施行。《最低工资规定》第 3 条指出，本规定所称最低工资标准，是指劳动者在法定工作时间或依法签订的劳动合同约定的工作时间内提供了正常劳动的前提下，用人单位依法应支付的最低劳动报酬。最低工资标准每两年至少调整一次。《最低工资规定》是对劳动者基本生活和合法权利的重要保障。一般说来，大部分农民工从事的是低酬薪的工作，《最低工资规定》对保护农民工的劳动报酬权意义重大。

2007 年 6 月 29 日，全国人民代表大会常务委员会制定的《中华人民共和国劳动合同法》自 2008 年 1 月 1 日起施行。该法就劳动合同的订立；劳动合同的履行和变更、劳动合同的解除和终止；监督检查等作出详细规定，为构建与发展和谐稳定劳动关系提供了法律保护，为保护包括农民工在内的劳动者的劳动权利提供了明确的法律依据。

2007 年 8 月 30 日，第十届全国人民代表大会常务委员会第二十九次会议通过《就业促进法》，于 2008 年 1 月 1 日施行。该法规定农村劳动者进城就业享有与城镇劳动者平等的劳动权利，不得对农村劳动者进城就业设置歧视性限制。违反本法规定，实施就业歧视的，劳动者可以向人民法院提起诉讼。这些规定直接赋予了农民工享有与城镇劳动者平等的劳动权利，用人单位不得对农民工进城就业设置歧视性限制。

2. 关于社会保障权利

2004 年 1 月 1 日起施行的《工伤保险条例》，是促进农民工享有社会保险待遇的重大突破。该条例第 2 条规定，中华人民共和国境内的各类企业、有雇工的个体工商户（以下称用人单位）应当依照本条例规定参加工伤保险，为本单位全部职工或者雇工（以下称职工）缴纳工伤保险费。我国境内的各类企业的职工和个体工商户的雇工，均有依照本条例的规定享受工伤保险待遇的权利。该条例第 61 条明确指出：本条例所称职工，是指与用人单位存在劳动关系（包括事实劳动关系）的各种用工形式、各种用工期限的劳动者。《工伤保险条例》打破了长期以来形成的正式工与非正式工的身份界限，意味着"今后享受工伤保险的职工将不再仅仅是国有企业的正式工，而是与用人单位存在劳动关系的包括临时工、农民工在内的所有人员"。

2003 年劳动和社会保障部发布了《关于非全日制用工若干问题的意见》，规定用人单位应当按照国家有关规定为建立劳动关系的非全日制劳动者缴纳工伤保险费。从事非全日制工作的劳动者发生工伤，依法享受工伤保险待遇；被鉴定为伤残 5—10 级的，经劳动者与用人单位协商一致，可以一次性结算伤残待遇及有关费用。从事非全日制工作的劳动者可以以个人身份参加基本医疗保险，并按照待遇水平与缴费水平相挂钩的原则，享受相应的基本医疗保险待遇。参加基本医疗保险的具体办法由各地劳动保障部门研究制定。从事非全日制工作的劳动者应当参加基本养老保险，原则上参照个体工商户的参保办法执行。对于已参加过基本养老保险和建立个人账户的人员，前后缴费年限合并计算，跨统筹地区转移的，应办理基本养老保险关系和个人账户的转移、接续手续。符合退休条件时，按国家规定计发基本养老金 ①。

2004 年 6 月，劳动和社会保障部发布了《劳动和社会保障部关于农民工参加工伤保险有关问题的通知》，对农民工工伤保险问题进行了专门的规定。2006 年 5 月，劳动和社会保障部下发了《关于实施农民工"平安保险"加快推进农民工参加工伤保险工作的通知》，制订了推进农民工参加工伤保险三年行动计划，力争在 2008 年年底前，将矿山、建筑等高风险企业的农民工基本覆盖到工伤保险制度范围内。

2004 年 9 月 1 日北京市实施的《北京市外地农民工参加基本医疗保险暂行办法》和《北京市外地农民工参加工伤保险暂行办法》规定，有关保险费由用人单位缴纳，农民工个人不缴纳，并且可以向劳动监察机构举报未给外地农民工缴纳工伤保险或缴纳基本医疗保险费的用人单位。

3. 关于农民工培训

2003 年，农业部、劳动和社会保障部、教育部、科技部、建设部、财政部共同制定了《2003—2010 年全国农民工培训规划》，以提高农村劳

---

① 农民工社会保障政策法规参考［J］.建筑，2005，（2）：18.

动力素质和就业技能，促进农村劳动力向非农产业和城镇转移①。从 2004年开始，国家实施以农村劳动力转移培训为主要内容的"阳光工程"，提出 2004 年、2005 年重点支持粮食主产区、劳动力主要输出地区、贫困地区和革命老区开展短期职业技能培训，每年培训农村劳动力 250 万人。

4. 关于农民工的农转非户口

2001 年 3 月国务院批转了公安部《关于推进小城镇户籍管理制度改革的意见》指出：小城镇户籍管理制度改革的实施范围是县级市市区、县人民政府驻地镇及其他建制镇。凡是有合法住所、稳定职业或生活来源的农民，均可按照本人意愿办理城镇户口。经批准在小城镇落户的人员，在入学、参军、就业等方面与当地原有城镇居民享有同等权利，履行同等义务，不得对其实行歧视性政策。

2001 年 6 月，石家庄市颁布《关于石家庄市区户籍改革实施意见》，率先在全国开展大城市户籍改革，广东、江苏也宣布取消农业户口和非农业户口的区别，实行居住地户口管理制度。2005 年 3 月 25 日，北京市第十二届人民代表大会常务委员会第十九次会议审议废止了施行近十年的《北京市外来务工经商人员管理条例》。

5. 关于农民工参加工会

2001 年 10 月 27 日，第九届全国人民代表大会常务委员会第二十四次会议通过了《关于修改〈中华人民共和国工会法〉的决定》修正案。工会是以工资收入为主要生活来源的体力劳动者等职工群体的法定维权组织。《工会法》第 2 条规定："工会是职工自愿结合的工人阶级的群众组织。"第 3 条规定："在中国境内的企业、事业单位、机关中以工资收入为主要生活来源的体力劳动者和脑力劳动者，不分民族、种族、性别、职业、宗教信仰、教育程度，都有依法参加和组织工会的权利。"而《劳动法》第 6 条第 1 款也规定："劳动者有权依法参加和组织工会。"农民进城务工，以工资收入为主要生活来源，所以，只要未被剥夺公民权，并且符合用工

---

① 宋晓梧.中国社会体制改革 30 年回顾与展望［M］.北京：人民出版社，2008：18—28.

年龄的农民工，都有权加入工会，其合法权利应与其他职工会员一样受到《工会法》的保障。2003年，中国工会十四大召开，农民工可以成为工会会员。2004年中央1号文件明确指出："进城就业的农民工已经是产业工人的重要组成部分。"

6. 关于劳动争议调解仲裁

2007年12月29日，全国人大常委会审议通过《中华人民共和国劳动争议调解仲裁法》，并于2008年5月1日起施行。该法目的在于强化调解、完善仲裁、公正及时解决劳动争议，保护当事人合法权利。

7. 关于农民工的司法救济

2003年12月3日，最高人民法院发布并实施《关于落实23项司法为民具体措施的指导意见》第12条规定："加强对进城务工人员维护自身合法权利案件的审判，制裁职业中介机构欺诈行为和用工单位拖欠工资行为。保障进城务工人员的合法权利，促进劳动用工制度的完善，维护劳动市场的正常秩序，事关增加农民收入和维护城市稳定。各级人民法院对于属于劳动法调整范围的劳动争议纠纷案件，要依法快立案、快审判、快执行，及时保护当事人的合法权利。对于不属于劳动法调整范围的务工人员与用工单位之间依法应当由人民法院管辖的民事纠纷，要及时受理，并在准确界定民事法律关系的基础上作出公正裁判。人民法院在审判过程中，发现职业中介机构存在欺诈或者用人单位拖欠工资的违法行为，要积极向有关部门提出司法建议，予以制裁。"

2004年12月21日，最高人民法院下发了《最高人民法院关于集中清理拖欠工程款和农民工工资案件的紧急通知》（法（2004）259号），该紧急通知要求，对于地方政府投资项目需转由地方各级政府负责清理和协助执行的拖欠工程款和农民工工资执行案件，各高级人民法院要尽快制定适合本辖区实际情况的工作方案，统一组织实施，并将转由地方各级政府负责清理和协助执行的案件列表通报给省级人民政府。该通知第5条规定，在清理拖欠工程款和农民工工资案件的过程中，对于依法提起诉讼的案件，人民法院应当尽快立案，尽快审结；依法申请人民法院强制执行的，人民法院应当及时办理，尽快执结。在集中执行拖欠工程款和农民工工资案件的过程中，对于有履行能力而拒不履行、恶意拖欠工程款和农民工工资的有关单位和个人，应当依法给予制裁。必要时，可以借助新闻媒体的舆论监督作用，在媒体上公布债务人名单。

在这一时期，农民工权利法律保护呈现着两种趋向值得关注。一是中央更注重从制度层面保护农民工权利。2006年1月，国务院颁布了《关于解决农民工问题的若干意见》（以下简称《意见》），《意见》要求，建立城乡统一、公平竞争的劳动力市场，搞好农民工的就业服务和培训；解决农民工的社会保障问题，将农民工纳入工伤保险范围，优先解决大病医疗保障问题，逐步解决养老保障；切实为农民工提供子女义务教育、居住条件改善等公共服务；保障农民工享受民主政治权利、土地承包权利等，全面、系统地对农民工权利进行了保护。是一部以国务院名义发布的全面系统地解决农民工权利保护的指导性文件，也是把以往针对农民工权利具体问题所做的保护上升到一个更加制度化的层面。二是旨在保护农民工权利的地方立法十分活跃。山西省第十届人大常委会通过的《山西省农民工权利保护条例》于2007年7月1日起正式实施。《条例》涉及农民工政治、经济和精神文化等方面，重点保护农民工劳动、工伤、养老、医疗和生活居住等权利。根据《条例》规定，今后农民工试用期不得超过一个月，试用期的工资不能低于当地最低工资标准；农民工的公共职业介绍、劳动合同签证不得收取任何费用；农民工的工资的确定、增长与单位职工同等对待，实行同工同酬；用人单位不与农民工签订劳动合同视为无固定期限合同；用人单位未按期预存工资保证金逾期不改正，将依法责令停业整顿；从事接触职业病危害作业的农民工，离岗前未进行职业健康检查的，不得解除劳动合同。此外，《条例》对农民工的人身权利、土地承包权、评先评优权及子女受教育权等也作出了明确规定。《山西省农民工权利保护条例》是我国第一部通过省级人大常委会立法保护农民工权利的地方性法规。《条例》的出台为在山西就业的农民工提供了较为完备的法律保护，也为在全国范围内通过立法手段规范政府和用人单位的行为、保护农民工的合法权利提供了借鉴。随后，河南省、河北省等十多省市也分别制定了关涉农民工权利保护的地方性法规和政府规章。地方性的立法走在了国家级立法的前面。

二、我国农民工权利保护现状分析

（一）农民工选举权保护情况

2008 年 3 月 5 日，在第十一届全国人民代表大会上首次出现了农民工代表，就是说农民工这个庞大的弱势群体在最高国家权力机关中终于有了最直接的代言人。选举权和被选举权是公民政治权利的重要内容，农民工当选全国人大代表，这只是一个令人欣慰的开始，如何解决农民工选举权利被边缘化，仍然有许多问题等待解决。

我国农民工长期游离于政治生活之外，选举权利被边缘化现象严重，导致他们的利益诉求得不到应有的保护。我国现行选举制度是以户籍登记地为基础，大量农民工因没有工作地的户籍而不能参加当地选举，同时，由于回乡参加选举的成本过高，而且选举结果与自身利益关系不大，农民工基本放弃选举权利，或只是通过委托或函投的方式参加。没有条件返乡参加选举，无法得到参选信息，更不可能成为被选举人。户籍地与工作地相分离的现实严重限制了农民工行使选举权。①《武汉市农民工政治参与状况调查》课题组对农民工做了随机性调查，获取有效问卷 753 份。得出的结论是农民工参与其原籍村委会选举的比例是比较低的。在被调查的农民工中，只有 134 人参加过家乡的最近一次村委会选举，仅占有调查对象总数的 19.3%，而没有参加过选举的则有 599 人，占 79.5%。在参加选举的 145 人中，有占 52.4% 的人是亲自回村参加选举的；请别人代投的有23 人，占 15.9%；函投的有 21 人，占 14.5%；通过其他方式投票的有 17

---

① 李小军.农民工选举权的保障［J］.农村经济，2009，（1）：118—121.

人，占 11.7%^①。

近年来，有些地方吸纳了农民工参与了居住地的选举，但仍然存在一些问题：一是农民工代表名额少，选民登记率低。以浙江省义乌市大陈镇为例，全镇有 6 万人口，其中农民工就有 3 万多人。镇人大代表名额共 86 名，其中只有 7 名属于农民工，最终只有 2940 农民工登记为选民，还不到 10%。^②二是农民工要在居住地进行选举须取得户籍地的选民资格证明。由于农民工参与选举的意识淡薄，并且已离开户籍地，对于无直接经济利益的选举活动，他们很难花费大量的时间及金钱向户籍地索取选民资格证明。^③三是农民工须在居住地居住一定期限。《浙江省县、乡两级人民代表大会代表选举实施细则》规定，户籍是外地的选民在现居住地一年以上可以在现居住地选区登记。正是上述原因，农民工在城市的政治参与比例很低。而能被选举为地方人大代表的农民工就更是凤毛麟角了。

从整个国家的政治生活现状来看，由于农民工的选举权难以落实，故农民工表达政治利益诉求的权利也最终流失。到目前为止，农民工的选举权利除了宪法保障外还没有专门的法律对农民工选举权进行具体化、系统化的规定。

（二）农民工参加工会情况

劳动法规定，各级工会依法维护劳动者的合法权利，对用人单位遵守劳动法律、法规的情况进行监督。工会法规定，工会的基本职责是代表和维护职工的合法权利。2003 年 8 月 4 日，中华全国总工会发出《关于切实做好维护进城务工人员合法权利工作的通知》，要求各地各级工会采取有力措施，依法把进城务工人员组织到工会中来。凡与用人单位建立劳动

---

① 徐增阳，黄辉祥.武汉市农民工政治参与状况调查 [J].战略与管理，2002，（6）：110—116.

② 顾协国.大规模流动民工的政治权利及其实现途径 [J].江西社会科学，2003，（7）：218—220.

③ 李小军.农民工选举权的保障 [J].农村经济，2009，（1）：118—121.

关系的职工，无论其户籍是否在本地区，无论工作时间长短，都有依法组织和参加工会的权利，任何组织和个人不得阻挠和限制。目前，很多企业没有建立工会，即使建立了工会的企业，有的工会组织认为，农民工流动性太强，没有必要吸收他们入会。农民工入会率很低，工会在农民工中的影响较小。调查显示，只有8.5%的农民工参加了工会；12.4%的农民工表示以前参加过工会；5.9%的农民工得到过工会的帮助。

表4　是否参加工会和得到工会帮助

	有效人数（总体）	比重 %（总体）	有效人数（东莞）	比重 %（东莞）
参加了工会	278	8.5	23	10.7
未参加工会	2101	64.5	148	68.8
以前参加过	401	12.4	16	7.5
得到过帮助	193	5.9	13	6.0
未得到过帮助	285	8.7	15	7.0
总计	3258	100	215	100.0

（三）农民工希望迁入城市户口情况

老一代农民工虽然长期工作、生活在城市，但他们从不敢想象自己能成为城里人。新生代农民工则确信：自己应当生活在城市，他们已经做好了在城市长期甚至永久生活的打算。新一代农民工或新市民心态与生活方式的变化，给城市管理提出了挑战。最大的挑战来自新市民的自我角色定位：他们相信自己是城里人，应住在城市。由于这种信念，如果发生经济衰退，城市将无法轻松找到失业人口泄洪区。在目前的经济阶段，失业总是发生在产业最低端，波及人口主要是所谓外来人口。但第一代农民工不把城市当家，一旦发生衰退，他们会回到乡村。正是这个原因，过去两三次经济衰退期间，城市似乎没感受到过于明显的失业压力。但新市民在遭遇失业时，很可能会滞留于城市。在城市，失业将是显性的，城市政府将面临更大的经济与社会压力。

在回答农民工对未来的计划与打算时，25.3%选择"想长期在城市安家立业"，选择"学手艺和技术，找个好工作"的也占很大比例（27.1%），"做几年回家务农"的占 12.8%，"回去办企业当老板"的占 6.1%，"到其他城市去"的占 8.9%，"上学读书"的占 1.6%，"没想过或不知道"的占 13.4%，"其他"的占 4.7%。

（%）

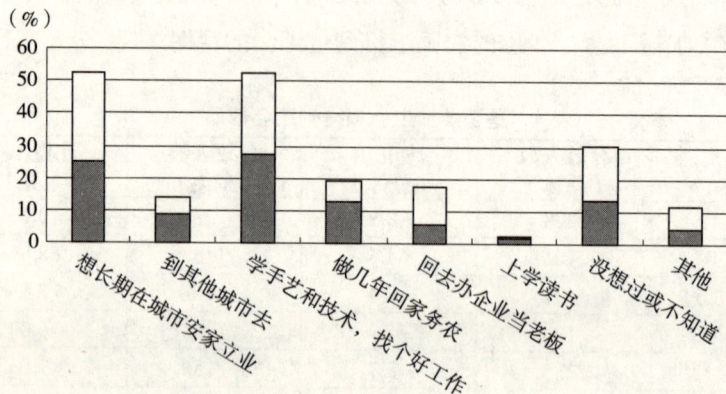

图 19　对未来的计划

大部分人（46.8%）愿意把户口迁入现在居住的城市，不愿意的只占少数（26.1%）。其中，东莞市农民工回答愿意迁入的比例更高（52.4%），

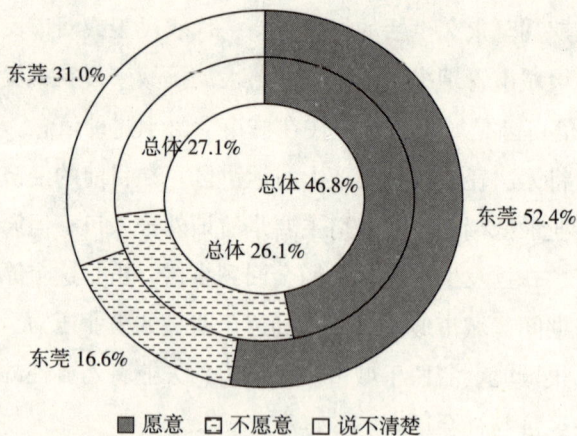

■ 愿意　▨ 不愿意　□ 说不清楚

图 20　是否愿意把户口迁入现居的城市

不愿意的所占比例更少（16.6%）。"说不清楚"比例较高（27.1%），说明这一问题有太多不确定的因素，比如户口政策、就业前景等。

近4成农村户口的农民工想"农转非"。目前是农村户口的农民工中，有超过6成想在城里定居，仅近4成明确想转为非农户口：来自中南和华北地区、老家在偏远村庄、现在乡镇打工、20岁及以下、每亩地每年收入在500—1999元的农民工表示想转为非农户口的比例相对较高。想转为非农户口最主要的原因是"城里生活更方便，不想回农村生活"，其次是"能和城镇居民享受同等待遇"。希望转为非农户口的地点以老家附近城镇落户居多。转为非农户口的途径以期待能通过买房转为非农户口的比例最高。

目前是农村户口的农民工中，有超过两成明确表示不想转为非农户口。不想转为非农户口最主要的原因是"不想失去土地""政策越来越向农村倾斜，农民得到的实惠越来越多"和"担心将来没有工作，生活没有保障"。如果不转为非农户口，土地可以是农民工的坚强后盾：家中有土地的农民工，大部分土地经营能获得收入，有近3成家中土地经营收入与打工收入对半，更有近10%土地经营收入是其家庭主要经济来源①。

农民工"农转非"后满意度不高。"农转非"的途径主要是通过升学、土地被征用、亲人投靠、买房和花钱买。"农转非"后农民工有51.0%在农村老家已没有土地，不仅自己而且全家永远失去了土地保障；有31.6%在农村老家已没有住宅。但在农村老家还有土地或有住宅的"农转非"农民工，其土地和住宅分别有6.6%和17.0%处于闲置状态，造成社会资源的浪费。"农转非"后表示不满意的农民工是表示满意农民工的两倍：表示不满意的有23.2%，表示满意的仅11.6%。农民工不满意的原因主要是失去了土地，承受城里生活的高成本，却没得到非农户口的实惠：在城镇

---

① 西陆中国农民工就业市场调查报告2009年第8期［EB/OL］.http：//www.xilu.cn/2009/0515/article_23181.html，2009—09—10.

非农居民享受的福利待遇中，每一项均有近 4 成或 4 成以上"农转非"的农民工认为没有享受到同城待遇；仅有 19.4% 认为所有福利全部享受到同城待遇，甚至有 7.7% 认为没有一项福利享受到同城待遇①。

在回答"如果户口迁入城市要求放弃承包土地，你会如何选择"问题，只有 17.4% 的人坚持即使失去土地，也要迁入城市。"放弃迁入城市"的占 34.4%，"不确定"的占 40.1%。这表明对许多农民工来说，土地依然有不可替代的保障作用。同时，这一问题的答案有更大的不确定性，表明农民工对今后的就业、生活是否有保障没有把握。

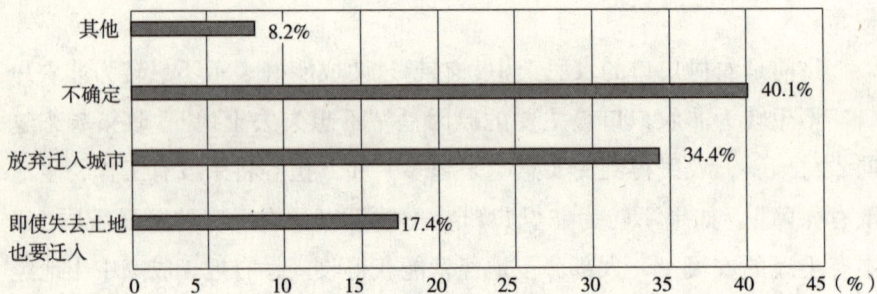

图 21　是否愿意放弃土地迁入城市

据国务院发展研究中心 2007 年对劳务输出县 301 个村的调查，改革以来因外出就业累计实现迁移定居的农民工，只相当于目前外出就业农民工的 1.7%。若按照该比例计算，全国 1.3 亿名进城农民工中，只有 200 多万左右的农民工通过买房、结婚等方式获得了城镇户口。当前，农民工在流入地长期居住的愿望强烈。但是，户籍制度抬高了农民工进城的门槛，使城镇化处于僵持状态，成为农民工谋求机会公平和待遇平等的障碍，限制了农民工融入城市社会。

---

① 西陆中国农民工就业市场调查报告 2009 年第 8 期［EB/OL］.http：//www.xilu.cn/2009/0515/article_23181.html，2009—09—10.

（四）农民工承包土地经营权保护情况

近几年党和国家在农村推行了税费改革，出台了减免农业税、特产税、对粮农直补、良种补贴、农机具购置补贴、保护价收购粮食、稳定生产资料价格、严格耕地保护、退耕还林补贴等一系列惠农政策，农民不仅得实惠，种粮积极性也大大提高，尤其在耕地资源十分短缺的贫困山区，广大农民倍加珍惜少有的土地。在城乡之间、工农之间存在明显差异时，绝大多数农民工不愿轻易放弃自己土地承包经营权。关于"进城后责任田的处置"问题的回答中，选择"失地或者无地"的占10.0%，由家人耕种的占69.6%，出包或雇人耕种的占13.6%，退交集体的仅占3.0%和土地荒废的仅占3.7%。

2006年3月发布的《国务院关于解决农民工问题的若干意见》第27条规定："保护农民工土地承包权利。不得以农民进城务工为由收回承包地，纠正违法收回农民工承包地的行为。农民外出务工期间，所承包土地无力耕种的，可委托代耕或通过转包、出租、转让等形式流转土地经营权，但不能撂荒。农民工土地承包经营权流转，要坚持依法、自愿、有偿

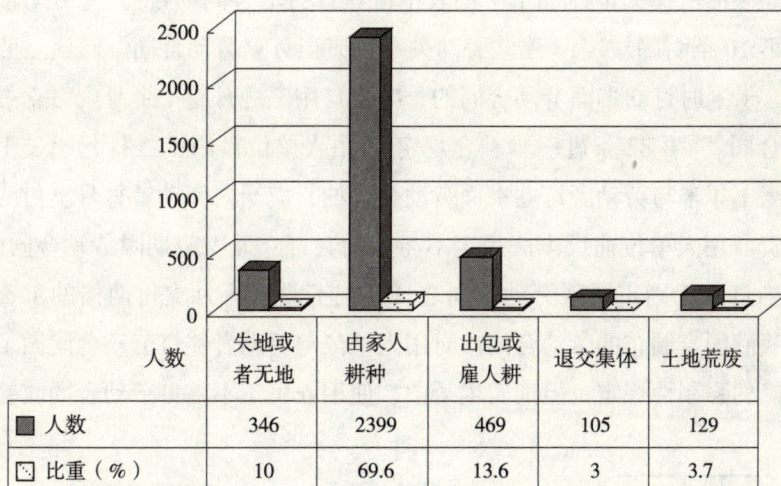

人数	失地或者无地	由家人耕种	出包或雇人耕	退交集体	土地荒废
■ 人数	346	2399	469	105	129
▨ 比重（%）	10	69.6	13.6	3	3.7

图22　进城后责任田的处置

79

的原则，任何组织和个人不得强制或限制，也不得截留、扣缴或以其他方式侵占土地流转收益。"

但是，在20世纪90年代，由于农业税负过重，农产品价格偏低，农民种地不赚钱，于是，大量青壮年农民离土离乡，进城务工。他们有的在第二轮土地承包中声明放弃承包地；有的将承包地转包出去；有的将土地弃耕撂荒，被村干部收回重新发包；有的是被乡村干部利用集体名义违法调整承包地时收回承包地。目前，农民工土地承包经营权流转还具有自发性、封闭性、不规范性、不稳定性、效益不高、流转权利被侵害等问题，合法的土地承包经营权流转权利并未得到有效的保护。①

无论如何，农民工在土地承包经营权取得方面的资格和权利是毋庸置疑的。在土地承包经营权的流转方面，土地承包经营权的流转权利是农民工土地承包经营权利法律保护的重要内容。

（五）农民工劳动权利保护情况

1.劳动合同签订率低

《劳动合同法》针对以往用人单位与农民工劳动签约率低的情况，采取了强硬的法律举措，加重了用人单位签订劳动合同的责任。《劳动合同法》第10条明确规定："建立劳动关系，应当订立劳动合同。已建立劳动关系，未同时订立书面劳动合同的，应当自用工之日起1个月内订立书面劳动合同。"第82条进一步补充规定："用人单位自用工之日起超过1个月不满1年未与劳动者订立书面劳动合同的，应当向劳动者每月支付两倍的工资。用人单位违反本法规定不与劳动者订立无固定期限劳动合同的，自应当订立无固定期限劳动合同之日起向劳动者每月支付两倍的工资。"尽管我们国家颁布的劳动合同法对用人单位与劳动者签订劳动合同做了如此明确的强制性规定，但现实生活中，使用农民工不签订劳动合同或签生

---

① 王荣珍.农民工土地承包经营权法律保护二题［J］.江西社会科学，2006，（11）：137—140.

死合同的情况在个体私营企业普遍存在。由于不签劳动合同，用工单位可任意处置农民工，超时加班，不给加班工作；不负工伤责任；不提供必要的劳动保护设施等。

与用人单位签订劳动合同是劳动者的权利，也是确保自己权利的预防措施。调查显示，用人单位与农民工之间的劳动合同签订率不高，三成多农民工未签订劳动合同。大约一半（45.9%）的农民工与用人单位签订了劳动合同。其中，东莞市农民工劳动合同的签订率较高（68.4%），这可能与东部沿海地区农民工权利保护意识较高有关。

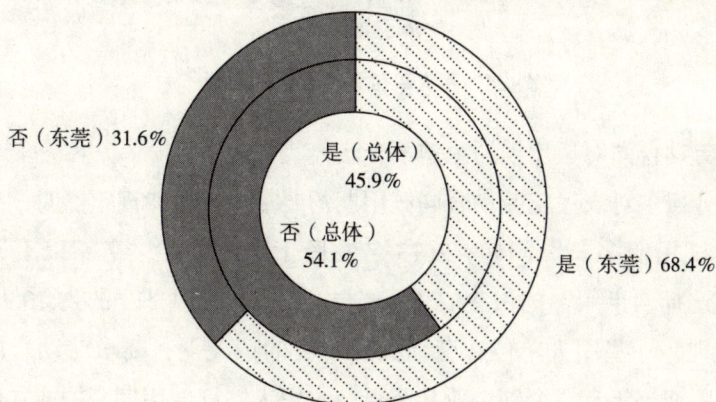

否（东莞）31.6%

是（总体）45.9%

否（总体）54.1%

是（东莞）68.4%

图 23　是否签劳动合同

2. 有五成的劳动合同要求试用期

《劳动合同法》第 19 条对劳动合同的试用期作出了明确的规定："劳动合同期限 3 个月以上不满 1 年的，试用期不得超过 1 个月；劳动合同期限 1 年以上不满 3 年的，试用期不得超过两个月；3 年以上固定期限和无固定期限的劳动合同，试用期不得超过 6 个月。同一用人单位与同一劳动者只能约定一次试用期。以完成一定工作任务为期限的劳动合同或者劳动合同不满 3 个月的，不得约定试用期。试用期包含在劳动合同期限内。"

调查显示，超过一半的农民工（55.7%）就业前经过了企业的试用期，其中，东莞市用人单位要求试用期的所占比例更高（77.9%）。大多数（70.9%）的企业对员工试用的期限为 3 个月以内，其中，东莞市对员工试用的期限为 3 个月以内的占 90.2%。

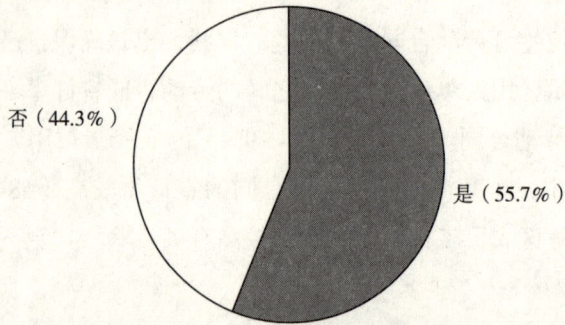

图 24　用人单位是否要求试用期

3. 劳动合同对试用期的约定不合法

部分雇主对农民工劳动合同试用期的要求违反法律规定。对"您的劳动合同试用期多长"问题，2673 名农民工中，选择"半年以上"的占9.8%，选择"半年"的占 19.3%，选择"3 个月或以下"的占 70.9%。调查还发现，一些用人单位在劳动岗位不变的情况下，要求劳动合同年年签，试用期年年有，个别企业甚至只与农民工签订试用期合同或在试用期结束时以不符合录用为由将农民工解雇。

4. 非法强迫农民工进行劳动

一些企业限制农民工人身自由，搜身、体罚和扣押农民工身份证；有

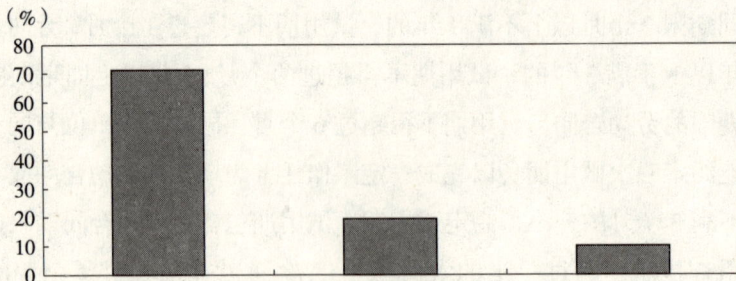

图 25　试用的期限

的还随意打骂和羞辱农民工或对女性农民工进行骚扰和性侵犯。陕西省总工会对9242名农民工调查发现，被打骂过的农民工有362人，占3.9%。西安北郊一个砖瓦厂将100多名农民工长期"囚禁"在厂内，不准打电话，不准接待来人，强迫超时劳动。农民工吃的是白菜萝卜煮面条，住的是临时搭建的油毛毡棚，若逃走被监工抓住就要遭受棍棒毒打。一个农民工借上厕所翻墙逃跑报案，该厂才被查处①。

调查显示，有29.5%的农民工认为企业里面存在任意打骂处置农民工的行为。

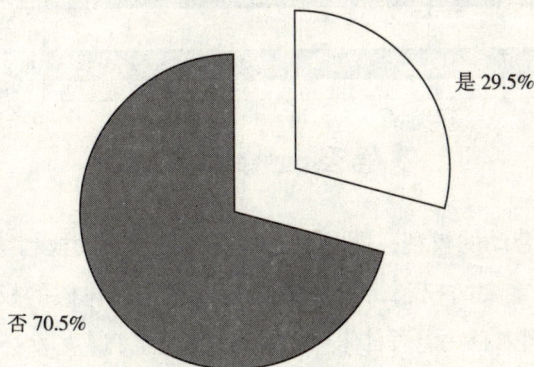

是 29.5%

否 70.5%

图26　是否存在任意打骂处置农民工的行为

5. 工作时间长

1994年《国务院关于职工工作时间的规定》规定，自当年3月1日起，在中国境内的国家机关、社会团体、企事业单位以及其他组织的职工，统一实行每日工作8小时，平均每周工作44小时的工时制度。《劳动法》第36条、第38条规定，劳动者每日工作时间不超过8小时、平均每周工作时间不超过44小时；用人单位应当保证劳动者每周休息1日。1995年国务院《关于修改〈关于职工工作时间的规定〉的决定》把每周工作时间降到40小时。然而，多数农民工未享受法定工时待遇，农民工

---

① 郑功成，黄黎若莲.中国农民工问题与社会保护［M］.北京：人民出版社，2007：505.

普遍反映劳动超时现象严重。

调查显示，有约四成农民工工作时间为 8—10 小时，工作时间 10—12 小时的也占四成。其中，东莞市农民工工作时间的比例更高：8—10 小时的占 58.0%，10—12 小时的占 32.0%。

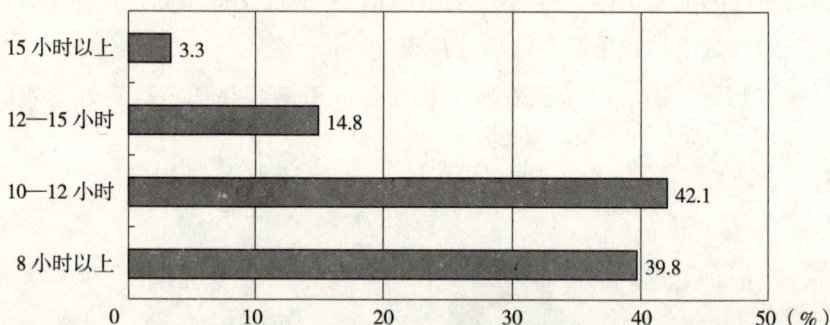

图 27　工作时间

劳动者有劳动的权利，同时也应享有休息休假的权利。休息休假权是生存权中一项重要的权利，指公民依法享有休息休假的权利。它包括两个方面：一是周末及法定假日休息的权利；二是生病、妇女怀孕休假的权利。《劳动法》规定，个人工作时间每日不得超过 8 小时，每周不得超过 40 小时，双休日工作的劳动报酬应按工作日的 150% 支付，法定假日则根据具体情况而定。目前，强迫农民工加班加点的现象较为普遍。据调查，在建筑业中，农民工每天的工作时间大约是 10—12 小时，超出国家规定时间，但工资却是按 8 小时发放。在有些地方的工厂，农民工每月工作在 26 天以上，每天平均工作工时在 11 小时左右，即使在国家法定节假日也是如此，法律规定的加班时限及报酬亦形同虚设，严重损害了农民工的身心健康①。

6.农民工劳动报酬水平普遍偏低

劳动报酬是劳动者向用人单位提供劳动应获得的最直接代价，是大多

---

① 常伟.农民负担问题的制度分析［EB/OL］.http//www.chinareform.org.cn/ad/nongcun-mee-ting_2003/zhengwen/22_01.html，2009—09—25.

数劳动者及其家庭生活的主要来源。按时足额支付劳动报酬是用人单位最基本的义务。根据劳动法的规定，用人单位应当以货币形式按月支付工资给劳动者本人，不得克扣或者拖欠劳动者工资，劳动者在法定休息日和婚丧假期间以及依法参加社会活动期间，用人单位应当依法支付工资。调查显示，多数农民工的劳动报酬水平"尚可"：农民工的月收入大多介于480—1500元之间，有14%农民工月收入超过了1500元。其中，东莞市农民工的月收入相对较高：月收入1001—1500元的占48.9%，月收入1500元以上的占20.1%。这里需要说明的是，月劳动收入与月工资并不等同。月工资是月劳动收入的主要组成部分，但月劳动收入可能包括加班费等。从本次的调查结果来看，农民工的收入确实偏低，有42.1%的农民工月工资收入在480—1000元，还有6.1%的农民工月工资收入低于480元。

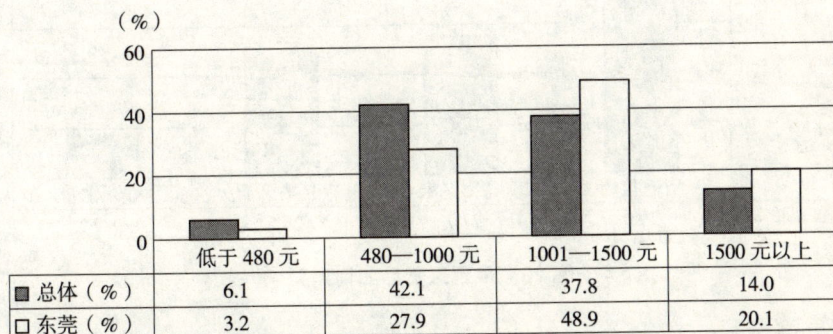

(%)	低于480元	480—1000元	1001—1500元	1500元以上
■ 总体（%）	6.1	42.1	37.8	14.0
□ 东莞（%）	3.2	27.9	48.9	20.1

图28 月工资收入

我国农民工劳动报酬低于城市劳动力的价值现象是极为普遍的。农民工一方面在城市工作，弥补城市用工的空缺，另一方面又只能得到远远低于其劳动所创造的价值的劳动报酬，甚至连最低的生活保障也难以维持。据有关部门统计，深圳市镇村企业工人2002年的月平均工资不足600元，低于20世纪80年代末的水平。东莞、晋江等地调查显示，农民工的月平均收入不足500元，如果扣除物价上涨等因素，工资降势明显。有调查资料显示，近10年珠江三角洲地区农民工的月平均工资提高了68元，如考虑物价上涨等因素，农民工实际工资是下降的。广东省76.3%的农民工工资水平处于1000元以下①。在城市居民工资水平呈刚性增长的同时，农民工的工资几乎没有提高。农民工与城市职工同工、同岗不同酬，雇佣方甚至用不全额发放工资等非法手段，侵占农民工的经济权利。

农民工工资偏低，给农民工生活带来困难，其结果是劳动者生活质量低下，并影响子女教育和农民工自身的娱乐消费。在回答"您拿到工资后怎么样消费"问题时，选择"省吃俭用"的占39.0%，"寄回老家"的占27.7%，"存起来给子女"的占24.6%，用于"娱乐消费"的仅占8.7%。其中，东莞市农民工回答"省吃俭用"的占42.4%，寄回老家的占21.4%，存起来给子女的占27.6%，用于"娱乐消费"的仅占8.6%。

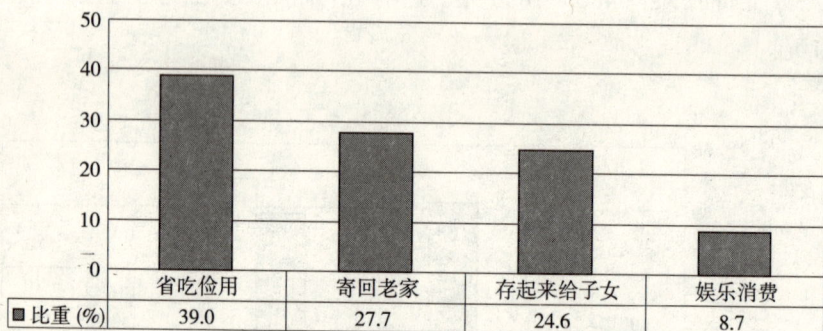

	省吃俭用	寄回老家	存起来给子女	娱乐消费
比重 (%)	39.0	27.7	24.6	8.7

图29　拿到工资后如何消费

农民工集中的企业，劳动强度大、工作时间长，但许多企业把当地最低工资标准作为农民工工资水平或参照物，没有建立以贡献和效益为依据的工资增长机制。20世纪90年代，扣除物价因素后，农民工的实际工资基本上没有增长。2004—2007年外出农民工实际工资年均增长7%左右，增幅比同期城镇职工实际工资增长率低3—4个百分点，两者的工资差距继续拉大。与城镇就业者相比，农民工人均工资仅为

---

① 王春光.农民工的"半城市化"问题［C］.李真.流动与融合.北京，团结出版社，2005：48.

其一半左右①。

7. 工资拖欠严重

由于执法不严等原因，企业拖欠农民工工资的违法成本较低。当企业经营发生困难时，往往首当其冲的是农民工的工资被拖欠。非公有制企业、中小企业拖欠农民工工资的问题更为严重。有的企业负责人法律意识淡薄，恶意拖欠农民工工资以作为流动资金使用；有的企业变相向农民工收取押金，限制其流动。

调查显示，许多农民工（57%）曾被拖欠过工资，解决工资拖欠问题是农民工最迫切的愿望。在有被拖欠工资的经历中，被拖欠"一次"的占17.6%，被拖欠"两次"的占18.4%，被拖欠"三次及以上"的占21.0%。

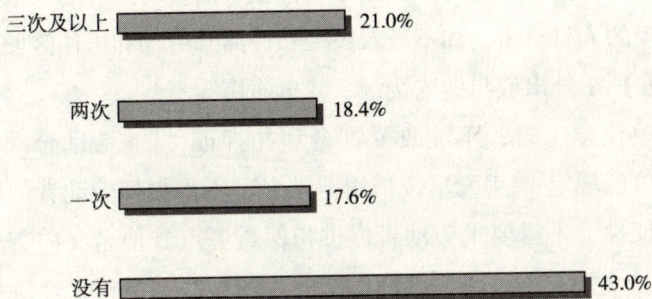

图 30　工资被拖欠的次数

8. 劳动条件差，职业病和工伤事故较多

农民工集中在劳动密集型产业中的劳动环境差，主要从事重、脏、苦、累、险的工种。许多企业经营者为了降低成本，使用缺乏防护措施的机器，噪音、粉尘、有毒气体严重超标，不配备必需的安全防护措施和劳保用品，致使发生职业病和工伤事故的比例高。患职业病和在重大、特大安全事故中失去生命的主要是农民工群体。据国务院发展研究中心2007年对劳务输出县301个村的调查，外出就业中因职业病、伤残回乡的人数

---

① 韩俊. 中国农民工战略问题研究 ［M］. 上海：上海远东出版社，2009：31.

为 1017 人，分别占被调查村劳动力的 0.28% 和 0.14%，分别相当于 2006 年外出就业人数的 0.63% 和 0.32%。①

9. 农民工平等就业权和择业自主权受到严重侵害

虽然各级政府陆续取消了对农民工的就业歧视政策，但与农民工平等就业权的完全实现仍有一定差距。还有部分企业存在歧视、虐待农民工的现象。调查显示，对于"您所在单位是否存在（或明确规定）农民工不能从事的工种或岗位"问题，2491 名农民工中，选答"是"的占 34.9%。其中福建、广东选答"是"的比例分别为 31.4% 和 42.6%。② 这说明在不同地区，企业限制农民工的职业、岗位、工种现象还比较普遍。

农民工的择业自主权受到严重的侵犯。有的企业，特别是中小企业通过收取押金、扣押身份证等手段限制农民工自由流动。有的采取各种手段限制农民工的人身自由，如不准农民工私自离开劳动和居住区域，封锁厂区、禁止农民工外出或与他人接触、禁止通信等。

用人单位招工时，不能收受押金和扣押证件。《劳动合同法》第 9 条对用人单位规定："用人单位招用劳动者，不得扣押劳动者的居民身份证和其他证件，不得要求劳动者提供担保或者以其他名义向劳动者索取收取财物。"第 84 条对用工单位违反前述的做法，进行了经济惩罚式的

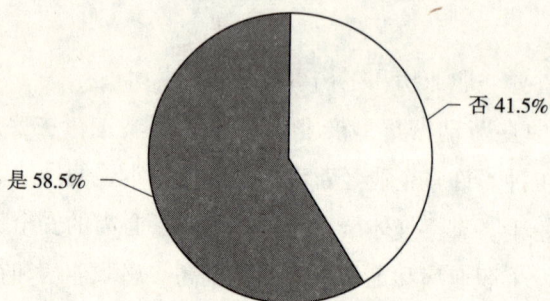

否 41.5%

是 58.5%

图 31　用人单位是否收取押金

---

① 韩俊.中国农民工战略问题研究［M］.上海：上海远东出版社，2009：32.
② 蒋月.中国农民工劳动权利保护研究［M］.北京：法律出版社，2006：87.

规制:"用人单位违反本法规定,扣押劳动者身份证件的,由劳动行政部门责令限期退还劳动者本人,并依照有关规定给予处罚。用人单位违反本法规定,以担保或者其他名义向劳动者索取财物的,由劳动行政部门责令期限退还劳动者本人,并以每人500元以上2000元以下的标准处以罚款。"

但在调查中发现,用人单位收取押金仍占有一定的比重,有此行为的企业占调查总数的近六成。

10. 农民工休闲方式单一、文化生活贫乏

农民工休闲权是劳动者人权保障的一种体现。它有两个方面的含义:一是依法享有休息的自由;二是在休闲时间中能够从事有利于自身自由发展的事情。"劳动者休息休假的权利,亦称休闲权。这是对于劳动者来讲比其他权利更实际、更有益并能使其身心健康和自由发展的一种权利。"① 法国思想家拉法格指出,休闲既是劳动所得,也是一种人生条件或人权;此外关于休闲的发展理论认为,休闲是一个持续一生的"成为"过程;从人的生理和心理角度看,休闲是人生存和发展的一个必要条件。

生活方式一个重要的方面就是休闲时间的安排。农民工既没时间也没经济条件去了解享受城市休闲文化。农民工最主要的休闲方式是看电视,比例为52.4%,远超出其他休闲方式的比例。网络对农民工影响越来越大,上网成为农民工除看电视之外选择最多的休闲方式:农民工休闲时间上网的比例达26%。农民工对文化知识的渴求也值得注意,读书看报是农民工除看电视和上网之外选择最多的休闲方式,比例达19.3%。将打牌/打麻将作为主要休闲方式的农民工有15.5%。将逛街、聊天、睡觉作为主要休闲方式的农民工分别有17.5%、12.1%和11.7%。

选择需要花费金钱相对较多的休闲方式的比例非常少(打牌/打麻将除外),如与朋友玩(唱歌/喝酒/喝茶等)和运动健身、看电影等,总

---

① 关彬枫.试论劳动法与劳动者的人权保障[J].天津市工会管理干部学院学报,2001,(1):27—31.

的选择比例不到 10%，尤其是看电影，1203 名被访者中，只有 1 名农民工被访者将看电影作为自己的休闲方式。值得注意的是，有 6.7% 的农民工认为自己没有休闲时间①。这说明农民工的闲暇生活具有生活模式的同质性、闲暇时间的不足性、闲暇活动的单调性和消极被动性、闲暇空间的封闭性、闲暇心态的无奈性等具体特点，在类型上则基本上是消遣娱乐型和闲待型，社交型和提高型几乎没有，即他们很少有真正意义上的闲暇，更多的是为了恢复体力和打发时间。

从农民工的休闲方式，可以折射出农民工文化生活比较贫乏。农民工对丰富多彩的文化生活充满了渴望，但始终难以实现。现有的公共文化服务体系未将农民工涵盖其中，大多数农民工在工作之余无事可做，无处可去，备感无聊。无论生活还是找工作，农民工更多地局限于熟人朋友之间的联络，与社区居民很少来往。目前农民工的文化需求还处于一种饥渴的状态。

（六）农民工社会权利保护情况

1. 农民工的住房保障缺乏

居住权问题是农民工权利保护中的一个特殊且重要的问题。安居才能乐业，安居才能体现基本的社会公平，安居才能完成从农民到市民的转化，从而加快城市化、工业化的进程。据调查显示，住房方面，租用私房（27.9%）或住在单位提供的宿舍（35.1%）是农民工解决住房问题的最主要两条渠道，"住工棚"的占 25.2%，住"自己搭盖的简易棚屋"的占 4.4%。其中，东莞市农民工住"单位提供的宿舍"比例高达 61.9%，租用私房的占 23.6%。

对于住房条件，大部分人觉得还过得去，超过二成人选择"很满意"和"满意"，约五成的人选择"一般"，"不满意"的占 21.8%。其中，东

---

① 西陆中国农民工就业市场调查报告 2009 年第 5 期［EB/OL］.http：//www.xilu. cn/2009/0515/article_23181.html，2009—07—05.

莞市农民工选择"一般"的占51.6%，选择"满意"的占23.7%，"不满意"的仅占15.1%。从这些数据可以看出，大部分农民工对于在城市的生活期望并不是太高。

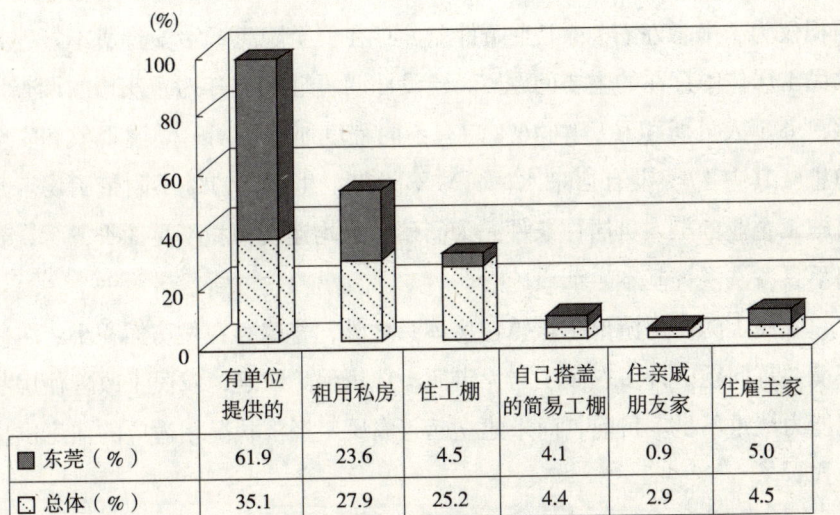

	有单位提供的	租用私房	住工棚	自己搭盖的简易工棚	住亲戚朋友家	住雇主家
东莞（%）	61.9	23.6	4.5	4.1	0.9	5.0
总体（%）	35.1	27.9	25.2	4.4	2.9	4.5

图32　住房情况

进一步研究发现，住房情况不同的务工者对住房的满意程度不同：住在自己搭建的棚屋里的务工者满意程度最高，其次是住在亲戚朋友家和老

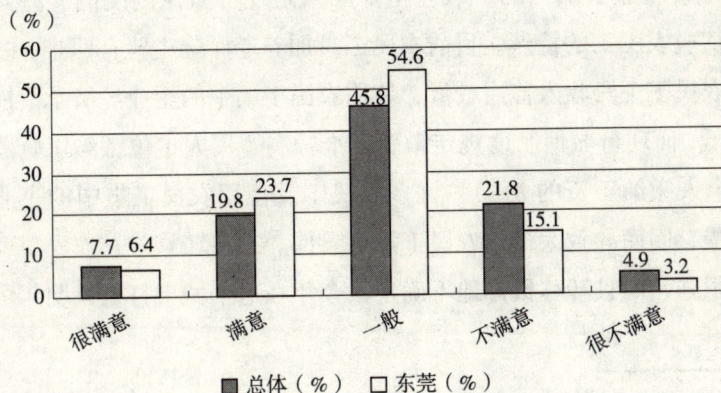

图33　对住房条件是否满意

板家的务工者，再次是住在单位宿舍的务工者，住在工棚里的务工者满意程度最低。不同的工种居住形式也不同，建筑业的务工人员大多数住在工棚里，大型制造企业的务工人员多数住在单位集体宿舍，第三产业的务工人员以在城乡结合部及"城中村"租赁私房为主。居住面积小（人均建筑面积仅为 7 平米左右）、卫生条件差、存在安全隐患、治安环境不好，是农民工居住中存在的主要问题①。建设部调研组 2005 年对重庆市的调查显示，务工人员所租私房中 46% 的有不同程度地存在阴暗潮湿现象和安全隐患。其中 17% 没有自来水，61% 不附带卫生间，57% 不附带厨房。建筑施工企业务工人员居住条件尤为简陋，人均建筑面积不足 3 平方米，普遍不具备洗浴等基本生活设施②。

农民工的住房游离于城镇住房体系之外，普遍存在住房面积小、居住环境差等问题。许多农民工居无定所，住房保障缺乏，农民工改善住房状况能力严重不足。目前，尚未建立起与农民工经济状况相适应的住房供应模式。

2. 农民工养老保险的缺失

现行的城镇企业职工基本养老保险（以下简称城保）在制度上规定覆盖所有在城镇企业就业的劳动者，也包括农民工，但在实际执行中，农民工参保的比例很低。截至 2008 年年底，全国参加城保的农民工 2416 万人，只占在城镇就业农民工的 17%。主要原因是现行城保制度的有些政策难以完全适应农民工的特点。目前农民工参加养老保险主要有两难。一是缴费难。农民工工资收入普遍较低，使用农民工集中的企业经济承受能力也普遍较低；而现行城保制度规定缴费标准较高（用人单位缴纳工资总额的20%，个人缴纳工资的 8%），许多农民工及使用农民工集中的企业感到难以承受，因而导致大量的农民工没有参保。二是转移难。农民工就业的流动性很强，而且转移目标地不确定，今年在这个城市打工，明年可能转

---

① 郑功成，黄黎若莲．中国农民工问题与社会保护［M］．北京：人民出版社，2007：416.
② 国务院研究室课题组．中国农民工调研报告［M］．北京：中国言实出版社，2006：276.

到另一个城市，也可能回到家乡；而现行城保制度规定养老保险关系转移时只转个人账户资金，不转移用人单位缴纳的社会统筹基金，许多参加了城保的农民工不能肯定自己现在缴了费今后能不能领到养老金，因而在离开一个就业城市时往往选择退保，只把个人账户的钱领出来，这实际上损害了农民工的养老保险权利①。

在回答"是否担心自己以后的养老问题"中，选择"担心"占44.4%，选择"不担心"占16.4%，选择"没考虑过"占39.2%。

（%）

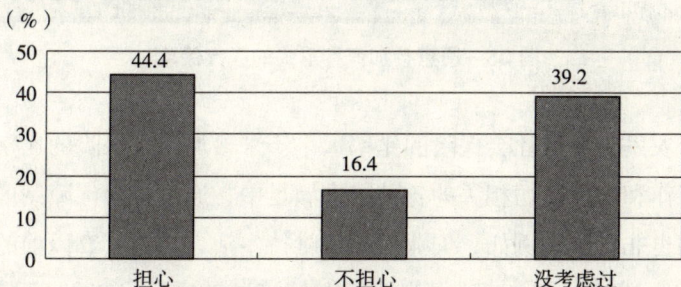

图34　是否担心养老问题

由于养老保险在跨省转移、接续方面存在政策性障碍，加之农民工流动性大，参保积极性不高，参保后又退保成为常事。例如东莞市2004年农民工退保40万人次，平均参保时间仅7个月。深圳市2007年共有439.97万农民工参加基本养老保险，退保的人数多达83万人。2008年1月，苏州农民工退保人数也达600多万②。

3. 农民工的医疗保险缺失

农民工对于参加医疗保险抱有较大的热情，除23.3%不愿参加外，绝大多数农民工都愿意参加某种形式的医疗保险，这其中，大部分（30.5%）人愿意参加既保大病又保小病的综合保险。

---

① 人力资源社会保障部负责人就农民工参加基本养老保险等两个办法答问［EB/OL］. http://www.agri.gov.cn/jjps/t20090206_1213893.html，2009—04—23.

② 刘俊彦，胡献忠. 新一代农民工发展状况研究报告［J］. 中国青年研究，2009，（1）：49—57.

4. 农民工缺少失业保险

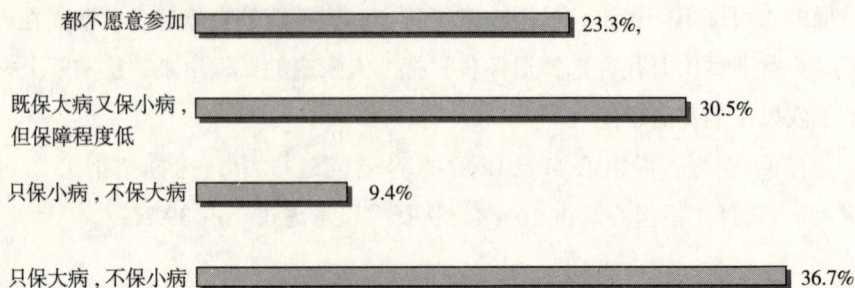

都不愿意参加 ▐▐▐▐▐▐▐▐ 23.3%,

既保大病又保小病，
但保障程度低 ▐▐▐▐▐▐▐▐▐▐ 30.5%

只保小病，不保大病 ▐▐▐ 9.4%

只保大病，不保小病 ▐▐▐▐▐▐▐▐▐▐▐ 36.7%

图 35 愿意参加何种形式的医疗保险

由于农民工参加社会保险的比率远小于未参加社会保险的比率。在与农民工工作和生活密切相关的各种需求满足中，通过社会保障制度安排得到满足的也非常少。例如，失业后如何维持生活，选择"靠以前的积蓄生活"的占六成（61.3%），"靠亲朋好友接济"的占 23.5%，"靠单位发的失业补助"的占 10.0%，"靠失业保险生活"的仅有 5.1%。

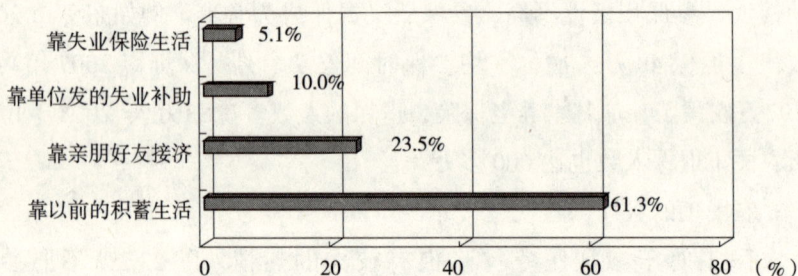

靠失业保险生活 ▐ 5.1%

靠单位发的失业补助 ▐ 10.0%

靠亲朋好友接济 ▐▐▐ 23.5%

靠以前的积蓄生活 ▐▐▐▐▐▐▐▐ 61.3%

0   20   40   60   80 （%）

图 36 失业后如何维持生活

农民工存在严重的失业风险。我国的失业统计是不包括农民工的，所以农民工不享受失业补贴。据 2003 年调查，农民工 27.4% 的人曾有过失业的经历，这一比例要比城镇登记失业率 4.2% 高七倍多。一部分农民工失业还是相当严重的，有过失业经历的农民工中，将近 30% 曾经遇到长达半年和半年以上的失业①。由于他们多数是年轻人，所以如此长时间的失业，其后果是令人忧虑的。根据1999年1月国务院颁布的《失业保险条例》，失业主体是城镇企事业单位职工，农民工连续工作满一年后失去工作的，只有社会保险机构支付一次性生活补助，不能享受城镇职工失业保险待遇。失业的农民工承受着巨大的经济、社会和心理压力。

5.农民工享受工伤保险待遇的比例不高

在回答"受工伤或职业病后如何处理"问题中，选择"自己进行治疗"的占34.0%，选择"用人单位、雇主负责治疗"的占25.5%，选择"本人、单位雇主各负担部分"的占29.6%，"没有治疗"的占10.9%。

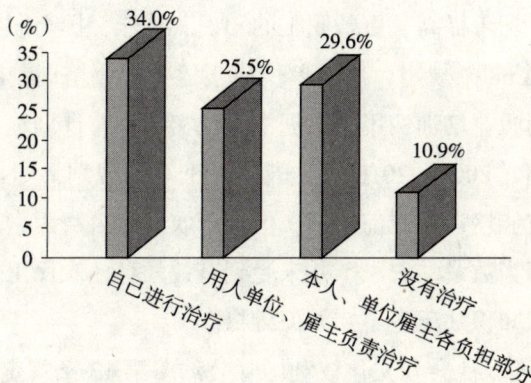

图37　受工伤后如何处理

有的地区农民工发生工伤事故后，由社会保险部门支付费用的仅占8.9%，不到1/10，多数工伤事故由企业出钱解决，这种处理方式带有很大的随意性，难以达到法定标准。②"近年来不断增长的农民工工伤事件（许多甚至是恶性事件）和理论学术界将农民工视为社会弱势群体的事实，反映了农

---

① 农业部产业政策与法规司课题组.农村劳动力转移就业现状、问题及对策［J］.农业经济问题，2005，（8）：20.

② 蒋月.中国农民工劳动权利保护研究［M］.北京：法律出版社，2006：106.

民工对社会保障权利的诉求不仅是客观的，而且是正当的、迫切的。"①

6.农民工处在城镇基本生活保障和社会救助体系之外

城市居民一般都享有一系列关于基本生活和医疗养老等方面的社会保障，如城市居民最低生活保障、子女就近入学机会、申请城镇低收入家庭廉租房等。这些社会保障基本和户籍制度相联系，许多农民工虽然长期工作和生活在城市，但是由于户籍制度的存在而被排除在城镇保障体系之外，难以享受同等的国民待遇。②

（七）农民工培训与子女受教育权保护情况

1.农民工职业培训机会少且职业素质难提高

职业培训有利于提高、更新职工的知识、技能，提高职工队伍的整体素质。劳动法第 68 条规定，用人单位应当建立职业培训制度，按照国家规定提取和使用职业培训费用，根据本单位实际，有计划地对劳动者进行职业培训。尽管《2003—2010 年全国农民工培训规划》指出要加强对农民工进行职业技能培训和岗前培训，但由于农民工自身因素和政府运作中的某些问题，相当数量的农民工并未受到有效教育，农民工劳动技能并未得到提高。法律知识缺乏，不知如何维权。

《联合国经济、社会和文化权利国际公约》第 13 条规定：本公约缔约各国承认，人人有受教育的权利。它们同意，教育应鼓励人的个性和尊严的充分发展，加强对人权和基本自由的尊重，并应使所有的人能有效地自由参加社会活动，促进各民族之间和各种族、人种或宗教团体之间的了解、容忍和友谊，促进联合国维护和平的各项活动。农民工参加在职培训和接受继续教育，不仅是提高农民工自身职业技能的重要保证，也是保障其行使政治权利的重要保证。调查表明，农民工的自身职业就业比较缺乏。

在回答"参加过何种形式的培训学习"问题中，参加"单位组织的培

---

① 郑功成.农民工的权利与社会保障［J］.中国党政干部论坛，2002，（8）：23.

② 谢建社.中国农民工权利保障［M］.北京：社会科学文献出版社，2009：94.

训"的占 18.8%，参加"政府或社会组织的培训"的占 9.8%，自己学习技能的占 29.3%，"未参加任何培训"的占 42.1%。其中，东莞市农民工参加"单位组织的培训"的占 25.3%，参加"政府或社会组织的培训"的占 5.1%，"自己学习技能"的占 38.7%，"未参加任何培训"的占 30.9%。

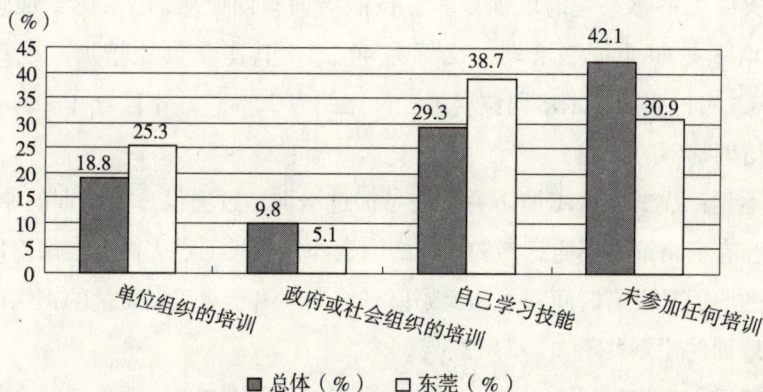

图 38　参加过的培训学习的形式

关于参加培训学习的动机，回答"为以后自己发展做准备"的占 29.9%，"工作需要"的占 33.8%，"增加收入"的占 28.2%，"个人兴趣"的仅占 8.1%。其中，东莞市农民工回答"为以后自己发展做准备"和"工作

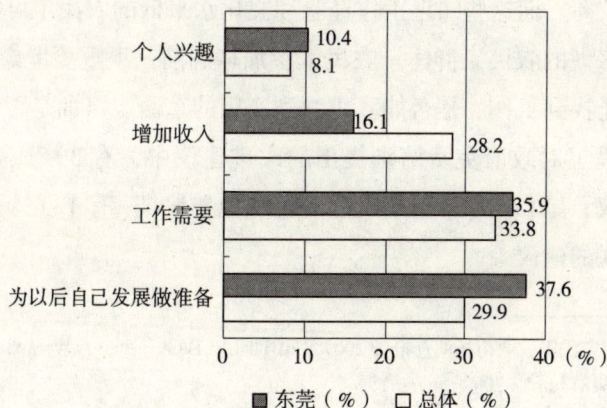

图 39　参加培训学习的动机

需要"的占七成,回答"增加收入"的占 16.1%,回答"个人兴趣"的占 10.4%。

农民工对培训的看法。近六成农民工对免费培训感兴趣:仅有 35.7% 的农民工知道国家对农民工免费就业培训,但有 57.8% 农民工表示如果有对农民工的免费就业培训,一定会参加,仅 10.8% 明确表示不会参加。

农民工最感兴趣的培训是职业技能培训和创业培训:农民工最感兴趣的培训是职业技能培训,比例为 40.2%,其次是创业培训,比例为 36.8%,农村实用技术培训位居第三,比例为 22%,另外有 16.1% 表示对这些培训都不感兴趣[①]。

不到三成的农民工被访者过去参加过培训。过去没参加培训的原因:排除已有资格证书不愿意参加培训的因素外,农民工过去没有参加培训最主要的原因是没有时间和不知道哪里有培训。出于对培训质量的担忧而不参加培训的比例并不大,为 13.3%。

以后如有培训机会,有 14.3% 农民工明确不会参加:明确表示会参加的农民工比例为 42.5%,表示不一定的比例为 43.2%。可能参加培训的农民工中,有 92.7% 表示可接受收费培训,且有 64.4% 可承受 800 元以上的收费培训[②]。

令我们担忧的是,没有工作经验和工龄在一年以下的农民工参加培训的意愿相对最低,小学文化水平的农民工明确表示不会参加培训的比例明显也相对较高。而这些缺乏工作经验和文化水平低的农民工可能恰恰是最应当接受培训的农民工群体。农民工参加培训前三项重要考虑因素为:培训后是否能找到工作、是否能真正学到实用的东西、培训是否收费。

在农民工对政府免费培训提出的改进建议中,有 39.8% 是关于培训内容的建议;有 17.1% 希望政府能多组织免费培训;有 12.6% 是关于培训与工作关联的建议。

[①]　西陆中国农民工就业市场调查报告 2009 年第 1 期［EB/OL］.http：//www.xilu.cn/2009/0515/article_23181.html，2009—07—15.

[②]　西陆中国农民工就业市场调查报告 2009 年第 4 期［EB/OL］.http：//www.xilu.cn/2009/0515/article_23181.html，2009—07—18.

无论是对过去培训的改进建议还是对政府免费培训的建议，农民工提得较多的都包括培训内容的实用性和培训后就业安排，而这两个方面也是农民工决定是否参加培训考虑得较多的因素，建议有关部门在这两个方面多做努力，减少农民工参加培训的顾虑。

2. 农民工子女难以享有平等入学和受教育机会

在回答"子女成长教育的最大问题"时，选择"生活不稳定"占32.9%，选择"社会给予的教育条件不足"占30.8%，选择"贫困"占23.4%，选择"社会歧视"占12.9%。

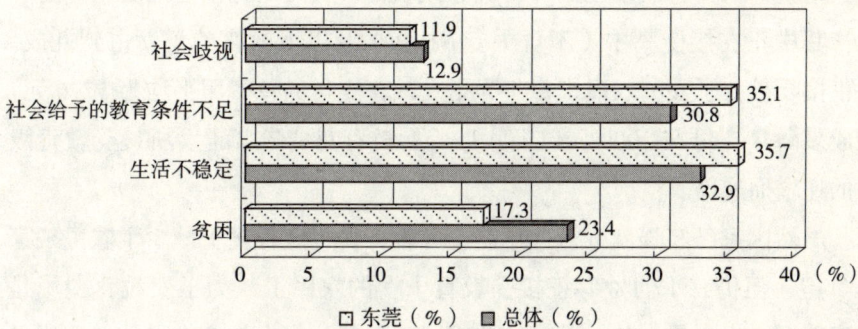

图 40　子女成长教育的最大问题

农民工子女难以享有平等的入学和受教育机会。近年来，通过国家大刀阔斧的教育改革，在理论上，公办学校就读已成为农民工子女接受义务教育的合法方式。由于公立学校的高额借读费及其有限的吸纳能力，相当一部分农民工子女得不到相应的入学机会，而只得进入打工子弟学校就读。从整体上看，这种学校符合国家办学要求的占少数，而大多数校舍简陋，教学设备严重不足，办学规模偏小，更为严重的是没有任何的监督和规范机制，教师、教学质量、学校所开设课程应达到的标准都由学校自己决定。另外，还有很多流动子女被迫或主动放弃了受教育的机会和权利。

在回答"子女在城市入学情况"问题中，选择"不便，且高价才可以入学"占40.8%，"不便，但能平价入学"占30.7%，"方便"占13.3%，"不能入学"占15.3%。其中，东莞市农民工回答"不便，且高价才可以入学”的比例更高（57.9%）。

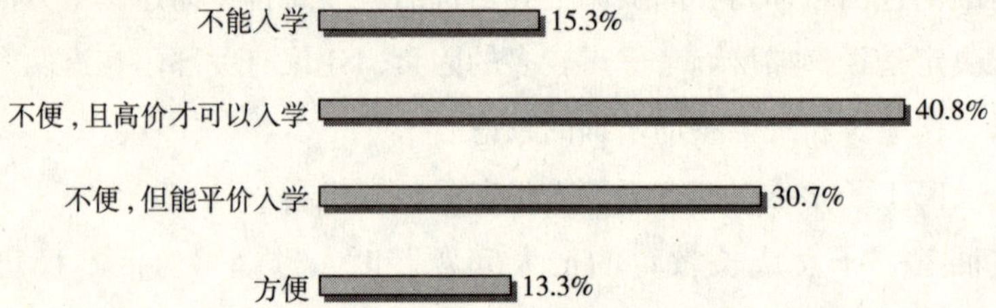
不能入学
15.3%
不便，且高价才可以入学
40.8%
不便，但能平价入学
30.7%
方便
13.3%

图 41 子女在城市的入学情况

调查显示，七成多已婚（含离异或丧偶）农民工有正在接受教育的子女，其中正在接受高中（不含中专 / 技校）及以下教育的子女占到九成。有正接受教育子女的农民工每年为子女教育支付的总费用平均为 5796 元，七成多每年支付在 2000 元以上，且子女教育花费随着子女所接受教育级别的递增而递增。

虽然国家已经强制推行九年制义务教育，一定程度上减少了农民工家庭负担，但仍有 17.4% 有正接受教育子女的农民工认为子女教育费用是家庭费用支出中最大的一项。这些农民工每年为子女教育支付的总费用平均为 8462 元，比有正接受教育子女的农民工总体每年为子女教育花费的平均费用高出 2666 元左右①。

有子女正接受高中及以下教育的在异地的农民工中，有 3 成将子女带到务工城市就读：将接受学前班 / 幼儿园教育的年幼子女和接受高中教育的子女带到务工城市就读的比例相对较高，而将接受义务教育的子女带到务工地就读的比例相对较低。到务工地城市就读的农民工子女，大部分进入城里的公办学校就读，但也有一些进入务工地子弟学校或私人学校就读。

多数农民工子弟学校得不到政府的扶持，其义务教育经费没有列入财政预算，只是靠向农民工收费维持运转，影响了教育质量，加重了农民工

① 西陆中国农民工就业市场调查报告 2009 年 06 期 [EB/OL] .http：//www.xilu.cn/2009/0515/article_23181.html，2009—08—13.

负担。农民工虽然自己学历普遍不高，但对子女教育普遍寄予较高期望：9成多的农民工期望子女的学历在大专及以上。改进农民工子女教育：对农民工子女降低教育费用呼声最大。

（八）农民工保护机制情况

1. 工资拖欠时讨要工资的途径不畅

在回答"遇到工资拖欠时采取哪种讨要工资方法最有效"问题时，选择"上法院起诉"占9.4%，"找有关部门调解仲裁"占32.3%，"上访"占12.3%，"通过'社会'人员解决"占15.5%，"找亲戚朋友帮忙"占7.6%，"找工会组织帮助"占2.4%，"为保饭碗忍受"占12.0%，"其他"占8.5%。其中，东莞市农民工选择"找有关部门调解仲裁"占52.6%，其次依次是为保饭碗忍受（13.4%）、通过"社会"人员解决（9.1%）、找工会组织帮助（6.2%）、上访（5.3%）、上法院起诉（3.8%）和找亲戚朋友帮忙（1.9%）等。

在中国传统文化中，特别重视以家庭为纽带的亲缘和地缘关系。在农民工中，这种观念没有因为居住地的改变而改变。他们进城后处于相对弱势的地位，权利难以得到保护，必然会寻求保护和归属，这种自发的愿望使得他们在遇到劳动争议或其他困难时，热衷于求亲友、找老乡。在回答

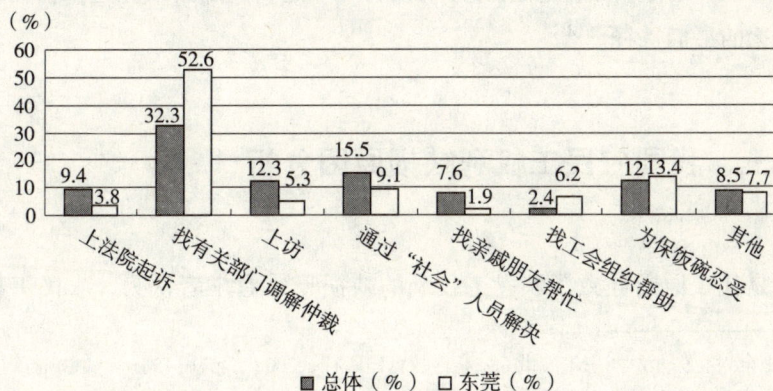

图42　工资拖欠时的解决方式

101

"遇到工资拖欠时采取哪种讨要工资方法最有效"问题时，"找亲戚朋友帮忙"占 7.6%。

从我国的制度设计来看，工会扮演的主要是协调的角色，没有具体的执行权和直接的处置权。因此在碰到问题的时候，工会只能通过提请政府或者相关的机构处理。而这就需要行政部门和司法部门的协助才能实现。因此，如果没有劳动社会保障、劳动监察等相关部门及法院等司法机关的鼎力支持与协助，工会很难真正发挥作用。这种处理方法使得通过工会维权不仅成本高，而且周期长，缺乏明确的预见性。调查显示，在回答"遇到工资拖欠时采取哪种讨要工资方法最有效"问题时，"找工会组织帮助"只占 2.4%。

2. 劳动争议处理体制存在问题

劳动争议处理体制，是指由劳动争议处理的各种机构和方式在劳动争议处理过程中的各自地位和相互关系所构成的有机整体，它表明劳动争议发生后应当通过哪些途径、由哪些机构、哪些方式处理。①

目前我国的劳动争议实行的是"一裁两审""仲裁前置"的处理体制。这种处理体制加大了劳动者的维权成本，也剥夺了劳动者直接选择诉讼解决劳动纠纷的权利。另外，"谁主张谁举证"的举证责任原则，对法律常识欠缺、依法维权能力极弱的农民工来说极为不利。如没有律师等法律人士的帮助，劳动权利受到侵害的农民工，很难通过诉讼实现劳动权利的救济。所以，通过诉讼途径救济劳动权利，不是农民工的最佳选择，而是别无他途的最后选择。②

三、我国农民工权利缺损原因分析

是什么原因导致了农民工权利的缺损呢？有学者认为，农民工权利

① 王全兴.劳动法学［M］.北京：高等教育出版社，2008：457—458.
② 张家宇.试论农民工劳动权利的法律救济［J］.安徽农业大学学报（社科版），2009，（2）：35—38.

受损是由于二元结构的劳动力市场限制了农民工向上的社会流动，使他们没有可能通过正常的社会流动来改善自身的不利处境。在二元劳动力市场中，农民工就是作为帕金（F. Parkin）所谓的"集体排他"被排除在城市居民的就业体制之外，而他们的各种权利也就是在这种集体排斥中得不到保障①。通过研究，我们认为，农民工权利缺损除了现有的二元经济社会体制的原因外，还存在着等级观念、法律制度供给滞后等诸多原因。

（一）观念原因：平等法治理念的缺失

在中国数千年历史文化传统中，没有形成西方的平等、民主的法治文化，人治是主流，等级观念对后世影响深远。"等级观念是人治得以实现的心理基础，它不仅渗入中国的统治社会的每一个细胞——阶层、集团、家庭、行业之中，而且内化为臣民性格的一部分，规范着人们的行为。"②在我国，因观念原因，一方面，市民阶层及其利益代言者在法律制定上日益强化权利的不平等分配；另一方面，农民工作为社会转型期的弱势群体本应得到"差别对待"——倾斜保护，但却常常成为被遗忘的对象。平等法治理念缺失的传统文化及其强大的惯性不能不说是导致农民工权利缺失的重要原因。

1. 国家管理者观念的偏误

历史上，中国是一个等级制度森严的国家，大一统的等级制思维仍然根深蒂固地存在于人们的内心深处，对社会人划分为三六九等，然后加以区别对待是人们的习惯性思维③。具体表现为外地人与本地人、城里人与乡下人的社会角色的定位和认同，导致人们已经趋同于对社会人习惯性地差别对待，特别是那些负责制定法律法规的国家各级管理者，固有的偏见和心理定势影响了他们的管理理念和具体行为，这是农民工遭受歧视的重

---

① 任丽新．二元劳动力市场中的农民工权利问题［J］．理论学刊，2003，（4）：111—114.

② 杨小云．实现从人治意识走向法治意识的历史性转变［J］．湖南师大社会科学学报，2000，（6）：32—38.

③ 朱秀茹，白玉冬．农民工就业歧视问题研究［J］．河北农业科学，2009，（3）：129—131.

要原因之一。

观念的偏误，致使一些地方在处理劳资关系时往往偏向投资者和企业主一边；一些地方领导往往把廉价劳动力作为吸引投资的条件，对一些企业侵害农民工合法权利的事情不问不管①；一些地方为了提高城镇就业率，在招工程序、招工比例、务工领域、行业工种等方面对农民工设置门槛和壁垒，甚至直接干涉企业合法使用农民工等。尽管我国也于2007年颁布了《中华人民共和国就业促进法》，但就业歧视的事实已经形成，就业歧视现象在短期内仍无法改变。

2. 城市社会狭隘的传统观念

城市社会狭隘的传统观念是农民工权利保护缺失的重要思想根源。一是长期以来，人们习惯了以"出身"为标准来划分公民群体，习惯了城乡之间"藩篱分割"给城市居民带来的种种好处。改革开放以来，长期城乡分割的格局被逐渐打破，大量农民工进入城市就业和生活，冲击了城市社会长期以来形成的利益格局，引起了城市居民本能的排斥。二是由于农民工人口的增加引发的城市交通、环境卫生、居民就业、社会治安的问题，使许多城市人对农民工产生厌恶。三是由于缺乏城市人与农民工的沟通渠道和方式，城市人对农民工缺乏了解，于是许多城市人还囿于传统观念，将农民列入缺乏教育、愚昧落后之列，因而在心理上仍然鄙视农民工②。许多城市居民对农民工存在偏见，往往把农民工集中居住的地方等同于脏、乱、差的"城中村"。概而言之，由于城市社会的扭曲观念导致的歧视是农民工合法权利得不到有效保护的重要原因。

3. 农民工自身的消极观念

农民工的乡土意识和封闭主义倾向比较明显。传统的中国农民具有浓厚的乡土意识和内向、压抑的封闭主义倾向③，"叶落归根"使得他们在城

① 中国农民工问题研究总报告起草组.中国农民工问题研究总报告 [J].改革，2006，（5）：5—30.
② 张培春，郭慧峰.农民工权利保障缺失的成因探析 [J].社会保障，2008，（1）：44—45.
③ 周晓红.现代化进程中的中国农民 [M].南京：南京大学出版社，1998：396—398.

市"扎根"的愿望降低。农民工的乡土意识体现在其社会交往只限于亲戚、朋友、老乡等熟人之中，表现为成员间有着强烈的相互认同感，而对群体之外的"城里人"则深怀畏惧警惕之心。农民工长期生活在相对较落后的农村地区，传统中法制观念本来就极为淡薄，再加上接受法制教育的机会很少，对法律的精神与具体法律制度的了解严重不足，自我权利保护意识不强，直接导致其许多权利难以得到保障。此外，农民工在和城市居民交往的过程中也存在着自卑和不自信，这强化了其自身的被歧视感。

（二）体制原因：城乡分割的二元社会结构

目前，我国的社会结构是典型的城乡二元结构，它由包括二元户籍制度、二元就业制度、二元教育制度、二元社会保障制度、二元公共事业投入制度在内的一系列社会制度所构成。城乡分割的二元结构已成为农民进城的一道门槛，特别是二元户籍制度不仅限制了农民自由迁徙的权利，也使农民失去了平等就业的机会和享受社会保障的权利。

1. 二元的经济结构

二元经济结构理论是现代发展经济学的结构学派提出来的。它最早由荷兰经济学家伯克提出，后被路易斯、拉尼斯、费景汉等经济学家加以发展，成为发展经济学的重要理论。该理论将发展中国家的经济结构概括为使用生产资本生产利润的有组织的现代工业部门和自给的仅足维持生存的传统农业部门，由此形成相对应的落后的传统经济与先进的现代经济同时并存的现象①。一般说来，任何国家从农业社会进入工业社会，二元经济都是必经的发展阶段。我国目前的经济社会除了具有明显二元结构的特征外，社会结构也呈现出二元性。长期以来，我国形成了一整套城乡隔离的制度，如城乡不同的户籍制度、粮食供应制度、住房制度、教育制度、就业制度、医疗制度和养老保险制度等，从而将中国居民分为城乡两个等

---

① 李昌麒. 中国农村法治发展研究［M］. 北京：人民出版社，2006：11—12.

级，实行不同的差别待遇。值得注意的是，我国的二元结构具有不同于其他国家的特殊性，主要表现在它的形成途径和延续、强化方式上[①]。这种不同表现反映了我国二元结构的形成，不是自由竞争的结果，而是国家通过"城乡差别分层战略"而人为形成的。

我国农民工制度的形成主要源于我国城乡分割的二元经济社会体制，而推动我国城乡二元经济社会体制形成、构成当今"农民工"体制产生的制度基础，一是城乡分割的户籍管理制度和与之配套的城乡差别化的社会保障制度。二是农产品统购统销制度。三是人民公社制度。城乡分割的户籍制度以国家法律法规的形式把我国公民根据出生和生活地域分为"农村居民户口"和"城镇居民户口"两大类别，并制定了严格的两大类别户口之间转变的"门槛"条件，基本堵住了农村农民户口转变为城镇居民户口的通道，也使全国公民基本失去了自由迁徙的权利，广大农村居民无论在任何地方、从事何种职业，都必须首先改变户口性质，否则都只能是"农民"[②]。社会保障制度、统购统销制度和人民公社制度在户籍管理制度基础上，又进一步强化了我国城乡二元经济社会体制。这三大制度设计，从公共服务享有、生活资料供给、生产资料分配三个方面与人口身份管理相配套，牢牢地把我国人口区分成为"农村居民"和"城市市民"两大类别，在制度上固化了我国传统的城乡二元社会经济体制。

2. 城乡二元的户籍制度

导致农民工权利的缺位、权利受损、救济不畅，表面上是现行法律政策的问题，更深层次的原因则是作为限制公民流动的户籍制度的合法存在。没有法律保障下的迁徙自由，使农民工成为城市中的二等公民。农民工即便进入城镇，其择居权、就业权、受教育权、社会保障权等也存在诸多限制。

---

① 王振松.二元结构理论与我国二元经济结构发展小议［J］.福建师范大学学报，1997，（4）：34—38.

② 姚上海.中国农民工政策的回顾与思考［J］.中南民族大学学报（人文社科版），2009，（5）：101—105.

（1）城乡二元户籍制度的形成

1951年7月16日，公安部颁布了《城市户口管理暂行条例》，该条例规定，任何城市居民家庭来客住宿超过3天必须向公安机关报告，任何旅店、客栈必须于当晚就寝前将旅客登记簿送交当地公安机关检阅。随后的几年，农村劳动力外流迅速下降。

户籍制度建立之初是为了防止新中国成立初期经济建设过程中过多的人口流入城市，避免城市人口膨胀而滋生社会问题。1953年4月17日，政务院发布《关于劝阻农民盲目流入城市的指示》，规定未经劳动部门许可和介绍，不得在农村招收工人，明令禁止农民进城就业。1954年3月，内务部和劳动部又发出《关于继续贯彻〈劝止农民盲目流入城市〉的指示》，重申限制农业剩余劳动力向城市转移的禁令。

1956年12月30日，国务院发出了《关于防止农村人口盲目外流的指示》，明确规定：工厂、矿山、铁路、交通、建筑等部门不应当私自招用农村剩余劳动力。1957年12月18日，中共中央和国务院联合发出了《关于制止农村人口盲目外流的指示》，强调：①组建以民政部门牵头，公安、铁路、交通、商业、粮食、监察等部门参加的专门机构，全面负责制止"盲流"工作；②农村干部应加强对群众的思想教育，防止外流；③铁路、交通部门在主要铁路沿线和交通要道，要严格查验车票，防止农民流入城市；④民政部门应将流入城市和工矿区的农村人口遣返原籍，并严禁他们乞讨；⑤公安部机关应严格户口管理，不得让流入城市的农民取得城市户口；⑥粮食部门不得供应没有城市户口的人员粮食；⑦城市一切用人单位一律不得擅自招收工人和临时工。

1955年11月7日，国务院颁发《关于城乡划分标准的规定》，确定"农业人口"和"非农业人口"作为人口统计指标。中国的户籍人口由此分离。"农业人口"与"非农业人口"成为中国公民最具"根本"识别意义的身份标志。以明确的城乡分割方式进行国家管理已经成为政府的一个基本理念。1958年1月9日，全国人民代表大会常务委员会第91次会议通过《中华人民共和国户口登记条例》；该《条例》第10条第2款规定，

"公民由农村迁往城市，必须持有劳动部门的录用证明，学校的录取证明，或者城市户口登记机关的准予迁入的证明，向常住地户口登记机关申请办理迁出手续"。该《条例》与以前及以后颁布的相关法律、法规、规章、政策一起构筑起中国独有的二元户籍制度体系。从此，二元户籍制度犹如一道无形的城墙，将我国的城市社会与农村社会彻底地分离开来①。

城乡分割的二元户籍制度，其最大的弊端是限制了劳动力作为生产要素的合理流动和配置，最终导致中国城乡之间的巨大差距和发展的极度不平衡。从社会分层角度看，户籍制度实际上是一种"社会屏蔽"（Social-closure）制度，它将一部分人屏蔽在分享城市社会资源之外。可以毫不夸张地说，以户籍制度为根据的二元社会结构是导致农民工权利保障弱化和歧视农民工的制度根源。

（2）现行的二元户籍制度

1984年，国务院公布了《关于农民进入城镇落户问题的通知》以后，有些农民办理了自理口粮到城镇落户的手续。20世纪90年代以来，我国的户籍管理制度逐渐开始松动。1997年，国务院批转公安部《小城镇户籍管理制度改革试点方案》和《关于完善农村户籍管理制度的意见》，规定从农村到小城镇务工或者兴办第二、第三产业的人员，小城镇的机关、团体、企业和事业单位聘用的管理人员、专业技术人员，在小城镇购买商品房或者有合法自建房的居民，以及与其共同居住的直系亲属，可以办理城镇常住户口。2001年，国务院批转公安部《关于推进小城镇户籍管理制度改革的意见》，提出对办理小城镇常住户口的人员，不再实行计划指标管理。

改革开放后，二元户籍制度逐渐松动，但直到目前仍未有根本的突破，附着于户籍制度之上的社会保障体制、劳动就业体制、教育体制等，仍然延续着城乡差别对待的二元特征。因此，尽管农民工在职业上实现了从农民到工人的转化，但在"社会身份"上却难以实现由农村村民到城市居民的转化；尽管工作和生活在城市，但却不能享有与城市人一样的"国

---

① 刘翠霄.进城务工人员的社会保障问题［J］.法学研究，2005，（2）：109—125.

民待遇"。这种以二元户籍制度为核心的一系列制度和体制导致农民工应有的经济、政治、文化、社会等权利得不到有效保障。

城乡二元户籍制度是造成农民工受到不公平待遇和难以融入城市的制度性障碍。农民工与城镇户籍人口在住房、就学、社会保障等方面的不平等福利制度，都是附着在户籍制度之上的。长期的户籍分隔使农民工无法得到城镇职工所能享受的诸多福利。一些名义上取消了农业、非农业户口的地方，并没有在福利制度、迁移制度上发生实质性改变。据国务院发展研究中心 2007 年对劳务输出县 301 个村的调查，改革以来因外出就业累计实现迁移定居的农民工，只相当于目前外出就业农民工的 1.7%。若按照这个比例计算，全国的 1.3 亿名进城农民工中，他们中的 200 万左右的农民工通过买房、结婚等方式获得了城镇户口，他们中的 8000 多万人虽然在城镇居住半年以上，但都没能够在城市获得合法的市民资格、平等的待遇和实现安居乐业。随着农民工在城市较长时间的存在，城乡二元结构已经变为城市的二元社会①。

在世界范围，只有中国实行城乡隔离的二元户籍制度。有人尖锐地指出，户口歧视是与社会主义伦理道德原则格格不入的，甚至也背离了人类社会关于人人生而平等和非歧视的基本道义。在世界各国的各类社会偏见和歧视（种族的、民族的、宗教的和性别的等）都在日趋消亡的今天，户口歧视的存在的确是一件令信奉社会主义理论和具有基本正义感的国人汗颜的事情②。皮埃尔·勒鲁所说过："假如你们只要求在城邦内实现平等。这样的平等就受到了限制，失去了普遍性，就不成其为原则，而变为一种利害关系，这就不再是平等了，因为这既是'平等'，又是'不平等'。一部人享有权利，另一部分人却没有权利。这是一种特权制度，这样就确立了人的两种截然不同的种类和状况。"③

①　韩俊.中国农民工战略问题研究［M］.上海：上海远东出版社，2009：36—37.
②　中国"三农"形势跟踪调查课题组.小康中国痛——来自底层中国的调查报告［M］.
　　北京：中国社会科学出版社，2004：334.
③　［法］皮埃尔·勒鲁.论平等［M］.王允道译，北京：商务印书馆，1996：20.

近年来，我国的户籍制度已经出现了松动，许多地方都进行了户籍制度的改革，出台了放宽户口限制的相关政策，但是户籍制度所产生的负面影响，会在相当长的时间内左右着进城农民工各项权利的行使。

3. 城乡分割的二元劳动力市场

城乡二元社会结构的直接结果是形成了典型的劳动力市场二元结构。

二元劳动力市场包括首属劳动力市场和次属劳动力市场。首属劳动力市场是由持有城市户口的市民构成，其收入较高、劳动环境较好、更为稳定；次属劳动力市场是由持有农村户口的农民组成，其收入较低、劳动环境较差、缺乏稳定性。绝大多数农民工来到城市，只有极少数能够进入首属劳动力市场，他们中的大部分不得不进入次属劳动力市场，从事那些城市市民往往不愿意从事的工作，生活在城市的底层。

中国首属、次属劳动力市场的划分有其自身的特点，主要包括：我国首属劳动力市场与次属劳动力市场区分的关键在于城乡分割的户籍制度；中国两种劳动力市场的区分不是纯粹技术性的，城市居民所从事的很多工作，农民工也有能力去做，只是由于户籍的限制，不允许他们干；农民工所处的社会关系网，使他们易于进入次属劳动力市场而难以进入首属劳动力市场；中国农民工的次属劳动力市场缺少稳定性等。二元劳动力市场使得农民工无法取得与城市居民同等的劳动力资格，随时面临被解雇的命运，就业不稳定。随着我国市场经济的发展，城市职工下岗问题日益严峻，在这种情况下，一些地方出台了限制农民工工种的各种政策，甚至采取"腾笼换鸟"的政策，严重侵害了农民工的就业权[1]。近年来，随着社会的发展，农民工问题受到越来越多的关注，致使有的地方放宽了对农民工从事工种的限制，但是仍然只限于城里人不愿意从事的工作。所以农民工在劳动力市场上仍旧得不到公平的对待，不能享有自由的就业权。

4. 城乡有别的社会保障制度

1951 年 2 月 26 日，政务院颁布的《中华人民共和国劳动保险条例》

---

[1]　王刚.社会排斥与权利贫困：农民工权利保障问题研究［D］.西安：西北师范大学，2007.

适用于城镇机关、事业单位之外的所有企业和职工，是中华人民共和国成立后我国社会保障制度中最重要的社会保险制度。1952年6月27日，政务院颁布了《关于全国各级人民政府、党派、团体及所属事业单位的国家工作人员实行公费医疗预防的指示》；1955年12月29日，国务院发布了《国家机关工作人员退休处理暂行办法》等法规，在物资供应、就业、社会福利、社会保障等方面，对城乡居民做了截然不同的安排。在社会福利方面，《劳动保险条例》详细规定了城市国有企业职工所享有的各项劳保待遇，主要包括职工病、伤后的公费医疗待遇，公费休养与医疗待遇，职工伤残后的救济金待遇以及职工死亡后的丧葬抚恤待遇等。城镇居民还居住着政府提供的廉租房屋，享受着单位或企业提供的幼儿园、食堂、浴室、俱乐部等待遇。在就业安排方面，1950年6月，政务院颁布了《城市失业工人暂行办法》，积极启动城市产业，创造就业机会，努力促进城市就业。适成对比的是，1952年7月，政务院全国就业会议通过的《关于就业问题的决定》，要求农村剩余劳动力应稳定在农村生产上，不要盲目流入城市。1957年12月13日国务院通过的《关于各单位从农村招用临时工的暂行规定》强调，城市"各单位一律不得私自介绍农民到城市和工矿区找工作"。

1956年6月30日，第一届全国人民代表大会第三次会议通过了《高级农业合作社示范章程》，确立了面向农村孤老残幼的"五保"制度。农民被排除在城市社会保障制度的保护之外，只有农村的孤老残幼能够得到由集体经济组织提供的有限的社会救济待遇。城乡有别的国家保障制度实际上把农民置于"二等公民"的地位。正如皮埃尔·勒鲁所说："假如你们只要求在城邦内实现平等，这样的平等就受到了限制，失去了普遍性，就不成其为原则，而变为一种利害关系。这就不再是平等了，因为这既是平等，又不是平等。一部分人享有权利，另一部分人却没权利，这是一种特权制度。这样就确立了人的两种截然不同的种类和状况，并由此会派生出一系列的种类和状况，它必然形成城邦内外人们之间等级和差异。城邦外的人丧失一切权利，城邦内的人却能享有一切权利。"①

长期以来，农民工由于流动性大、工作不稳定等原因，始终被排除在城市的社会保障体系之外。实际上，城乡二元分割制度是农民工无法获得同等社会保障的根本原因。城乡有别的社会保障制度不利于城乡平衡协调发展，不利于城乡劳动力的自由合理流动，压抑了农村居民的创造力和积极性，最为严重的后果是它破坏了社会主义国家所追求的建立公平平等的社会目标。正如罗尔斯所指出的那样："在这种我们认为是在现代国家中建立了社会正义的制度结构中，地位较好者的利益改善着地位最差者的条件。即使情况不是这样，也能够被调整成这样，例如，通过确定适当水平的社会最低值来调整。这些制度在目前的现实存在，确实被各种严重的不正义破坏得百孔千疮。"②我国的二元经济结构是以户籍制度为表征、以社会保障制度为内容的，社会保障制度是农民城镇化的实质性障碍③。审言之，即使户籍制度彻底放开，而社会保障制度不对农民开放，农民的市民化也是无法实现的。

5. 城乡分割的二元体制在政府的管理模式上体现为防范与管制

在我国，由于农民工流动性强，地方各级政府长期将农民工流入城市看作短期行为。认为农民工虽然填补了城市劳动力的不足，但也带来许多不稳定因素，增加了城市管理的压力和社会治安问题。特别是国有企业改革后，下岗工人增加，进城农民工被认为是与城市居民抢"饭碗"。因此，地方政府对外来务工人员采取管制、限制和防范为主的政策，始终注重如何管理和控制他们，使之所谓"有序化"，不是从政策上引导，从管理上保护，对农民工管理明显存在"接纳其贡献"和"排斥其社会参与"。一

---

① 俞德鹏. 城乡社会：从隔离走向开放——中国户籍制度与户籍法研究 [M]. 山东：山东人民出版社，2002：11. 转引自刘翠霄. 天大的事——中国农民社会保障制度研究 [M]. 北京：法律出版社，2006：50—58.

② ［美］约翰·罗尔斯著. 正义论 [M]. 何怀宏等译，北京：中国社会科学出版社，2003：87—88.

③ 刘翠霄. 天大的事——中国农民社会保障制度研究 [M]. 北京：法律出版社，2006：58—66.

方面，城市因经济发展需要廉价的劳动力，愿意接纳农民工；另一方面，城市在其社会体系中又拒绝接受农民工，始终把他们当做"外来人口"，农民工不能获得城镇户口，不能成为城镇居民，难以和城镇居民同工同酬，难以享受城镇居民享受的各种福利待遇①。避免对城市造成大的"冲击"或者带来不安定，城市各类管理机关（如公安、计划生育、工商等部门）对到城市务工的农民以罚代管、以罚促管，严重侵害了农民工的合法权利。

我国《宪法》第四十二条明确赋予了公民的劳动权利，但是许多地方的某些政府部门通过行政手段制定各种政策措施来限制、排斥农民工进城就业。在现行的社会控制模式下，政府与农民工之间的权力与权利之争、公共利益与农民工个体利益之间的冲突是事实存在的。针对当今极普遍的侵害进城农民工合法权利的现象，例如，克扣或拖欠工资、因工作环境恶劣而致残致伤等侵犯农民工基本人权的事件，由于没有事先建立农民工权利保护的预警机制，地方政府官员几乎都采取被动应对式的工作态度和工作机制，往往等到出了问题后，才采取一些事后的对策和措施。

（三）制度原因：法律制度供给的滞后

法律制度供给的滞后，不能满足农民工权利保障的需求。作为保障劳动者权利的基本法——《中华人民共和国劳动法》，缺少针对农民工权利特点的具体规定，对农民工权利的保护显得严重缺失和滞后。我国《工会法》现有的制度设置并没有为农民工提供组织化的空间，没有从制度上将农民工纳入到工会组织，影响了农民工在就业过程中保护自己权利的能力。许多法律法规对改革开放以来新出现的农民工群体缺乏明确的法律保护条款，甚至一些法规中存在的限制农民工的歧视性条款没有及时修正。

1. 选举法、工会法缺少对农民工政治权利保护的规定

政治权利是宪法、法律规定公民所享有的参与国家政治生活的各项权

---

① 蒋月.中国农民工劳动权利保护研究［M］.北京：法律出版社，2006：124—126.

利。主要有选举和被选举权；言论、出版、集会、结社、游行、示威等自由；担任国家机关职务的权利；担任企业、事业单位和人民团体领导职务的权利。选举法对农民工的政治权利鲜有保护。①

（1）选举权与被选举权的缺席

进城农民工的政治权利可以分为两方面来看。第一，农民作为公民的选举权问题。第二，农民作为一个劳动者或者已经居住到城镇中的居民，他在生产和生活过程中怎么行使自己的公民权利。农民工尽管在城镇居住与生活，他仍然被当做农民，而作为农民，法律规定的选举权和被选举权与城镇居民相比是不平等的②。我国1995年修正后的《中华人民共和国全国人民代表大会和地方各级人民代表大会选举法》第十六条规定："省、自治区、直辖市应选全国人民代表大会代表的名额，由全国人民代表大会常务委员会按照农村每一代表所代表的人口数四倍于城市每一代表所代表的人口数的原则分配。"据此相应规定了地方各级人民代表大会的农民代表所代表的人口数大于城市代表所代表的人口数，其比例依级别不同而略有差异。从选举权和被选举权看来，一个农民仅相当于四分之一个城市居民，这意味着农民的政治权利先天就低城镇居民一等。而对于农民工来说，就连这不平等的权利都未必能得到。

可喜的是，十一届全国人大三次会议于2010年3月14日上午高票通过了选举法修正案，明确取消城乡差别，一步到位实行城乡按相同人口比例选举人大代表。选举法修正案规定：全国人大代表名额，由全国人大常委会根据各省、自治区、直辖市的人口数，按照每一代表所代表的城乡人口数相同的原则，以及保证各地区、各民族、各方面都有适当数量代表的要求进行分配。选举法修正案的通过，被誉为开启了"同票同权"时代。

（2）农民工不能参与社会管理

农民工群体长期游离于政治生活之外，导致在社会政策制订中他们的

---

① 王立平.论我国城市化进程中农民工权利贫困的现状［J］.内蒙古民族大学学报（社会科学版），2007，（6）：93—97.

② 王雨林.对农民工权利贫困的研究［J］.青年研究，2004，（9）：1—7.

利益诉求得不到回应和保障。由于户籍制度，农民工被排斥在社区组织、社区活动、社区管理之外，难以融入社区生活，产生许多社会问题。进城农民工不能够参与社会管理，农民工的利益诉求难以在城市公共政策的制订中得到充分反映，此种情况下，城市社会的管理就很难得到农民工群众的支持。

（3）农民工维权组织的缺位

据调查，农民工只有11.9%的人加入城市的一些组织[①]。大多数农民工在城市没有自己的维权组织。农民工并非不想成立代表自己权利的组织，而是因为自发形成的组织难以得到相应的扶持。所以，无法维护自身权利。

（4）农民工话语权的缺失

长期以来，农民工是一个被社会忽视的、沉默的、一直处于失语者境地的群体。农民工没有表达呼声的直接渠道，其要求只能通过各级地方政府层层向上传达。由于地方政府的利益往往与农民工的利益不一致，他们更关心当地社会安全、市容整洁、财政收入，而农民工则更关心务工收入和减轻税务负担。结果，农民工的声音在政府决策层极为微弱，他们的政治、经济权利诉求很难得到重视[②]。农民工没有对他们自己所工作、生活的都市发表看法的"话语权"，没有对于自己利益相关的社会事务的间接表达权。这种失语的境地不仅使农民工对都市社会事务的参与处于"缺席"状态，而且使他们处于并一直处于都市利益表达权的最底层，进而无法对自己的利益进行维护[③]。

2. 劳动法、就业促进法等法律法规存在对农民工经济权利保护不力问题

农民工的经济权利包括就业权利和劳动保护权利等。农民工在城市里获取经济利益的正当权利受到限制和歧视。

---

① 王春光. 新生代农村流动人口的社会认同与城乡融合［J］. 社会学研究，2001，（3）：63—76.

② 刘翠霞. 进城务工人员的社会保障问题［J］. 法学研究，2005，（2）：109—125.

③ 王立平. 论我国城市化进程中农民工权利贫困的现状［J］. 内蒙古民族大学学报，2007，（6）：93—97.

（1）就业权利不平等保护

农民工的工作获得权、自由择业权和平等就业权面临着市场尤其是地方政府的诸多歧视。有的地方政府使用行政手段，对农民工进城就业设置种种门槛，排斥农民工进城就业。即使就业，不得不从事劳动条件恶劣的工种，不得不屈从于工作的低报酬，不能平等地获得就业机会①。

（2）劳动权利保护不力

现行劳动保护立法规定不具体，可操作性差。劳动保护，是指对劳动者在劳动过程中的安全和健康的保护，又称劳动安全卫生或职业安全卫生。劳动是由用人单位组织实施的，劳动者在劳动关系中处于弱者地位。为防止和减少劳动者受到来自工作场所危险的伤害，各国均通过法律强制用人单位承担劳动保护责任。我国的劳动法、安全生产法等相关法律明确规定，用人单位应当采取适当的组织措施，准备必要的劳动工具和辅助用品等，为劳动者提供安全、卫生的劳动环境。

调查结果显示，60.2%的农民工从未接受过劳动安全卫生教育，只有49.4%的农民工表示所在单位提供了必要的劳动保护用品，仅有34.9%的农民工反映所在单位能够定期进行健康检查，53.7%的被调查对象反映所在单位女性农民工在孕期不能得到法律规定的特殊保护。其中，东莞市被调查对象反映所在单位女性农民工在孕期能得到法律规定的特殊保护占了较高的比例（74.5%）。

①企业定期进行安全检查的比率偏低

安全检查制度是指通过对企业遵守有关安全生产的法律、法规和国家标准或行业标准的情况进行监督检查，总结安全生产经验，揭露和消除事故隐患；并用正反两方面的事例推动劳动保护工作的制度。安全检查必须贯彻领导、专门机构和群众相结合，自查和互查相结合，检查和整改相结合。在回答"是否定期进行安全检查"问题的3364名农民工中，选择"是"的占34.9%，而选择"否"的却高达65.1%。

---

① 李北平.农民工的权利现状与救济［J］.山东理工大学学报，2005，（2）：46—50.

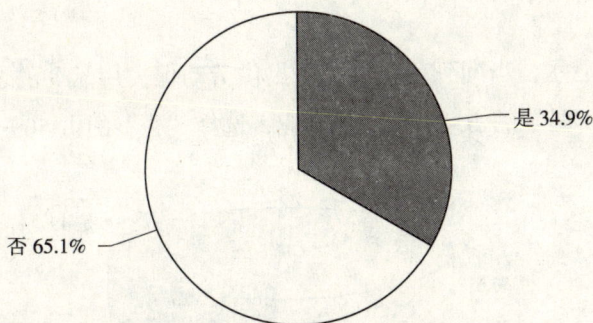

图43 是否定期进行安全检查

②欠缺必要的劳动安全卫生条件和劳动防护用品

我国《劳动法》第54条规定："用人单位必须为劳动者提供符合国家规定的劳动安全卫生条件和必要的劳动防护用品";第92条规定:"用人单位的劳动安全设施和劳动卫生条件不符合国家规定的,由劳动行政部门或有关部门责令改正,可以处以罚款。"另外《矿山安全法》《职业病防治法》《安全生产法》都规定,要建立、健全安全生产责任制度,完善安全生产和卫生条件,确保安全生产。

我国农民工大多分布在外资企业、乡镇企业及个体私营企业,用人单位为了降低生产成本,没有按照国家标准和行业要求,为农民工提供必要的安全生产设施、劳动保护条件及职业病防治设施,而且往往采用劣质或落后的设备。有的煤矿不安装风筒净化器;一些三资企业,特别是玩具、丝花、制鞋、制衣、电子等劳动密集型企业,常常是几十人、上百人一个工作间,十几人、几十人住一个房间,没有防火设施,通风条件很差,环境污染严重①。相当多的单位不按规定发放劳保用品,有的单位甚至以防尘用品代替防毒用品或者干脆不发劳保用品。而工作环境、工作条件的恶劣和劳保用品的欠缺正是导致农民工劳动事故频发和职业病增多的最重要

① 莫洪宪,孙晋.外来劳工(农民工)权利救济理论与实务[M].武汉:武汉大学出版社,2005:187.

117

原因。

调查显示，当问到"单位是否提供劳动保护用品"的 3352 名农民工中，选择"是"的占 49.4%，相对应，选择"否"的占 50.6%。

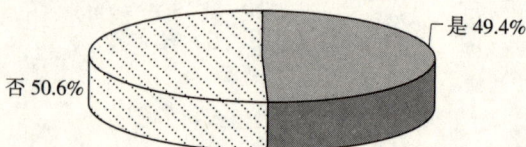

图 44　否提供劳保用品

据劳动和社会保障部调研组调查，在建筑行业，用人单位提供劳动保护用品的只占 39%，时而发一些劳动保护用品的占 28%，从未发过劳动保护用品的只占 24%①。另一项调查显示，在发生职业病的企业中，28.91% 的作业场所没有卫生防护措施，47.69% 的企业工人没有个人防护用品，80.43% 的工人没有接受过职业卫生培训②。

不少企业不按国家标准提供劳动安全卫生条件，很多农民工工作环境非常恶劣，缺乏必要的劳动保护设施，致使农民工成为我国工伤和职业病的高发人群，尤其是在农民工相对集中的建筑、采矿、制造等行业中。媒体经常报道农民工矽肺病、尘肺病、碳肺病等群体性暴发，而建筑施工安全事故中受伤害的 90% 是农民工。

③六成的农民工未受到劳动安全卫生教育

《安全生产法》《职业病防治法》等法律规定，劳动者有权了解其作业场所和工作岗位存在的危险因素、防范措施及事故应急措施，有权了解工作场所产生或者可能产生的职业病危害因素，危害后果和应该采取的职业病防护措施。而用人单位对于工作场所存在的危险因素及后果有告知和提

---

① 劳动和社会保障部调研组 . 中国农民工研究报告［M］. 北京：中国言实出版社，2006：205.
② 李真 . 发展的权利与代价——外来女工职业健康问题浅析［C］. 李真 . 工殇者 . 北京：社会科学文献出版社，2005：58.

示注意的义务。《劳动法》第3条规定，劳动者享有"接受职业技能培训的权利"，与之相对应的是用人单位有义务对劳动者进行职业安全卫生方面的培训，在劳动者中普及职业安全和卫生知识。①《劳动法》还规定了用人单位的责任，即用人单位应当建立职业培训制度，按照国家规定提取和使用职业培训经费，根据本单位的实际，有计划地对劳动者进行职业培训，从事技术工种的劳动者，上岗前必须经过培训。

作为企业，追求经济利益是主要目的，对于职工的生命健康和安全，企业往往未给予充分重视。在企业看来，职业培训和安全教育并不能直接创造利润，是一笔只出不进的花销。虽然有国家强制性规定，但比较而言，侥幸、冒险的成本低于守法的成本，因而很多企业选择了冒险，让未经过岗位培训且不了解安全卫生知识和岗位技能的农民工直接进入劳动过程，为农民工人身合法权利被严重侵害埋下了祸根。

在回答"是否接受过劳动安全卫生教育"问题的3366名农民工中，选择"是"的占39.8%，与之相对应，选择"否"的占60.2%。

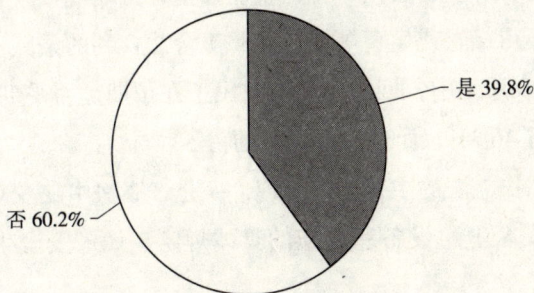

是 39.8%

否 60.2%

图 45　是否接受过劳动安全卫生教育

④五成的女性农民工在孕期未受到保护

女性农民工的生理特征区别于男性，并承担着生育和哺育婴儿的责任。过重、过于紧张或者有害的工作环境都可能影响她们的身体健康，甚

---

① 聂丽．论农民工劳动安全卫生权的法律保护［D］．重庆：西南政法大学，2007.

至影响下一代的健康成长。2007年颁布的《就业促进法》规定："国家保障妇女享有与男子平等的劳动权利。用人单位招用人员，除国家规定的不适合妇女的工种或者岗位外，不得以性别为由拒绝录用妇女或者提高对妇女的录用标准。用人单位录用女职工，不得在劳动合同中规定限制女职工结婚、生育的内容。"国家维护妇女合法权利的措施充分，而众多企事业单位生育保险制度滞后，带来的后果是用人单位在招聘和使用女性劳动者的过程中，将妇女的劳动就业权与生育权对立起来，致使与生育相关的就业歧视、损害女性劳动者就业权和生育权的现象时有发生。

劳动立法对女职工给了了特殊保护，如男女同工同酬、女职工禁忌从事的劳动、"四期"保护及女职工特殊保护措施和保健措施。然而，不少用人单位不愿投资劳动保护设施建设，缺乏必要的劳动保护设施，女职工特殊劳动保护在实际生产中难以落实；许多用人单位明知故犯，使女职工"四期"保护流于形式。有的企业不落实女职工产假待遇，在女职工经期、孕期、哺乳期内违法延长劳动时间，女职工受到歧视，因结婚、怀孕而被解除劳动合同的事件屡有发生，有的企业甚至在劳动规章或合同中规定女职工在职期间不得结婚或生育等损害女职工合法权利的条款①。

在2868名农民工中，回答"女性农民工在孕期是否受到保护"问题，选择"是"的占46.3%，而选择"否"的占53.7%。

现行劳动保护立法的主要缺陷表现，一是，立法中缺少对用人单位必须具备的劳动安全卫生设备和设施的具体规定。如《安全生产法》中要

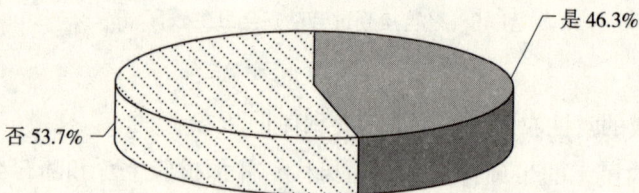

是 46.3%

否 53.7%

图46　孕期能否受到保护

---

① 蒋月.中国农民工劳动权利保护研究［M］.北京:法律出版社,2006:111.

求 300 人以下企业配备专职或兼职的安全生产管理人员，或者委托具有国家规定的相应专业技术资格的工程技术人员提供安全生产管理服务，而对安全生产管理人员的资质要求，权利义务以及最低安全设备标准等具体的操作性要求全无涉及。① 二是，立法中缺少对农民工进行职业培训的具体操作性规定。如《劳动法》规定："发展培训事业，开发劳动者的职业技能，提高劳动者素质，增强劳动者的就业能力和工作能力"，各级政府应当"鼓励和支持有条件的企业、事业组织、社会团体和个人进行各种形式的职业培训"。但对于如何落实培训，政府、企业应该相应的担负哪些责任，农民工输出地政府与输入地政府如何具体分配培训责任及双方责任如何衔接，则没有具体规定，也没有配套法规，致使农民工的职业培训往往无法得到保证和落实②。

3. 农民工社会保险立法的缺失

我国农民工社会保险立法不完善致使农民工在城市的社会权利得不到有效保护。

综观我国《宪法》条文，公民基本权利的社会保障方面却仅有关于"退休制度"和"公民物质帮助权"的规定，且关于"退休制度"的规定竟明确地将农民（包括长期在城市工作但户籍仍在农村的农民工）排除在社会保险的范围之外。《劳动法》是将农民工作为一般劳动者加以规范的，但《劳动法》对相关问题规定得过宽过泛，难以有较强的可操作性，而绝大多数农民工基本享受不到《劳动法》规定应当由全部劳动者享有的社会保险制度则是不争的事实。在现行行政法规和劳动保障的规章中，只有《工伤保险条例》和《国务院关于建立城镇职工医疗保险若干问题的规定》对劳动者的工伤、医疗保险进行了一般性的规定。有关行政法规中根本没有对农民工养老保险、失业保险的规定，而劳动和社会保障部的部门规章也只对各地农民工社会保险立法工作提出了若干指导意见。其中较早的一

---

① 聂丽.论农民工劳动安全卫生权的法律保护［D］.重庆：西南政法大学，2007.
② 聂丽.论农民工劳动安全卫生权的法律保护［D］.重庆：西南政法大学，2007.

般倾向于认定农民工无权享受社会保险，较新的倾向于以"劳动者"的称谓在立法上给农民工与城镇企业职工同等待遇。在城镇企业职工的社会保险体系基本建立后，全国许多省份开始试行用地方性法规或地方政府规章来规范农民工社会保险问题，但总的说来，实施的效果不尽如人意①。

《劳动法》规定，用人单位和劳动者必须依法参加社会保险，缴纳社会保险费。劳动者在退休、患病、负伤、因工伤残或者患职业病、失业、生育时，依法享受社会保险待遇。《工伤保险条例》对农民工参加工伤保险做出了明确规定，要求各类企业、有雇工的个体工商户应当参加工伤保险，为本单位全部职工或者雇工缴纳工伤保险费。未参保期间用人单位职工发生工伤的，用人单位要按照《条例》规定的工伤保险待遇项目和标准支付费用。《条例》特别强调：与用人单位存在劳动关系（包括事实劳动关系）的各种用工形式、各种用工期限的劳动者都在参保范围。

《中国农民工权利保护的法律考察》编者组在调研中发现，农民工普遍存在着养老、工伤、医疗等社会保险方面的后顾之忧。在回答"参加的社会保险"问题中，参加工伤保险的占 16.0%，参加医疗保险的占 24.1%，参加养老保险的占 11.0%，参加生育保险的占 4.3%，参加失业保险的占 3.1%，参加商业保险的占 1.1%，没有参加任何保险的占的比例高达 40.5%。可见，农民工已参加的社会保险较高的险种是医疗保险、工伤保险和养老保险。有超过 1/4 的农民工从未参加过社保，没参加社保的原因主要是单位不给买和因为经济原因没有能力参加；有 3.5 成农民工仅在农村参加过社保；有近 3 成农民工仅在务工城镇参加过社保；有近 1 成农民工既在农村也在务工城镇参加过社保。在农村参加社保的农民工中，参加农村社会养老保险的比例不到两成；而在城镇参加社保的农民工中，参加养老保险的比例近 8 成。参加过社保的农民工过去发生过退保的近一成，退保主要是因为要离开务工的城市，社保不能异地转移接续。如果可

---

① 李长健，王瑕.我国农民工社会保险立法比较研究［J］.成都行政学院学报，2006，
（2）：30—33.

以选择，农民工更青睐城镇"五险"中的养老保险和医疗保险①。农民工对社保工作改进主要建议：社保真正实现异地转移接续、个人缴费额度可降低或更灵活。

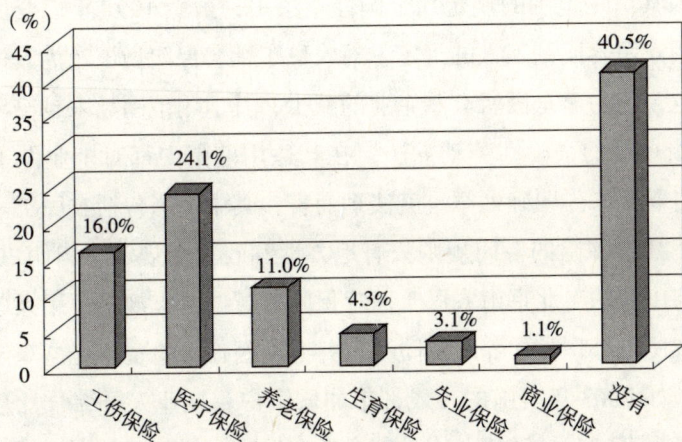

图 47　参加的社会保险

我国还没有建立起统一覆盖的农民工社会保障体系，加上农民工的参保率普遍不高，只有很少的人享有一至两项水平较低的，而且是不完全意义上的社会保障。由于各地积极做好农民工就业创业服务，努力推进农民工参加社保工作，农民工参保人数明显增加。数据显示，截至 2009 年 9 月底，全国农民工参加基本养老、基本医疗、工伤、失业保险人数分别为 2464 万人、4292 万人、5281 万人、1563 万人，分别比 2008 年年底增加 48 万人、26 万人、339 万人、14 万人②。

目前从全国范围来看，一些地方政府根据各自的情况建立了地方性农民工社会保险模式，可集中概括为两种模式：一是以广东、北京为代表的直接扩面型社会保险模式，将农民工作为扩大城镇社会保险覆盖面的对象，纳入城镇职工社会保险体系，享受养老、工伤、医疗保险；二是以上

---

①　西陆中国农民工就业市场调查报告 2009 年第 5 期〔EB/OL〕.http：//www.xilu.cn/2009/0515/article_23181.html，2009—07—20.

②　郑勇.农民工参加社保人数明显增加〔N〕，工人日报，2009—10—23（4）.

海、成都为代表的针对外来农民工独立设计的"综合保险"模式，实行"一种保险三项待遇"（工伤、住院医疗、老年补贴）。

农民工社会保险立法缺失主要表现，一是全国性立法只有笼统地将农民工纳入其适用范围的规定在全国性立法中，虽然1991年《全民所有制企业招用农民合同制工人的规定》对农民工社会保险做了较为具体却不完整的规定，但由于全民所有制企业的减少，其适用范围越来越窄。而《劳动法》颁布后的全国性劳动立法，在其适用范围中都对企业做了列举规定，而对职工未作明确列举。就法理而言，其中应当包括农民工。二是关于农民工社会保险的专门规则只有地方性和政策性规定。例如2003年北京市政府出台的《北京市农民工医疗保险暂行办法》规定，用人单位应当依法为农民工办理参加养老保险手续并缴纳医疗保险费。三是规定的险种不完整。如2003年实施的《成都市非城镇户籍从业人员综合社会保险暂行办法》规定的非城镇从业人员综合社会保险，仅包括工伤补偿或意外伤害补偿、住院医疗费报销和老年补贴三项待遇。北京市政府规章中仅有养老、失业保险的规定①。四是与城镇职工社会保险的规定有差别。例如，《失业保险条例》规定，城镇失业人员可以领取12—24个月的失业保险金，而对失业的农民工只支付一次性生活补助②。五是工伤保险法律强制力不足。如《工伤保险条例》第58条规定，用人单位瞒报工资总额或者职工人数的，由劳动保障行政部门责令改正，并处瞒报工资数额1倍以上3倍以下的罚款。这说明，企业不参加工伤保险的违法成本非常低，当雇员发生工伤事故，即使没有参加工伤保险，企业也不会受到额外的惩罚或者受到的惩罚远远小于它为职工参保要缴纳的工伤保险费。这使得企业主宁愿接受数额不高的处罚或为工伤职工支付工伤待遇，也不会花较多的钱为工人投保。可喜的是，国务院关于修改《工伤保险条例》的决定（征求意见稿）拟将该条修改为："用人单位依照本条例规定应当参加工伤保险

---

① 王全兴.劳动法（第二版）[M].北京：法律出版社，2007：348—349.
② 王全兴.劳动法（第二版）[M].北京：法律出版社，2007：348—349.

而未参加的，由人力资源和社会保障行政部门责令限期参加，补缴欠缴的工伤保险费，并自欠缴之日起，按日加收欠缴工伤保险费的万分之五的滞纳金；逾期仍不缴纳欠缴的工伤保险费和滞纳金的，处上年度应当缴纳工伤保险费数额的两倍以上 5 倍以下的罚款。拒不补缴欠缴的工伤保险费、滞纳金和罚款的，由人力资源和社会保障行政部门申请人民法院强制执行。"六是农民工难以享受社会福利与社会救助。在立法层面上除劳动法在第 76 条做了宣言性规定外，尚无法律法规对农民工的社会福利予以规定或者将农民工劳动福利纳入调整城镇原有职工福利之体系。七是农民工社会救助状况更令人堪忧，已基本实现的城镇"低保"并没有向农民工张开双臂。

4. 农民工文化教育立法的缺失

（1）农民工自身培训权得不到保证。政府机构针对农民工教育培训的机构难以覆盖到农民工整个群体，农民工培训权缺乏制度和经费保证。农民工培训的基本问题是：有的地方未将培训作为农民工提升综合素质、改善生活的主要渠道，而是狭隘地视其为促进就业的工具。在具体的培训工作中，很多农民工被拒之门外。其实，农民工培训存在的问题根本在于，机制需要转变，农民工主体地位需要尊重①。

国际金融危机以来，农民工大量失业或就业稳定性不足，一个重要原因也是大量农民工缺乏职业技能，造成有些就业岗位无工可用，有些农民工却无业可就。

（2）农民工子女的教育权得不到保证。许多农村孩子怀着对未来的憧憬，随着父母到城市谋生发展。但城市里的公办学校对农民工子女要么不接收，要么额外收费。农民工子女享受不到宪法赋予的接受义务教育的权利。据有关农民工文化生活的调查认为：愈八成农民工，主要靠睡觉、闲聊打发业余时光；近六成农民工对文化生活状况表示不满意或很不满意；超过四成的农民工没有一本书。虽然有的私营企业设立了文化活动室、图

---

① 赵树凯.农民工培训需要创新［J］.职业技术教育，2009，（18）：23.

书阅览室，但是往往成为一种摆设，活动室经常不开，阅览室没有图书的现象屡见不鲜。由于农民工与私营、个体老板简单的雇佣关系，使农民工大多处于散漫无组织的状态，他们的文化生活基本上处于单位、社区、家庭"三不管"的"孤岛化"状态。①

近年来，农民工的物质权利保障已引起政府和社会各界的高度重视，并正在采取有力措施逐步解决，但农民工的精神文化需求却很少有人关注。到目前为止，社会上还没有适应农民工需求的文化产品和精神产品推出，除少数企业和社区能够提供一些图书和报纸外，多数用工企业都没有提供任何文化设施。据国家统计局有关课题组 2007 年年初完成的《中国农民工生活质量研究》报告显示，目前我国农民工生活质量指数为 0.532，仅为城镇居民的一半。文化生活贫乏、文化消费不足、文化需求不能得到基本满足是影响农民工生活质量指数的重要因素之一。

---

① 杨建龙.改变农民工文化生活的"孤岛"状态［EB/OL］.http：//wmw.chinawuxi.gov.cn/rdgz/838405.shtml，2010—03—10.

第四章　国外劳工权利保护的启示

在一个国家工业化和现代化的过程当中，农民离开农村、农业走向工业，不断地被工人化、市民化，这应是社会发展的一般规律，各个发达国家都是这样走过来的。正如一些学者所言："农民市民化，农村劳动力向城镇流动是社会生产力发展的必然结果，是农业社会向工业社会转变时，因国民经济结构变化而引起劳动力配置改变造成的人口大变迁。农民向市民的转化是社会现代化进程中值得肯定的进步潮流：农村人口的转移适应了第二、第三产业发展对劳动力的需求，因此有利于生产力的发展；农民市民化推动了教育、科学文化和医疗卫生事业的全面发展，促进了人们生活方式和思维方式的改变，加快了政治民主化的进程。"[1]

我国现在正处于向工业化和现代化国家迈进的高速发展时期，出现了大量的"农民工"现象，应是符合世界发展的一般规律的，只不过我们对这一突出的、突来的社会问题缺乏相关的解决经验。因此，借鉴世界发达国家在其发达初期乃至现在在这方面的法制经验，保护好农民工的各项权利，更好地促进我国向发达国家迈进，应是摆在我们面前的一项刻不容缓的任务。

---

[1] 王章辉，黄柯可.欧美农村劳动力的转移与城市化［M］.北京：社会科学文献出版社，1999：300.

一、国外劳工权利保护的做法

在由传统农业向近现代工商业迈进的过程中，对由农民转化而来的劳工的权利保障做得较好的国家主要有美、英、法等国，现重点介绍这些国家的相关法律保护。当然，各国对一般人权比如平等权、劳动权、政治权利的保障至为周全，自不必多说，这里主要就劳工的特殊情况而做的特殊保护加以介绍。

（一）制定完备的劳工权利保护法规

世界各发达国家为保护在劳资关系中始终处于弱势地位的劳工的权利，促进社会的平衡、稳步、和谐发展，都制定了众多的劳工权利保护法规，至为周全地维护劳工的权利。尤以 20 世纪以来为甚。

美国从 20 世纪 30 年代以来，制定并颁布了一大批有利于劳工的法律。1932 年，国会通过了《诺里斯—拉瓜迪亚法》。1935 年，在罗斯福总统极力推动下，美国又通过了《国家劳资关系法》。这两部法律是美国著名的工会法，它们赋予了劳工结社自由的权利、集体谈判的权利以及罢工示威的权利。1938 年通过的《公平劳工标准法》规定了全国最低工资和最高工作时数，同时在这部法律中还有关于防止虐待童工的各种标准以及加班费的规定。1963 年，这部法律进一步修订，增加了禁止在工资上歧视妇女的规定。1947 年，国会冲破了哈里·杜鲁门总统的压力，通过了《国家劳资关系法》。这部法律对美国国家劳资关系法做了一些修正，进一步规范了雇主和工会的行为准则。1964 年通过的《民权法》明确规定了雇主不得因性别、种族、宗教以及原属国籍而在雇用或者使用的过程中歧视雇员，同时它也严厉禁止在选举以及住房等问题上对这些人员的歧视。1967 年美国通过了《反对就业年龄歧视法》，保护老年员工在就业上不受歧视。1971 年的《职业健康与安全法》要求雇主必须提供安全的卫生的劳动条件，等等。

法国在制定众多的劳工权利保护法的基础上，制定并颁布了成文的《劳动法典》，促使劳资关系协调发展。这部法典共有三编组成，即《法律编》《条例编》和《规定编》。在每一编的内部，又依次按照《劳动合同和集体合同》《关于劳动的规范》《就业与安置》《工会与参与》《劳动冲突》《劳动监督与检查》《对特殊行业的规定》《适用于海外领地的规定》《继续职业培训》这些分类分为九卷。法国的劳动立法在欧洲国家中是首屈一指的。每届政府执政伊始都要出台一些劳动立法，以推行本届政府在竞选中对劳资社会伙伴的承诺。不仅如此，法国的判例在法律实践活动中尤其是劳动法律实践中也占有极其重要的地位。《劳动法典》的条文下面就附有相关的判例，作为对该条文的理解和应用实例。①

英国除了颁布基本的维护劳工利益的法律如《教育法》《改善工作条件法》《自由迁移法》等之外，还把主要精力放在对劳工的社会保障上。此类重要的法律主要有《工人赔偿法》《老年养老金法》《国民保险法》《行业委员会法》《工人住宅法》《住房和城市规划法》等，形成了一个严密的法律保护体系。

世界发达国家制定如此周密的劳工保护法规来保护劳工的利益，不仅显示了它们对劳工问题的态度，更体现了它们解决此问题的努力。

（二）利用劳工组织保障权利实现

近现代社会的出发点就是相信自我，充分发挥自己的能力来解救自己、完善自己、追求自我利益的最大化、创造出最多的财富、最大限度地实现自我的人生价值。这就是近现代社会的伦理——人文主义与古代社会的伦理——神本主义最根本的分异点。过去我们依靠神，现在我们靠我们自己。靠别的我们终将受压抑，靠我们自己才会取得幸福。因此，德国著名的思想家、法学大师耶林提出了我们要"为权利而斗争"的伟大宣言，

---

① 严红艳.论我国农民工薪酬权利的法律保护［D］.湘潭：湘潭大学，2004.

此言一出，全世界响应，因为此言道出了我们现代社会的人生真谛。

美国在维护劳工权利上就深邃地洞察到这一切：放手让劳工们"为自己的权利而斗争"！这比任何的其他办法都灵验。而劳工们在为自己的权利斗争的过程中，组织起来集体斗争比单个斗争更为有效、有力，因此，美国法律就充分放手让劳工们组织起来"为自己的权利而斗争"。正如有些学者所言："美国法律在保护劳工权利方面的一个重要经验，就是支持劳工组织起来与雇主抗争。"劳工们组织起来最有效的形式就是组成工会，利用自己的这个组织来与雇主斗争。在美国的劳工运动史中，工会起着非常重要的作用，特别是在劳工工资、福利的提高等方面，工会功不可没。

为了让劳工们充分地利用自己的组织保护好自己的权利，最为关键的是，国家法律必须赋予劳工们充分的组织起来的结社自由和严厉惩处一切妨害劳工们组织起来的行为。美国支持劳工们组织起来与雇主斗争的重要法律文件——《国家劳资关系法》第 1 条就宣布："美国的政策，是鼓励集体谈判的做法和程序，保护工人自己组织起来的自由、充分的结社自由及指定他们自己选择的代表的自由，以便对他们就业的条件进行互助或互相保护，以便在发生对商业的自由流通造成某种重大阻挠时，消除或减轻这种阻挠现象。"该法第 7 条进一步规定"职工有权自己组织起来，参加、扶助或建立劳工组织，可以通过自己之代表进行集体谈判，并且可以进行以集体谈判或互助和保护为目的的其他共同活动。"为了使劳工们能有效行使这些权利，第 8 条将雇主以及劳工组织可能的种种侵犯该权利的行为按类详尽列出，以便严厉禁止。比如雇主的非法行为有：在职工们行使自己组织起来与资方集体谈判的权利时，进行干涉、加以限制或施加压力；干涉或控制任何一个劳工组织的成立或活动，或者给它以财政或其他方式的支持；以雇用期限或任何其他就业条件上的歧视，来阻碍或鼓励职工参加劳工组织；拒绝同职工代表进行集体谈判，等等。① 工会或其代理人的不公平劳动行为，包括限制雇员的集体谈判权或限制雇主挑选自己谈判代

---

① 严红艳. 论我国农民工薪酬权利的法律保护［D］. 湘潭：湘潭大学，2004.

表的权利；促使雇主歧视某些雇员；作为雇员代表拒绝与雇主谈判等七种行为。

除了美国在利用工会保障劳工们的权利方面作得较为突出外，还有德国、日本等国在这方面的做法也是比较成功的。德国保障劳工们组织起来组成工会争得自己的权利的法律文件主要是基本法（即宪法）和集体协议法。依据联邦立法确定的结社自由原则，工人成立工会。1949 年德国基本法对劳动者的结社权规定，所有德国人有结社的权利。并且随后又对工会的罢工权正式在法律上予以许可 [①]。日本关于劳工结社权的确认和其他一系列权利的获得的法律主要是宪法和劳动组合法（即工会法）。日本宪法规定：保障劳动者的团结权、集体谈判权和其他的集体行动权。日本于战后的当年制定了工会法，工会获得了组织权、罢工权和谈判权 [②]。也就是说，集体谈判权等工会代表权自工会成立起自动获得，无须经过内部竞争和专门程序认可。

（三）充分保护劳工的实体权利

除了以上提到的结社自由权、集体谈判权、罢工权等外，各个国家都从各个领域规定了劳工们的各方面的实体权利，实行对劳工们的全方位保护。这一点从以上第一部分可能略见其端倪，下边对其进一步详细介绍。

1. 大力发展教育尤其是职业教育，保护劳工的受教育权

各国在保护一般劳工受教育权的基础上，特别注重对城市化过程中由农民转化来的劳工的受教育权的保护，因为他们（包括他们的子弟）的文化水平较低，对他们自身以后的发展和社会的发展都非常不利。

英国在这方面的做法最具代表性。在英国工业化和城市化过程中，资产阶级和工人阶级对教育的看法都发生了变化。18 世纪中期，资产阶级对劳动群众学文化常常是持怀疑和厌恶态度，认为穷人读书会造成社会危

---

① 黄越钦 . 劳动法新论［M］. 北京：中国政法大学出版社，2003：46.
② 常凯，张德荣 . 工会法通论［M］. 北京：中共中央党校出版社，1993：49.

害，因而反对他们学习文化。到了19世纪，随着社会的进步，并且总结经验，资产阶级逐渐改变了以往的看法，认为劳动者不学习容易染上酗酒、寻衅滋事等恶习，愚昧无知才是对社会的最大威胁。于是就兴办了许多技工学校、工人夜校和职工子弟学校，工人只要缴很少的费用就可以上夜校学文化和技术，在图书馆和阅览室读书报和期刊。在此后一个世纪里，英国的成人教育有较大的发展，工人们把学习掌握文化知识作为争取自身解放的重要途径。1870年，英国颁布《教育法》，责成地方当局建立学校委员会，后者有权征收地方教育税，为需要学校的地方建立学校，以便为5—10岁的儿童提供基础教育。1876年和1880年的法令规定适龄儿童必须上学，最初学生只交少量学费，从1891年起实行免费教育。1944年通过的《巴特勒教育法》开始实行免费中等教育。12—14岁的儿童上学的比例从1901年的42.5%提高到1930年的75.5%，15—18岁的青少年上学率从0.3%上升到6.6%。由于迁入城市的人口接受了较高的文化教育，因此对城市文化氛围比较适应。他们逐渐适应了城市的生活，也促进了社会发展。

美国为了提高由农村来的劳工的文化水平，实行在农村大力办学和在城市发展职工教育双管齐下的办法。最为著名的教育法令首推1862年颁布的《莫里尔高等院校土地赠予法》。它以拨发土地的办法先后建立了69所农业和技术学院。这项措施"对于美国农业技术进步，提高农民文化水平起到了很大的积极作用。而且，在相当的程度上，促使农业生产出更多的剩余劳动力，不断地向城市转移。"①

同样，日本也将普及教育作为立国之本，强制推行"学制令"，重点普及广阔的农村教育，为日本保持较低的人口增长率、较高的人口素质和农村劳动力的城市适应打下了良好的基础；在农民市民化的过程在各地建立许多职业训练机构，对希望外出劳动的农民进行职业培训。日本的这些

---

① 王章辉，黄柯可.欧美农村劳动力的转移与城市化［M］.北京：社会科学文献出版社，1999：279.

大力发展农村教育、农民教育的法令措施取得了明显的成效：日本农民对非农部门就业适应性很强，其工作能力并不逊色于城市劳动力。所以，日本农民市民化的过程较短。①

2. 实行积极的人口迁移政策，保护劳工的迁徙自由

现代市场经济发展的前提条件就是保障劳动力的充分、自由流动，以使生产资料和劳动力的配置达到最优化的程度，创造出巨大的社会财富。如果劳动力流动不畅，就会造成生产资料和劳动力的一定程度上的双重浪费，极不利于国家、民族的繁荣富强。西方发达国家在发展的过程当中，敏锐地注意到了这个问题，所以，都逐步实行积极的人口迁移政策。

最先进入近现代世界的英国为了满足工业对劳动力的需求，制定并颁行了一系列法令，逐步放松了对居民迁移的限制，特别是 1795 年和 1846 年的两个《贫民迁移法》以及 1865 年《联盟负担法》的相继颁布，最终使阻碍农民进城定居的政策名存实亡。

美国本来就是一个主张迁徙自由的国家，因为美国就是由于世界各地的人们自由迁徙到那里才形成的，可以说美国就是生于自由迁徙。所以迁徙自由就形成了美国社会的伦理。在这样的伦理之下，法律自然就充分保护人们的自由迁徙之权。以至于美利坚民族成了世界上有名的迁徙民族。19 世纪后期至 20 世纪初期，美国政府颁布法令，提高工资，缩短工时，提高产业工人其他待遇，客观上刺激了人口向城市的流动。而且，美国还一直实行一些人为的主动的人口迁徙政策和法令。比如，1785 年美国国会颁布法令，政府出售土地以"一段"为最低标准，即六百四十英亩，代价仅为一美元；此后一段时间，美国政府不断地修订土地出售方案，主要是缩小地块面积，延长付款期限；林肯政府期间，颁布了著名的《宅地法》，规定农民只要付出较少的费用，就可以得到 160 英亩土地，耕种 5 年之后，就可以获得土地的所有权。美国就这样通过政府出售土地或者赠送土地的方式，在土地使用以及转手的过程中，地价大幅上扬，无数无力

---

① 颜明权.农民工市民化过程实证研究［D］.长春:吉林大学，2007.

购买土地的农民被迫流向城市，变为城市产业工人的后备军。这一切都促进了美国经济的飞速发展。

明治维新初期，日本是一个农业劳动力占绝对数量的典型农业国。其后新政仿效欧美先进的政治经济制度，确立了"殖产兴业"的现代化大政方针。为了实现这一宏大目标，它首先废除了限制职业选择、居住以及流动等自由的各项封建制度，废除了"士农工商"的封建身份的等级制度，使农村劳动力流动特别是流入城市变为可能，保障了劳工的迁徙自由权。而且它也仿效美国实行主动的人口迁徙政策和法令。1961 年，政府制定了《农业基本法》和《农业现代化资金筹措法》，部署了在 10 年内将农村中农户总数的 60% 转移到非农领域去的远大目标。为此，日本政府在《国民收入倍增计划》中专门制订了农村劳动力动员计划。其主要措施是：第一，通过公共机构的介入，促进农地的流转，利用规模经营，促使下层农户放弃土地所有和土地经营，离开农村，进城定居。第二，推动农业机械化，利用国家投资建设大面积的农田平整、基础供排水设施、饲料基地的完善。第三，推行振兴区域经济政策，促进农民离农。第四，政府还在各地建立许多职业培训机构，对希望外出劳动的农民进行职业培训。另外，还制定有利于农民转让土地、处理财产的法律法规，从硬件和软件方面为农民离开土地走向城市创造条件。

农业社会化服务体系的完善，也使农户获得了充足的兼业时间。战后日本的农业社会化体系主要是由"农协"（农业协同组合）完成的，农业生产资料、化肥等的购买、田间管理服务、农业技术指导，农机具的维修、农产品的销售、农产品的储藏、农用资金的融资、各种保险等均可由"农协"提供服务，为更多的农业劳动力转移到非农部门创造了前提条件[①]。

日本的积极的人口迁移政策与美国相比可谓是青出于蓝而胜于蓝，所以它促进的日本市场经济的发展一点也不逊于美国。

---

① 颜明权.农民工市民化过程实证研究［D］.长春:吉林大学,2007.

3.全面建立社会保障制度，保护劳工的生存权

英国工业革命改变了社会的阶级构架，劳工阶级和资产阶级不仅在财富方面非常悬殊，就连他们的居住区域也彼此隔离。而且，在劳动的过程中，劳工工作条件差，劳动时间长，劳动强度还大。这一系列情况造成了劳工和业主的利益严重对立，劳工们组成工会与资方斗争，工会组织的罢工和暴动在18世纪下半叶和19世纪初期经常发生。为了减缓劳资双方的尖锐对立，资产阶级政府沿用伊丽莎白一世颁布的济贫法，对在饥饿线上挣扎、有可能冒险对资产阶级统治秩序进行冲击的贫民实施救济。接着，英国议会又通过一系列的保障劳工利益的法律，其中有涉及劳资关系仲裁、禁止实物工资、改善工厂条件、限制童工工时、禁止纺织厂雇用未满9岁的童工和限制16岁以下的少年工工时、解决住房的社会立法①。

19世纪中叶以后，一些学者认为贫穷不是个人因素造成的，而是社会制度的产物，因此呼吁对资本主义社会制度进行矫正，并且提出最低工资标准、最高工作时数、改善工作环境和条件等具体主张，积极推动社会保障制度的建立。19世纪、20世纪之交，随着美国和德国等国的崛起，英国在世界市场的垄断地位的逐渐丧失，新自由主义兴起，他们主张通过税收的经济杠杆调节社会分配，援助病人、残疾人、老人、寡妇、失业者等社会弱者，消除人们的不满。20世纪初，英国政府通过了众多的社会立法，为现代社会保障制度奠定了基础。这些法律中最著名的有：《工人赔偿法》《老年养老金法》《国民保险法》等，特别是1909年，英国通过了《行业委员会法》，对实行"血汗制度"的行业的最高工时和最低工资进行监督和干预。第二次世界大战后，英国政府通过一系列社会立法，建立起了"从摇篮到坟墓"的社会保障制度。国民特别是劳工的基本生活有了保障，英国成了一个福利国家②。

19世纪后期至20世纪初期，美国政府的财经金融政策严重损害了农

---

① 阿·莱·莫尔顿.人民的英国史（下册）[M].北京：三联书店，1976：461.

② 颜明权.农民工市民化过程实证研究[D].长春：吉林大学，2007.

民利益，导致大批贫困破产的农民走投无路，只好流入城市谋生，加入了劳工的队伍，这促使本来已经陷入困境的工人阶级越发在生命线上挣扎。资产阶级与工人阶级（到城市来谋生的农民加入到工人的队伍）矛盾日益加深，工人罢工斗争高涨，已经危及了资产阶级的统治秩序。美国政府被迫颁布法令，缩短工时，提高工资，改善产业工人待遇，客观上刺激了人口向城市的流动①。到了二三十年代，世界经济危机爆发，美国受到了最为严重的冲击，工人阶级与资产阶级的矛盾和斗争越加尖锐、激烈。1933年后，罗斯福总统推行"新政"，缓和矛盾，其中一个重要的办法就是以工代赈，即政府出面组织穷困的劳工参加工程劳动，以换取食品及燃料等生活必需品。通过这样的保障措施，数以百万计的饥饿劳工生存了下来。第二次世界大战以后，美国政府推行全面的社会保障措施，劳工的生存环境大大改善，促进了美国的强盛发达。

法国、德国、日本等国对社会保障制度都很重视，也都制定了大量的对劳工的社会保障法律法规。

4. 对临时工（劳工）实行特别保护，保护他们的实质平等权

平等权包括形式平等和实质平等，形式平等指机会均等，实质平等指在实际享受的待遇上（结果上）也力求平等。实际上20世纪以来大量的社会立法的出现就是追求实质平等、社会均衡的一种表现②。临时工是劳工这个弱势阶层中更弱的部分，更应该对他们实行更特殊的保护。在这方面做得最为突出的是法国，因此这里仅就法国的做法作一介绍。

法国主要从使用临时工的条件、使用临时工必须通过中介组织和使用临时工的后果三个方面对临时工加以特殊保护。

使用临时工必须符合以下条件之一：正式雇员临时缺勤或劳动合同中止，且时间必须在6个月之内；雇员的不定期雇佣合同终止，而招聘的另一雇员还未实际上岗；必须马上完成的紧急工作，组织抢救工作；企业活

---

① 王章辉，黄柯可．欧美农村劳动力的转移与城市化［M］．北京：社会科学文献出版社，1999：65.

② 吴忠民．中国现阶段劳动政策的主要特征［J］．中国人民大学学报，2009，（4）：40—45.

动临时性增加。

临时工中介组织叫临时工介绍所，想使用临时工的单位和想被临时雇佣的个人都必须要到这个组织去。这样就形成了以临时工介绍所为中心的双重劳动关系；一是临时工与介绍所之间的个体劳动合同关系；二是用人单位与介绍所之间的服务合同关系。前者基本上都是固定期限合同，而后者则通常是不定期合同。临时工保护法案正是着重调整这两重合同关系①。

使用临时工的后果是，临时工与介绍所签订个体劳动合同，介绍所是真正的雇主。它不仅享有雇主的权利，要求临时工到需要的地方去工作，并且承担雇主的义务，最主要的就是保证支付工资和社会保险金。当然，用人单位也享有雇主的权利，它有权要求临时工按一定的规范为其工作，可是，它们却不承担雇主的义务，因其向介绍所支付使用临时工的费用，雇主义务都归于介绍所。当然说用人单位不承担雇主义务并不是绝对的，它也要对雇工承担义务，只不过这些义务不是直接的，而是间接性的、补充性的。当临时工介绍所未履行雇主义务而且有过错的情况下，用人单位必须代替介绍所充当雇主承担义务！具体来说就是，如果临时工介绍所在有过错的情况下没有支付临时工的工资以及社会保险金时，介绍所就得用它的法定强制担保存款来支付，如果介绍所的强制担保存款数量不足，用人单位就必须得替介绍所支付临时工的工资和保险金。虽然用人单位可因此取得向介绍所追偿的权利，但绝对不能因为已经支付给介绍所使用临时工的费用就不支付工资和社会保险金②。实际上临时工的工资、福利等权利受到了双重保障，即临时工介绍所和用人单位的相继保证。

（四）制定详细完备的程序法

虽然法律规定了劳工各项应有的权利，但没有程序法的保障、实施，实体法上的权利只能是符号意义上的虚权。看着好看，而实际上一点儿也

---

① 李凌云.法国劳动法关于使用临时工的规定［J］.上海劳动保障，2001，（5）：25.

② 李凌云.法国劳动法关于使用临时工的规定［J］.上海劳动保障，2001，（5）：28.

不管用。正所谓人们所说的"实体法为体，程序法为用""实体法为本，程序法为之助"。

世界各国充分认识到权利的落实、实现才是根本目的，因此都非常重视程序法的保障作用，制定了翔实的关于劳工权利保护的程序法。

美国设立了专门处理劳动争议的国家机构，即国家劳资关系委员会。国家劳资关系委员会被赋予很大的权力来维护劳工的权利，它可以阻止任何人的不公平劳动措施。委员会对于它认为曾经采取或者正在采取不公平劳工措施的被控诉人，可以直接向有关个人发出或促使当局对此人发出一项命令，命令此人停止并且保证以后不再采用此类不公平劳工措施，而且还要采取包括让有关职工复职和补发或不补发积欠工资的明确行动，以贯彻国家劳资关系法的政策。国家劳资关系委员会在命令给一名受不公正待遇的职工复职时，有权要求对此职工进行歧视的雇主或劳工组织补发给他的工资。并且，美国法律专门规定了处理劳动争议的一系列原则，其中最突出的一条就是明确规定了受控诉的人负有主要的作证义务，打破了一般民事纠纷中"谁主张谁举证"的常规，极为典型地体现了美国在劳工权利保护上的根据特殊情况作出特殊保护的相当程度上追求实质公平的做法[①]。

法国建立了一套具有历史传统的、独特的劳动争议司法处理机构。劳动争议的第一审司法机构是劳资争议委员会，它不处理集体争议，仅受理基于劳动合同所产生的所有个人性的劳资纠纷。每个劳动争议委员会分为五个审判庭，它们是：工业审判庭、商业审判庭、农业审判庭、其他审判庭和干部编制审判庭，每个审判庭至少有 8 名法官组成，劳资代表对等，在判定一个案件的过程中，如果持正反两种意见的票数相等，此时必须要由一名民事法庭的法官来作出最后的决断。法律要求该委员会审理劳资争议必须先进行调解程序，如果调解不成，再由法官进行判决。当事人对于该委员会判决不服的，如果诉讼标的超过了法定数目，有权在收到判决后

---

① 严红艳.论我国农民工薪酬权利的法律保护［D］.湘潭：湘潭大学，2004.

的一个月内向上诉法院上诉。若是诉讼标的没有达到法律规定的数目，劳资争议委员会的判决就是终审判决，当事人不能再上诉①。

法国特别重视对雇员参加诉讼的法律支持。这些支持主要包括三个方面：第一，在诉讼中，作为雇员一方的当事人可以不必请律师，而由一名在同一行业、单位工作的其他雇员或者工会干部，甚至其配偶来协助他出庭参加诉讼。第二，在劳资案件的诉讼程序中，法国实行劳资案件的特殊的举证责任规则。即不拘泥于民事的"谁主张谁举证"的原则，赋予法官在搜集证据方面有主要责任。而且，在《劳动法典》中明确规定，如果存在疑证，就从有利于雇工的角度认定事实。第三，《劳动法典》规定每个劳资争议委员会都要设立由两名法官组成的紧急审判庭以处理有重大损失或者违法行为造成严重混乱的劳资冲突案件②。

二、国外劳工权利保护立法对我国的启示

国外先进的劳工权利保护立法对我国保护农民工权利的立法有重大的借鉴、启示意义，主要体现在以下几个方面。

（一）落实与完善《工会法》的规定

1.深入贯彻工会法，把工会法的规定落实到实处

1992 年 4 月 3 日第七届全国人民代表大会第五次会议通过并根据 2001 年 10 月 27 日第九届全国人民代表大会常务委员会第二十四次会议修正的《工会法》第 2 条规定："工会是职工自愿结合的工人阶级的群众组织。中华全国总工会及其各工会组织代表职工的利益，依法维护职工的合法权利。"第 3 条规定："在中国境内的企业、事业单位、机关中以工资

---

① 郑爱青.略谈法国劳动法在法律体系中的地位［EB/OL］.http：//www.szlabour.org/search.asp，2002—08—03.

② 严红艳.论我国农民工薪酬权利的法律保护［D］.湘潭：湘潭大学，2004.

收入为主要生活来源的体力劳动者和脑力劳动者，不分民族、种族、性别、职业、宗教信仰、教育程度，都有依法参加和组织工会的权利。任何组织和个人不得阻挠和限制。"

从以上规定看，如果解决了"城市农民工是中国工人阶级的组成部分"这一重大的理论问题，农民工就可以直接加入工会组织，利用工会组织的维权功能，全面实现自己的各项应有权利。从现有的学术讨论来看，这个问题已基本解决。而且，全国总工会也发出通知，要求各地工会应组织农民工加入工会组织，充分发挥工会在维护农民工合法权利方面的作用①。在全国总工会的号召下，在城市农民工相对较为集中的东南沿海发达地区，一些企业、公司在地方政府和工会的引导与帮助下，已经积极组织起了农民工参加基层工会组织。如经济比较发达的浙江省温州、宁波等地，地方工会在组建和发展企业的工会组织时，就吸引了大量的农民工加入工会。有些还实施了基层工会主席的直接选举。大批农民工进入工会后，更加有利于在二元社会保障体系下，实现对农民工基本权利的保护。今后我们应该在这方面再接再厉，继续深入贯彻《工会法》，吸收更多的农民工进入工会，充分保护他们的权利。

2. 制定工会法的特别法，全面保护农民工各项权利

虽然从理论上来讲，农民工完全可以依据《工会法》，直接加入工会组织，通过工会的组织作用来达到维权的目的。但是我们应该清楚，《工会法》适用的对象较为广泛，即一切以工资收入为主要来源的脑力劳动者和体力劳动者，因此，它应该属于一般法、普通法。一般法在保护一些较为突出的对象或者规制一类较为具体的行为时，往往存在着保护不周和规制乏力的缺陷，因此，各个国家在制定较为抽象的、一般的、普遍的法律时，都纷纷制定相关的特别法、专门法，以增强对某个时期较为突出的具体对象和行为的保护和规制。

这种现象在我国的法制建设的过程中也频频出现，比如说，我国现行

---

① 陈剩勇，张明.中国地方工会改革与基层工会直选［J］.学术界，2004，（6）：37—47.

刑法专门规定了一节《金融诈骗罪》，实际上这一章就是较为一般的、普遍的一个罪名——诈骗罪的特别法，为什么要专门规定这个特殊的一类罪名？就是为了更有效地、更强有力地打击这类在现在这个时期较为突出、对我们社会主义的经济秩序危害较为严重的在金融领域的诈骗犯罪。光凭一个泛泛而谈的诈骗罪解决不了这个问题。正如张明楷教授所说："刑法除规定普通诈骗罪之外，还规定了其他一些特殊诈骗罪，后者主要是指刑法第 192 条—200 条规定的各种金融诈骗犯罪，……这些特殊诈骗罪主要在诈骗对象、手段上与普通诈骗罪存在区别，规定这些特殊诈骗罪的法条与刑法第 266 条是特别法条与普通法条的关系。根据特别法条优于普通法条的关系，对符合特殊诈骗罪构成要件的行为，应认定为特殊诈骗罪。"①再比如说在我国民事法律领域有一个较为普遍的《民法通则》，在后来为了更好地规制某类较为具体的民事行为，才相继出现了一系列较为特别的、专门的《担保法》《合同法》《物权法》，等等。实际上最为典型的是我国历史上的立法经验，在明朝、清朝的时候，都先制定了一个《大明律》《大清律》，但后来由于这些基本的律典太过泛泛、太过普遍了，在司法适用的时候太不方便，特别不利于公平正义的伸张，因此都纷纷制定较为特别、具体的条例，并且为了提高这些条例的效力，两朝都把这些条例附到律典之后，形成了《大明律集解附例》和《大清律例》。在适用的时候则是例优于律，实际上在明朝以前，这种立法现象一直持续着，只不过没有明清两朝如此明显而已。

借鉴古今中外的法制经验，我们以为，应该制定专门的关于农民工的工会立法，以更好地、有效地保护农民工在这个特殊的历史时期的特殊权利。

关于"城市农民工是中国工人阶级的组成部分"这一理论问题，在理论界解决得并非彻底，还有一些遗留问题，给大家造成了一定的疑问，比如说，农民工（包括其家庭）是否都以其打工的工资为主要生活来源，农

---

① 张明楷.刑法学［M］.北京：法律出版社，2003：779.

民工及其家庭还有相当的生产资料，等等。笔者就曾注意到，许多农民工并不以其在外打工的工资为主要的生活来源，其工资只是其农业和副业收入的补充而已。如果到了耕种或收获的关键时期，他们大多都是要放弃城里的临时工作回来抓他们的主业的。因此，更应该制定专门的农民工工会法以保护农民工的权利。

需要说明的是，这里说的制定工会法的特别法、专门法，并非只指在《工会法》之外另立一部特殊的、专门的法律，也可以像我国现行的刑法从原诈骗罪分离出来十种新型的诈骗犯罪那样，在《工会法》里边另辟一章或一节专门规定关于农民工工会的特殊情况。

3. 建立农民工专门工会，有效维护农民工权利

成立专门的农民工工会非常必要。农民工和工人在某些方面的利益毕竟不很相同，特别是在我国目前这个时期，农民工和城市工人有很多的冲突。最典型的就是在就业方面，"卖石灰的见不得卖面的"，他们现在是在争饭吃，他们怎么可能利益一致呢？如果农民工工会被组织起来，它保护农民工他们自己肯定会成效卓著。还得靠自己来解救自己。笔者一直认为，这些年来，农民工给人以"弱势群体"的印象，许多人出来为农民工说话，中央领导也高度关注农民工问题。这当然是好事。可是归根结底，别人为农民工说话，不如有个组织让农民工说出自己的话；别人维护农民工的权利，何胜有个机制让农民工可以维护自己的权利。如果农民工无法维护自己的权利，别人如何代替他们维护？如果农民工没有组织起来"维护自己权利"的权利，他们的其他权利又如何能够维护？农民工加入工会，那是加入别人的组织，是加入别人组织的权利，而非组织起来"维护自己权利"的权利。农民工缺乏组成自己的组织的权利，是很难维护好自己的权利的。就是有人好心想要帮助他们，也有可能难以成功，乃至好心做"好事"，却很难有好效果①。

---

① 秦晖. 农民的权利需要自己来维护［J］. 人民论坛，2009，（13）：6.

（二）享有迁徙自由是农民工权利得以实现的前提

世界各国在工业化初期，为保障从农村进城务工而来的"农民工"（劳工）的利益，都纷纷废除以前的身份壁垒制度，比如英国废止了限制农村劳动力进城定居的法令，日本废除了限制职业选择、限制人口流动和限制居住自由的各项封建制度，废除了"士农工商"的封建身份等级制度，让劳动力自由流动，既保护了这部分劳工的权利，又推动了工业化城市化的发展。与我们近邻的韩国也早已实行了自由迁徙的人口流动政策，致使韩国工业化和国民经济呈现了全面高速的发展。我国现也在工业化起步的当口，且农民工权利的缺损特别严重，国外的保护迁徙自由做法对我们有所启发。

长期以来，我国的城乡二元户籍制度对农民进城落户转为市民设置了种种限制，使得大量的农民工不可能顺利地转变为城镇居民。而我们在计划经济时代和计划经济向市场经济转变过程中所制定的大量政策和法规，特别是关于城市居民在经济、政治、教育、文化、就业等方面的权利保护制度，都是以户籍这一身份作为是否有权享有的前提。因此，这部分还没有转变为城镇居民的农民工，他们不可能享有现在城镇居民的权利。

人为地把公民分为城市居民和农村居民两种不同身份的户籍制度是我国城乡二元体制的核心。正是身份上的这种严厉禁锢以及基于身份的迁徙限制，造成了农民和市民两种身份之间的显著差别。户籍是农民和市民巨大差别的一道高墙，没有户籍上的区分便没有农民工这个概念，它是农民工受到一切不平等待遇的根源。所以，我们以为，为了贯彻依法治国、建设社会主义法治国家的基本方略，充分保障公民的各项权利，改革现行的二元户籍制度势在必行，这也是从根本上解决农民工权利保护问题的关键所在。我们应该尽快修订我国《户口登记条例》或制定新的《户籍管理法》，废除现行的二元户籍制度，在法律中明确规定公民的迁徙自由权，实行居住地户口登记制度，彻底打破城镇户口和农业户口的身份限制，取消对农民工的身份歧视。使农民工及早享受到正常的城镇居民待遇，实现农民工与城镇居民在国民待遇上的平等。

（三）加强农民工教育培训是保护农民工权利的有效措施

各国为了提高由农民转变而来的劳工的教育水平，主要从三个方面来做工作，即农村教育，城市的职业培训，农民工子弟教育。取得了提高劳工文化水平短期效果和长期效果的双丰收。我国目前也应从这几个方面着手来提高农民工的教育水平。

1. 发展农村职业教育

比较薄弱的农村教育造成的缺陷是城市农民工的培训所难以弥补的，要从根本上提高农民工的素质，就要眼光放得长远一些，就是要深入到乡村，大力发展农村基础教育。在此基础之上，还要大力发展成人继续教育和职业教育，适应社会市场的变化设置新课程和新专业，特别是农民可能要进入城市谋生的专业。20 世纪 90 年代以来，我国农民成人职业教育严重滑坡。目前，很多县已经成为农村职教盲区。农村成人教育机构的再造，最为关键的是要解决好办学导向的问题。一定要转变办学思想、办学模式和办学机制。农村职业教育的评价标准要以指导农民就业为标准，职业教育资源如资金、师资、办公设施等的配置要向坚持以就业为导向的优势学校倾斜。可实行订单培养的办学模式，找准就业市场，以就业需求配置教学资源，做好农民的就业服务。在办学机制上，应注意职教的开放性和多样化，比如采取灵活的学制和灵活的学习形式；坚持职业培训和学历教育并重；扩大优质职业教育资源，发挥规模优势；完善就业准入制，充分发挥农村职业院校在实施职业资格证书制度中的作用等。

2. 加强城市职业培训

农民工到城市工作，不仅是劳动者工作对象从传统农业向第二、第三产业的转变，而且非农产业工作给他们提出了全方位的更高的要求。所以，城市政府存在一个如何满足日益增长的农民工教育需求问题。主要的就是要转变思想观念和管理方式，把农民工纳入城市公共服务体系，为农民工提供良好的公共教育服务。城市政府应充分发挥各类教育、培训机构以及工青妇等组织的作用，多层次、多渠道、多形式地开展农民工职业培训。建立由政府、用人单位以及个人共同负担的农民工培训投入机制，中央和地方各级财政也应该加大资金支持力度。一定要注重培养一线工作的创新人才，促进农民工由普通民工向高级技工转化，造就出一批批适应现代化建设需要的、高技能的创新型农民工[①]。

3. 加强农民工子女教育

我国农民工子女在受教育上与城市子女有着严重的不平等，主要体现在入学机会上的不平等、受教育过程的不平等、受教育条件的不平等等方面上，这一系列不平等严重损害了农民工子女受教育的宪法权利和基本人权。农民工子女受教育权属于积极的社会权利，政府必须要有积极行动。国家积极行动的宪法表现就是需要立法机关制定相关的法律。为了充分保障农民工子女受教育平等权的实现，彻底消除教育歧视，我们必须制定一系列的法律法规。这些法律法规，可从以下方面加以保障。

首先，教育经费必须有所保障。教育经费保障是实现我国义务教育和受教育平等权的基础。虽然我国《义务教育法》明确规定："国家建立义务教育经费保障机制，保证义务教育制度实施。"但是实际的数据显示，近年来我国教育支出只占国家总支出的2%左右，远远低于欧美等发达国家，就连非洲发展中国家也不如。就在如此之低的国民教育支出中，义务教育经费又是其中的一小部分，大部分教育经费都流向非义务教育。真是低中之低，少中更少。为了保护农民工子女的平等的受教育权，从源头上制止借读费、赞助费等乱收费行为，一方面国家应加大对义务教育的经费支持力度，另一方面中央财政应加大义务教育专项转移支付力度，以补足落后地区的义务教育经费。

其次，教育资源要均衡。有限的教育资源均衡对于保障农民工子女的受教育平等权有着非常重要的意义。政府应对农民工子女提供同等的教育

---

① 邓秀华. 把农民工培养成一线技能型的创新人才 [J]. 企业家天地, 2008, (10)：15.

设施，配备同等的师资。这就需要对城市大量吸纳农民工子女就读的民办学校和农民工子弟学校加强师资、教育设施和经费等方面的配备，争取与城市公立学校达到同等的水平①。

最后，自由选择就学地点的原则。现在好多城市学校禁止农民工子女入学的一个重要原因就是这些学生不是本市的学生，不属于他们教育的范围，我们自己范围内的都管不过来呢。因此，我国应改革依附在户籍制度之上的义务教育入学政策，改"依户籍地就近入学"原则为"自由选择就学地点"的原则，从而使农民工子女享有平等的教育选择权。

（四）必须完善社会保障制度

根据市场经济的规律，由生产资料个人占有制所决定，强资本弱劳工必然是近现代世界的常态，但在战后的资本主义"黄金时代"，由于劳工的觉醒与抗争、政治的民主化，各个发达国家纷纷制定、颁布法律，通过健全社会保障制度来协调劳资关系，在此状况下，资本的势力受到了一定的抑制，劳工的权利得到了较好的维护，从而进入了一个相对平衡稳定的劳资关系协调时期。20世纪八九十年代以来，以市场的一体化和资本的自由流动为核心标志的经济全球化席卷全世界，资本的国际流动自由度的扩大以及发展中国家对资本需求的急剧增长，自然又使资本力量大增，日益居于强势地位，劳工则因为跨境流动的限制性而陷入日益不利的境地，故而，再次出现"全球性强资本弱劳工的格局"。即便如此，各发达国家为了社会的均衡、和谐发展，都采取了大量的对劳工阶层特殊保护的社会保障措施，把资本的强势控制到一定的程度，避免其泛滥发展造成明显的社会不公，进而造成社会的动荡。因此，各国的发展还是取得了明显的成绩。我们对此应予借鉴，而且，我们作为社会主义国家，更应该对劳工特别是农民工实行全面的社会保障制度。

---

① 张杰，汪进元.农民工子女受教育权的平等保护［J］.华东政法大学学报，2009，（2）：23—24.

1.加快社会保障制度建设

社会保障制度是政府强制实施的社会经济制度，必须要有完善的法律和制度加以保证。我国应该认真总结多年来的改革实践，将成熟的经验和做法上升为法律，尽快制定并颁布将农民工包括在内的《社会保险法》《社会救济法》《基本养老保险条例》《社会保障基金管理条例》以及《企业年金条例》等法律、法规，形成基本法律、行政法规和政策措施相结合的法律政策体系，为农民工社会保障事业发展提供制度保障。

2.重点加强工伤保险和医疗保险

目前，对农民工而言最重要、最迫切的是工伤保险和医疗保险。农民工基本上都集中在险、累、脏、差的工作岗位上，在这些岗位上发生工伤事故的几率极高。因此，政府应承担起为农民工建立健全工伤保险和医疗保险制度的责任。再者，政府应统筹考虑劳工社会保障的制度设计，应建立所有劳工的劳动档案和社会保障档案，其社会保障的制度设计应适合农民工流动性大的特点。政府应该有步骤地为农民工建立起养老保险和失业保险制度。针对不同需要的农民设立不同的社会保障，最终完善农民工的社会保障体系。

3.严格执行最低工资标准

到目前为止，基本上全国各省市都根据本地区的具体情况制定了相应的最低工资标准，但实施情况并不太乐观。西方有法谚曰：有法不行，等于无法。政府应加大对最低工资标准实施情况的监察，确保最低工资标准真正能起到对农民工基本生活的保障作用。

第五章　农民工权利法律保护的
　　　　对策研究

一、农民工权利保护的基本理念

农民工权利保护理念是存在于弱势社会主体，特别是雇佣者、劳工的权利保护理念之中，所以，探讨农民工的权利保护理念必以探讨社会弱势主体的权利保护理念为前提。弱势主体权利保护理念经过了这样一个过程：从近代宪法和私法上的均等对待到其后的宪法和私法的社会化再到现代的社会保障法和经济法的倾斜性保护这样一个历程。农民工权利保护理念寓于这一历程当中。

（一）近代法律上的权利主体平等保护的原则——冲破身份的藩篱

古代法律在身份主义的笼罩之下对不同身份的人们规定了不同的权利和义务，身份越高，则权利越多，义务越少；身份越低，则权利越少，义务越多。工农劳苦大众身份低下，备受压迫和歧视。没落的制度和法律严重影响了社会的发展和进步。近代法律响应时代号召，开展了一场从身份到契约（平等）的运动。

近代宪法的渊源——自然法、近代宪法以及近代民法的代表《拿破仑民法典》都从人生而平等出发倡导或规定所有的人都是人格平等、机会平等的权利主体，不能有强弱之分，一律同样对待。

自然法思想的源头斯多葛学派的法律思想认为：所有的人在本质上都是平等的，都享受一些基本的权利，对于源于自然的这些权利，政府无权干涉。他们发现了人人具有理性，甚至和造物主共享同一理性。这一发现就可以确定人本来就是平等的。斯多葛派学者们说每一个人都是理性的动物，无疑就是肯定了每个人都有天赋的权利，虽然事实上人本身也存在着诸多的差异。① 美国著名的自然法学派思想家潘恩就认为："人权平等的光辉神圣原则（它是从造物主那里得来的，故而神圣）不但同活着的人相关，而且同世代相继的人也有关。根据每个人生下来就和他同时代人有着平等权利的原则，每一代人同他前代的人在权利上都是平等的。""任何一种记述、任何一部史诗，不管它们对于某些特定事物的信仰或者见解怎样不同，但在确认人类的一致性这一点上则是一致的。我这样认识是说，所有的人都处在同一地位，所以，每一个人自出生以来都是平等的，并具有平等的天赋权利。"②

美国独立战争期间发表的《独立宣言》宣称："人人被造平等，造物主赋予人们不可转让的权利，它们包括自由权、生命权和追求幸福的权利。为了保障这些权利，才在人们中间成立政府，政府的权力是人民的同意给予的，如果政府的行为与此相反，人民有权起来推翻它。"据此，在美国1787年宪法第一修正案中具体规定了人们应该平等地享受的权利的种类：言论和出版的自由权、和平集会和请愿自由权及宗教信仰自由权；保护身体、住所、文件和财产不受侵犯的权利；佩带武器的权利；被告在诉讼中有要求陪审的权利和请求律师帮助的权利；不得强迫自证其罪，等等。

法国大革命时期的《人权宣言》在序言里宣称："人们生来、始终是自由的，在权利上是平等的。""一切政府成立的目的都在于保护自然的不可消灭的人权，这些权利是财产权、自由、安全和反抗压迫。""一切公民

---

① ［印］阿·库·穆霍柏德希亚.西方政治思想概述［M］.姚鹏等译，北京：求实出版社，1984：47.

② ［美］潘恩.潘恩选集［M］.北京：商务印书馆，1981：141.

在法律面前一律平等。"

　　法国民法典是典型贯彻人人生而平等的机会均等的法思想的一部民法典，这集中地体现在它的最基本原则上——自由主义和个人主义。法典的第544条规定："所有权是对于物有绝对无限制地使用、收益、处分的权利。"法典的第1001条规定："契约为一种合意，据这种合意，一人或数人对于其他人负担给付、不给付、作为或不作为的债务。"法典的第1832条规定："任何行为使他人受损害时，因自己的过失使损害发生之人，对该他人负赔偿的责任。"这几条集中阐明了所有权绝对、契约自由和过错责任三大民法原则的含义，是个人主义民法原则的经典式表述，为民法法系其他国家的民法典所参考和借鉴，其意义深远、影响巨大。正如有些学者所言："在《法国民法典》中，与自由竞争的时代相适应，体现'法律最小限度的干涉、个人最大限度的自由'这一公式的个人主义与自由主义民法原则，得到了明确表述。"①

　　正如有的学者所言："人人皆知，美国的《独立宣言》是世界上第一个把人权提到根本法地位的宪法性文件，马克思称其为'第一个人权宣言'。该宣言从人性出发强调人生而平等，人人都有追求自由以及幸福的权利。法国的《人权宣言》从人的权利方面强调人的平等和自由。典型的是'选举中的人人平等原则'，即人人都有选举他人的权利；人人都有被选举的权利。这种平等体现为机会的平等，而不是结果的平等。"②这些人格上、形式上的平等规定防止了对任何个人的歧视，对社会弱势主体起到了很好的保护作用。

（二）现代法律对弱势主体的特别保护——基于基本人权优先的理念

　　在机会均等的原则下，由于各个权利主体各自能力的不同，自然发展

---

① 由嵘.外国法制史［M］.北京：北京大学出版社，2003：226.
② 王淼.论公民平等权的宪法保障［J］.法制与社会，2007，（11）：18.

出的结果各不相同。在社会的弱肉强食的规律（与自然规律相同）之下，使强者更强，弱者更弱，于是便出现了社会上的弱势主体。随着强弱的进一步发展，弱势主体到了难以生存的境地，弱势主体的基本人权遭到了严重侵害。如此，现代法律在基本人权优先的理念之下，演化出了对弱势主体的特别保护规则。

1. 现代宪法和民法对弱势主体的特殊保护

（1）对弱势主体特别保护的法理基础

在近代法律原则下，人们在形式上是平等的，社会弱势主体的"弱势"特质被抽象的普遍人格所遮掩。他们在表面上或者形式上获得了和其他的社会主体平等的、同样的权利，对不同主体的社会歧视没有了。这是一个很大的进步。但该种方式在以后的社会实践中却暴露出很多的弊端：

第一，自由和权利的抽象赋予所有的主体实际上都能够在同等的程度上和范围内享有（实现）这些自由和权利之间存在着很大的差距。姚洋教授指出，所谓机会平等不过是个幻想而已。从国家或法律的角度来看，通过赋予每个人相等的机会，可以把社会主体摆在平等的起跑线之上。可是，从现实来看，这样的平等没有太大的意义。主要的问题是每个人在智力、家庭背景、政治地位以及社会关系等方面都存在着极大的差异，他们利用制度所赋予他们的机会的能力是大不相同的。[①] 社会弱势群体往往因自身的弱势特质而缺乏享有、实现自由和权利的手段。

第二，形式平等在每个人实际发展的过程中往往造成了实质上的不平等。形式平等关注的是给人们提供平等的机会，而不关注最终的结果如何，其结果往往是由于每个人的能力和条件有着很大的不同而造成了最终的实现结果的不平等。社会问题由此而生，强者越来越强，弱者越来越弱，以致到了生存都成了问题的地步，强者与弱者之间必然产生尖锐的矛盾和冲突。这种后果与现代社会的人权理念产生了重大的冲突。尤其与人权理念中所有的人都应当过作为人有尊严的生活这一方面严重背离。

---

① 姚洋.建构中国社会公正理论之二［N］.21世纪经济报道，2003—1—16（5）.

基于这些，就出现了实质平等理论以对形式平等加以修正。"实质的平等原理，就是指为了在某种程度上纠正保障形式上的平等所招致的不平等，依据每个个体的不同属性采取分别不同的方式，对各个个体的人格发展所必需的前提条件进行实质意义的平等保障"[①]。这一理念主要从两个方面来修正形式平等：对强者的经济自由进行限制以及在自由权之外倾斜性保障弱势群体的经济权利与社会权利。与享有政治权利有着根本不同的是社会权利与经济权利的实际享有在很大程度上依赖于国家的经济实力与经济政策，要求国家积极介入公民的经济生活和社会生活。国家在保护公民的社会、经济、文化权利时，不仅负有消极的不干涉的义务，更应该负有积极的促使这些权利真正实现的义务。这就使得政府担负起特定的义务为社会弱势群体提供享受各种权利的机会，乃至于直接满足某些基本的生活需要，帮助社会弱势主体摆脱困境，改变弱势地位。可见，偏向弱者的价值取向是以"不平等"来求得实质的公平与正义。这种倾斜性的特别保障，实在是正义的题中应有之义。所以可以说，对弱势主体权利的法律保护追求的是形式平等和实质平等相结合的完整的平等。

（2）宪法与民法的社会化对弱势主体的特别保护

现代宪法之初就规定了倾斜性保护社会弱势主体的社会化原则。现代国家的第一部宪法德国的魏玛宪法就规定了许多社会化原则以对弱势主体进行特别保护。要数其中的"经济生活"一章最为集中。例如，它宣布经济生活应与公平原则及维持人类生存的目的相适应，经济自由必须要被限制在这一范围之内。它在保护所有权的同时又规定所有权也是一种义务，其行使应同时是为了公共利益。它规定土地的使用是土地所有权人对社会的义务，土地的分配及利用必须由联邦监督。魏玛宪法既肯定了契约自由原则又规定禁止重利，并宣布法律行为违反善良风俗者无效。这些都是从限制强者的经济自由方面来保护弱者的。第二次世界大战以后，法国、日本、联邦德国等国的新宪法都宣布了许多社会化原则，例如，保障职工参

---

① 林来梵.从宪法规范到规范宪法：法学的一种前言［M］.北京：法律出版社，2001：56.

加企业管理、职工集体交涉的权利、联合自由、事实上垄断和具有公共服务性质的企业可收归国有，等等。这些社会化原则对其他法律都起着重大的指导作用。

现代民法与现代宪法同时甚或在其之前就已经开始了对弱势主体特殊保护的社会化历程。

①现代民法对弱势主体特别保护、社会化的渊源

这应当追溯到近代民法当中。实际上，在近代第一部民法典——《法国民法典》中就已经有了对弱势主体特别保护的零星规定，除了对妇女、未成年人和精神病人的一些特别保护之外，法典主要彰显了对雇佣工人、家庭佣人的特别保护。《法国民法典》第一千八百三十四条规定："雇主与主人，对其受雇人和家庭佣人在履行他们职责的过程中造成的损害，应当负赔偿责任。"这里，雇主不能通过证明自己没有过错免除责任。他承担的是无过错责任。大多数法国学者认为，一直以来，雇主就其行为所承担的法律责任并不是建立在他们在选择或监督雇员的活动中所实施的过错的基础上。学者们普遍把雇主就其行为承担责任的性质界定为危险责任，也就是说雇主应当对雇员活动产生的危险负责。① 因此，主人与雇主的过错并非责任的构成要件内容。

又如，在《法国民法典》第一千七百八十条中规定："劳务雇佣，没有确定雇佣时间的，缔结契约的当事人之一方可以随时提出中止。如雇主单方提出废止契约，得产生损害赔偿。"这里仅仅规定雇主提出废止契约得产生损害赔偿，而没有规定当雇工提出废止契约时的损害赔偿，就是对被雇用者的偏向保护。

②现代民法社会化的体现

19世纪与20世纪之交，世界经济的发展已由自由竞争时期发展到垄断经营时期。社会生活有了很大的变化。这一时期是科学技术突飞猛进的时期，人类在此一阶段所取得的科技成就超过了以往任何一个时代，它们

---

① 张民安.现代法国侵权责任制度研究［M］.北京：法律出版社，2003：251.

成了推动经济和社会持续发展的决定性因素。但是科技的发展也带来很多负面的影响，比如企业安全事故、道路交通事故、产品质量瑕疵、环境污染导致损害消费者权利等社会问题日益严重。与自由竞争阶段相比，这时在市场中进行交易的主体的地位已经发生了变化。社会弱势群体进一步扩大，不仅受到的不公正待遇更加严重，而且人数也逐渐增多。此时最典型的弱势主体要数劳动者和消费者。消费者与生产者的力量悬殊、劳动者与企业主的力量悬殊导致社会主体的平等性和互换性丧失，实际上在他们之间形成了一种支配与被支配的关系。如此的话，部分市场主体（即弱势主体）的自主性消亡了，自主性只是企业主和生产者等强势主体的特权。由于近代民法在解决这些社会问题时无能为力，致使引发了民法理念与民法制度的相应变化，近代民法必须演变为现代民法。现代民法的模式为：（一）具体的人格；（二）对财产所有权进行限制；（三）对私法自治的限制；（四）社会责任。① 即从这四个方面弥补机会均等原则的不足，来对社会弱势主体进行特殊性或者支援性的保护，以求社会公正，实现社会和谐、有序发展。这被称为私法公法化或私法社会化。

受这一社会化倾向影响的德国民商法和日本民商法就较多地规定了对弱者的特殊保护。《德国民法典》在规定"私人所有权绝对"和"土地所有权延伸到地面的上空及地面的下层"的同时，又特意宣布对土地所有权的干涉如果不会给所有人带来损害，或者妨害的程度很轻，或者不妨碍土地的使用，土地所有人不得禁止这种干涉。这些也主要是由抑制强者的方面入手来保护弱者的。同时，法典使用了较多的弹性条款或者一般条款如善良风俗、诚实信用等原则来保护弱者利益。德国学者就说，德国法院正是通过这些较有弹性的条款，来贯彻 20 世纪以来因不断发展的私法社会化、私法公法化倾向而产生的一些原则。② 《德国商法典》第六十二条也

---

① 梁慧星.从近代民法到现代民法——20 世纪民法回顾［C］.梁慧星.民商法论丛（第 7 卷）.北京：法律出版社，1997：241—246.

② 康·茨威格特，海·克茨.略论德国民法典及其影响［J］.法学译丛，1983，（1）：27—31.

规定了雇主对受雇人的照顾义务："（1）业主有义务对营业场所的器具与设备进行设置和维持，并对营业工作和经营时间进行规定，使受雇人的健康在营业性质许可的范围内免受危害，并使善良风俗得到保证。（2）受雇人被接纳进家庭共同生活的，雇主应对受雇人的器具和卧室、给养以及工作和休息时间进行符合受雇人道德、宗教、健康要求的必要的组织和安排。"① 日本商事法律《公司更生法》则规定："在双务契约中，如果公司和其相对当事人在更生程序开始时，都没有完结其履行，管理人可解除契约。"然而，在"劳动契约"中，则没有这种解除权。显然，其目的在于保护劳工特别是弱势劳工人群的正当权利。②

现代民法在私法公法化的潮流下对弱者进行突出特殊保护的集中在对消费者权利的保护上。现代民法在市场主体不平等的客观现实下从抽象人格中分化出具体人格，消费者权利保护法就是在新的具体人格理念指导下的产物。消费者权利保护的法律制度主要体现在契约自由公法上的限制以及私法和公法的结合两个方面。契约自由的公法上限制主要表现在对格式条款的国家监督、法律规制方面。而公法与私法的结合则体现在国家行政权力对市场主体交易行为的管理方面。主要包括对市场竞争行为的监督管理、对产品质量的监督管理和对广告市场的监督管理等。当商品生产者和经营者的行为违反相应法律规定，给消费者造成较大的损害时，生产者和经营者除了承担对消费者的损害赔偿责任（就是私法上的责任）之外，还需接受国家监督管理部门的处罚（也就是公法上的责任）。③

2. 社会立法和经济立法对弱势主体的重点保护

尽管私法力图以公法化的或者社会化的倾向来保护由于市场经济的发展造成的弱势主体的利益，但是，一个社会秩序的规制往往不是一个私法部门就能胜任得了的，它也得靠其他类属的法比如公私混合法、公

---

① 杜景林，卢湛译.德国商法典［M］.北京：中国政法大学出版社，2000：26—27.

② 殷建平，王书江译.日本商法典［M］.北京：中国法制出版社，2000：398.

③ 董文军，刘芳.私法公法化视野中的消费者权利保护［J］.当代法学，2007，（3）：80—81.

法等共同来完成这个任务。因此，在19世纪末20世纪初便应运而生了劳动法（不同时期曾被称为社会立法、工人法、工业立法、工人保护法等），并且在20世纪初，首先在德国产生了国家较强干预经济的经济法。

劳动法是调整劳资双方关系的法律，内容包括工时、工资、集体谈判、劳动条件和劳动保护、职业团体、社会保险、劳资纠纷等。

比如法国在第二次世界大战以前的劳动法集中在承认工会合法，禁止妇女、儿童夜间劳动，规定实行每个劳动日8小时工作制和实行社会保险等方面。1884年3月21日颁行的法律允许成立工团联合会，1898年4月1日颁行的法律使工人之间成立互助团体成为合法。到1901年6月1日颁布的法律就宣布基本上实现了组织联合会的自由，这个法律规定：除宗教团体以及外国人团体应按照特别程序成立之外，工人可以不必事先批准即可成立职工会。1892年11月的法律禁止使用13岁以下的童工，少年工在16岁以下者实行10小时工作制，在16—18岁者和女工一样实行11小时工作制。1900年3月通过的法律又规定10小时工作制扩大到成年工人；1905年又把地下工作的时间限制为每个工作日9小时。1936年人民阵线成立后，又规定每周工作的时间不得超过40小时；凡受雇满一年以上者可以享受带薪的15天假期。1936年6月24日的《关于集体合同的法令》规定，各地成立由雇主、地区工商代表和工会代表组成的混合委员会，协商签订集体合同，有关争端需经劳工部长解决。

第二次世界大战以后法国通过的劳动法律有：1945至1950年期间的几项关于集体合同的法律，1952年的物价上涨与工资浮动比例的法律，1956年的一年休假三周工资照发的法律。1945年的《关于社会保障的法律》规定：享受社会补助和救济是每一位公民的权利。1956年颁行了《社会保障法典》，到1968年正式确立了社会保障制度，内容涉及家庭补助以及老年、疾病、失业、死亡等保险，其中家庭补助由雇主支付，其他基金均由雇主与职工分担，国家补贴。

德国早在统一以前，各邦就出现了规范童工的法律。统一之后关于

童工这方面的立法规定继续增多。如，1891 年的工人保护法规定不允许
13 岁以下儿童工作，13—16 岁的童工及妇女工作的时间为每天 6 小时。
另外，德国的社会保险法也出现得相当早、比较发达，1883 年德国就颁
布了《不幸事故保险法》和《疾病保险法》，1889 年颁布了《残疾及老年
保险法》。

德国在第二次世界大战以后，首先发展了工人参与企业管理的制度。
这方面主要的法律有：1951 年通过的《矿业参与决定法》、1952 年通过的
《企业委员会法》和 1976 年的通过的《参与决定法》等。其次要进一步完
善关于社会福利的法律。日本 1951 年以来，先后制定了劳动就业法、青
年福利法、儿童补助法、社会保险法等，并着手编纂《社会法典》。社会
福利法适用范围广，制度比较完备，不仅适用于职工、官吏、青少年、老
年人、妇女、儿童以及自由职业者，还适用于农民。

经济法中有许多保障弱者的利益的法律。比如德国在 1910 年代制定
的《关于限制契约最高价格的公告》和《确保国民粮食战时措施令》，以
及另外的许多限价的命令和规则，对消费者的基本生活保障都起了重要的
作用。1957 年 7 月 27 日颁布的《反对限制竞争法》规定："限制大企业联
合在生产产品以及提供劳务方面缔结限制竞争的卡特尔协议。"以防企业
垄断对劳动者和消费者的侵害。

日本在这方面做得也相当突出。战后日本禁止和限制垄断的基本法律
是 1947 年 4 月 14 日颁布实施的《关于禁止私人垄断和确保公平交易的法
律》（又叫做《禁止垄断法》）。其中规定：禁止不公正的交易方法以及不
正当的交易限制，以防止事业支配权高度集中，进而促进自由竞争，保护
消费者利益，达到繁荣经济、提高国民收入水平的目的；违者应处以从罚
金到苦役的刑罚。1976 年 4 月对此一反垄断法又作了修改，进一步加强
了限制私人垄断的趋向。例如，限制大企业股份持有的总额，以及对违反
规定的卡特尔增收附加税，等等。[①]

---

① 由嵘. 外国法制史［M］. 北京：北京大学出版社，2003：261—262.

民法等私法强调一切人都是自由的、平等的，防止了对任何主体包括弱势主体的歧视，但可能造成实践中人们之间实质的不平等，即使其努力社会化也难弥其失。经济法和劳动法保护弱势主体权利显然比民法等私法更为有力，但有可能过分干预人们的自由、权利。因此，私法、经济法和劳动法互相配合，就较好地维护了弱势主体的利益。

（三）农民工是弱势主体的组成部分——应纳入弱势主体权利保护理念之中

如前所述，农民工是中国工业化、城市化、现代化过程中出现的一种特有现象，是由于城乡二元户籍管理制度造成的具有农民户籍身份却从事着非农业生产的劳动者。但是他们在根本上已具有了工人阶层的本质属性，应属中国工人阶层的一部分。

根据马克思主义理论和江泽民《在庆祝中国共产党成立80周年大会上的讲话》，中国工人阶级的基本特征可概括为三点：第一，与现代化大生产相联系，是先进生产力的代表。第二，以交换自己的劳动力取得工资收入，而且以工资收入为主要生活来源。第三，具有高度的纪律性、组织性和革命的彻底性。现在，我国的农民工作为一个新型的社会群体，经过十多年市场经济的磨炼，已经具备了中国工人阶级的特征。首先，农民进城找到工作后，就逐步融入到社会化大生产之中，特别是进入到高科技企业的农民工，直接与社会化的大生产相联系，他们和工人阶级一样，逐渐发展成为先进生产力的代表。其次，农民工在城市的工资收入已经成为家庭收入的主要来源，而农业收入则逐渐成为家庭收入的次要来源。为了提高收入，大量的农村剩余劳动力离开土地进城打工而成为城市农民工，以交换自己的劳动力取得工资收入，成为家庭收入的主要来源。再次，城市农民工进入机器大工业和社会化大生产流程以后，既会受到机器大工业生产规则和社会化大生产秩序的约束，又会受到城市文明和工业文明的熏陶，从而逐渐改变自己以往从事农业的、自然经济的小生产的自由散漫性，与城市工人阶级在思想上、观念上和行为上逐渐融合、合拍，并最终形成高度的组织性、纪律性和对革命的彻底性。①

这些都表明，农民工群体已开始成为一个有组织、有纪律的阶层，在本质属性上已具有工人阶级的基本特征。其实，国家也从政治上肯定了农民工的工人阶级地位。中共中央国务院在《关于促进农民增加收入若干政策的意见》中第一次以中央名义提出："进城就业的农民工已经成为产业工人的重要组成部分"。在全国总工会第十四次代表大会上，王兆国也讲到："一大批进城务工人员成为工人阶级的新成员"。

既然农民工已是工人阶层的一部分，被纳入到工人阶层——这个现代市场经济条件下的弱势群体的特殊保护之中就理所当然。特别保护劳工就应该特别保护农民工，全面保障劳工阶层的权利就要全面保障农民工的权利。

如果从一些论者的"从农民工生活的现实状况来看并不能属于工人阶级的一部分"的观点来看，目前农民工在各方面的待遇确实远不及城市工人阶层，那么，农民工应是比工人还要弱的弱者，那就更应该对其特别保护了。

这种观点认为，目前农民工虽然不再从事农业生产，也基本从农民的生产生活方式中分离了出来，但是他们在政治地位、经济待遇、行政管理和社会认同等各个方面均未与作为市民的工人阶级具有相同的特性。在政治上，农民工干了工人的活，却不能得到和城市工人同等的参与管理国家事务的权利，得不到应有的政治地位；在经济上，农民工和城市正式工人同工不能同时、同工不能同酬、同工不能同权，人身伤害、拖欠工资等各种侵权现象屡禁不止；在社会待遇上，农民工因为没有市民户籍，各种社会福利和社会保障缺失，子女受教育权也没有保障。他们缺乏城市社会的归属感，处于城市的最底层，沦为城市的边缘群体、弱势群体。这严重影响到农民工阶层素质的提高和阶级作用的发挥。②

① 李敏辉.论农民工向工人阶级的转化 [J].河北学刊，2006，(5)：87.
② 张智勇.户籍制度、歧视与社会分层——论农民工目前不是中国新的产业工人 [J].生产力研究，2004，(4)：92—93.

既然农民工是比产业工人还弱的社会弱势主体，根据法律解释上的举轻明重原则，更应对其权利特殊保障。具体说就是现代社会制度的设计是对消费者、劳工者等一些具体的弱势群体特意保障，即加给他们比一般社会主体多的特别的利益。那么，农民工是比劳工者更弱的社会主体，根据最一般、最基本的社会正义，农民工最起码应该享受到不比工人、消费者等低的待遇，这就是举轻明重的原则的适用（重者适用轻者的标准，由于重者法律没有相关规定，轻者有相关规定）。又根据权利（利益）的扩张性原则（相对于处罚的限缩性原则），即权利或利益可溯及既往（处罚不可溯及既往）、可根据实际情形适当多地给予的原则。那么在给农民工的特殊利益时，不必只给予与劳工们相等的特殊利益，完全可以在此基础上给予比劳工们更多的利益，因为他们比劳工的经济地位更弱，根据实质正义，他们应该被保护得更多。这就是给当事人利益时，不必像给予当事人（被告）处罚时那样"举轻明重"地止于轻者的标准。只有如此解释、适用法律，方才符合现代社会"权利本位"的根本理念。

总之，不管怎么说，都得给农民工的权利以特别的保护，这乃是当今社会的公正法则使然。

二、农民工权利法律保护的路线图

我国农民工权利的法律保护，大致分为三个阶段：农民工权利法律保护基本空白阶段（1949—1978 年）；农民工权利差别保护阶段（1979—1994 年）；农民工权利全面保护阶段（1995 年至今）。在农民工权利法律保护基本空白阶段，国家对农民工流动实行严格的限制，这一阶段的特征表现为体制上排斥、经济上不接纳、法律上鲜有保护。在农民工权利差别保护阶段，国家开始重视对农民工权利的法律保护，但仍然按所有制性质进行有差别的保护，法律对就业和流动的限制并没有根本性转变。这一阶段的特征表现为体制上排斥，法律上差别保护。在农民工权利全面保护阶段，国家和地方制定了一系列关涉农民工劳动就业、劳动合同、加入工会、户籍管理、工伤保险、医疗保险与养老保险、劳动争议仲裁与审判的法律文件，告别了"差别保护时代"，对农民工权利实行了全方位的法律保护。这一阶段的特征表现为体制上松动，政治上尊重，政策上扶持，法律上全面保护。我国农民工转化为市民过程中，农民工权利保护大体上经历着这样一个路线图。

（一）政治上尊重：转变对农民工的态度

保护农民工权利是一项十分艰巨而又复杂的任务，尤其是在我国的经济体制、政治体制还亟须进一步改革的情况下，更是问题不少。[①] 我们认为，根本转变对农民工的态度、对农民工给予政治上的尊重应是解决这一问题的基本前提。过去一阶段我们对农民工的问题解决得不太好，主要的原因就是对农民工的态度不好，政治上不予尊重，把农民工问题和农民工现象看做"糟得很"。态度端正了，政治上尊重了，开展工作就有一个良好的开端。对农民工的态度转变、政治尊重包括以下几个方面：

1.认识到大量农民工的出现是我国城市化、工业化过程中必然出现的一种正常现象

全球经济由农业经济转向工业经济是社会发展的一条根本规律。我国在 20 世纪 50 年代就确立了由传统经济向现代化经济发展、由农业国向工业国转变的宏伟目标。在工业化的过程中，必然伴随着城市化的出现和发展。"城市化就是随着工业化而发生的经济和人口的重心向城市转移，城市人口和城市数量急剧膨胀，城市在社会生活和国家经济中的作用逐渐强化的历史过程。"[②] 城市化是由于工业化而必然出现的社会发展趋势，是工业化的过程中由于社会生产力的发展而引起的人类生活方式、居住方式以及生产方式改变的过程。它的核心内容包括以下三个方面：（一）非农

---

① 苏力.法治其本土资源［M］.北京：中国政法大学出版社，2000：78—115.
② 宋小佳.福建城市化演进的结构性问题［J］.福建论坛（经济社会版），2001，（3）：47.

产业活动、人口由农村向城镇转移的地域集中过程;(二)城镇数量增加、城镇规模扩展、城镇景观变化以及城镇设施完善的地域推进过程;(三)人们的居住方式、行为方式由农村社区向城镇社区转变的地域转化过程。人口向城镇集中是其最基本的特点。①

城市化和工业化必使农民由农村转到城市、由农业转到工业。我国现在正处在向现代化进军的过程当中,这样必然出现在城市里存在着大量的农民工现象。我们应当认识到这是一种正常现象,决不能歧视这些农民工,鄙视这种现象。"农民工"在城市里大量出现在各个发达国家都曾出现过,这应是国家和社会发展的一种标志。我们不但不应该反感这种现象,反而应该为这种现象的出现感到欣慰。即使农民工可能伴随着一些脏、乱、差的现象,可这只是一种暂时的、过渡的现象,最终是会通过农民工市民化的途径转变为城市市民的。

农民工的市民化,有学者从农民工行为的主动性角度来探讨,"农民工市民化是指离农经商、务工的农民工克服重重障碍最终转变为市民的过程。它包括以下几个层面的含义:职业由非正规劳动力市场上的、次属的农民工转变成正规的劳动力市场上的、首属的非农产业工人;社会身份由农民转变成市民;农民工素质的不断提高和市民化;农民工生活方式、行为方式和意识形态的市民化、城市化。"②这几个层面是相互影响、相互制约的,其中前一、二层面是根本性的,对农民工市民化具有决定性的影响。农民工市民化既是一种过程,也是一种结果。

如果农民工都市民化了,我国的城市化、工业化和现代化也就完成了,我国将会进入到一个新的历史发展阶段。

2. 认识到农民工应有和其他社会主体平等的权利

近现代社会冲破了身份等级的藩篱,从身份走到了契约。所谓契约的关系就是人人自主、自愿、平等、自由的关系。正所谓近代启蒙思想家们

---

① 曾赛丰. 中国城市化理论专题研究 [M]. 长沙:湖南人民出版社, 2004:19.

② 刘传江. 农民工生存状态的边缘化与市民化 [J]. 人口与计划生育, 2004,(11):46.

所说的"人人生而平等、自由"。

平等理念根本的、基础的价值是基于对个体人的尊严及个体人对人类社会存在的基本贡献的肯定。马克思曾说:"全部人类历史的第一个前提无疑是有生命的个人的存在。"① 这就表明如果离开了个体人的存在,人类社会就不可能存在。为了肯定个体人对社会的贡献,必须对个体人基本权利予以确认。《世界人权宣言》指出:"人人生而自由,在权利和尊严上一律平等。……人人有资格享受本宣言所载的一切自由和权利,不分种族、性别、肤色、宗教、语言、政治或其他见解、国籍或社会出身、财产、其他身份等任何区别。"现代社会的平等理念,其核心是体现作为个体的人的尊严和基本贡献,确认每个社会成员的基本权利,给予每个人发展的基本机会。②

农民工是社会中的个体人,在人格上与其他的社会中的个体人应该一律平等。有此权利能力的基础,就应该享有和其他人平等的权利。

在一系列的权利当中,基本权利至为重要。③ 农民工和其他人一样应该平等地享有基本权利。基本人权应该包括以下世界公约所确定的权利。《经济、社会及文化权利国际公约》指出:人人应有机会凭其自由选择和接受的工作来谋生的权利;人人有权享有社会保障,包括保险;人人有权享有公正和良好的工作条件;人人有权为他自己的家庭获得相当的生活水准;人人有权享有能达到最高体质和心理健康的标准;人人有权享有免予饥饿的基本权利;人人有权参加文化生活;人人有权享有受教育的权利;等等。《公民权利和政治权利国际公约》也规定:人人享有固有的生命权;人人享有人身自由和安全的权利;人人享有享受思想、良心和宗教自由;每个公民享有参与公共事务的权利;儿童享有必要的保护权;等等。虽然人们应享受的基本权利是一个变化的概念,有着一个变化不定的范围,然

---

① 马克思恩格斯选集(第1卷)[M].北京:人民出版社,1995:67.

② 吴忠民.社会公正论[M].济南:山东人民出版社,2004:19.

③ 戴维·米勒,韦农·伯格丹诺.布莱克威尔政治学百科全书[M].邓正来主译,北京:中国政法大学出版社,2002:336.

而，国际性人权公约规定的这些权利应是每一个个体人包括农民工现今最起码应该享受到的权利。①

3.农民工应享有特别保护的权利

正如姚洋先生所言，从国家的角度来看，通过赋予每个人相等的机会，可以把社会主体摆在平等的起跑线之上。可是，从现实来看，这样的平等没有太大的意义。根本的问题是，每个人在智力、家庭背景、社会关系以及政治地位等方面都存在着极大的差异，他们利用制度所赋予他们的机会的能力因此会有很大的不同。②

这种情形对于农民工来说，尤为突出，前边已有部分论证。这里再作进一步分析。这很大程度上是由于市场经济的发展规律所决定的。

首先，近现代市场经济制度是以生产资料的私人占有制为基础的社会。在平等的权利之间，力量就起决定作用。③这就使近现代社会各个时期工人劳动的强度、就业的程度、工资待遇的水平、工作日的长度等取决于工人和资方两个阶层之间力量的对比和斗争。这样，两个阶层间的不平等关系就凸显出来了，由于资方在经济和政治领域的统治地位，使它在总体上一直处于有利地位。这其中最根本的就是，资方完全占有资金、生产资料，而工人则除了自身的劳动力之外一无所有。马克思曾经指出：一个除自己劳动以外没有任何其他财产的人，在任何社会状态中，都不得不为另一些已经成了劳动的物质条件的所有者的人做奴隶。他必须得到他们的允许才能劳动，因而只有得到他们的允许才能生存。④

其次，目前社会经济运营的动力也使劳工不可能处于有利的地位。⑤当下社会经济运营的动力就是资方尽可能多地获取利润的需要。恰恰是这一动力推动了社会生产的进行。我们必须清楚，资方的生产成本与其利润

① 冯林.中国公民人权读本［M］.北京：经济日报出版社，1998：50—57.
② 姚洋.建构中国社会公正理论之二［N］.21世纪经济报道，2003—1—16：（5）.
③ 资本论（第1卷）［M］.北京：人民出版社，1975：262.
④ 马克思恩格斯选集（第3卷）［M］.北京：人民出版社，1995：298.
⑤ 陈恕祥，杨培雷.西方发达国家劳资关系研究［M］.武汉：武汉大学出版社，1998：15—19.

有着反相关的关系。而劳工的待遇正是其生产成本范围内的内容，因此资方越想取得尽可能多的利润，则劳工的薪金、福利等待遇就不能过高，否则，资方就会无利可图。因此，劳工总是处于不利的地位。

而且，当下的经济全球化使弱劳工强资本的局面更为凸显。主要由于以下原因：

第一，日益降低的贸易及投资壁垒使那些能够自由跨国流动的生产要素（主要指资本）拥有者与那些不能自由跨国流动的生产要素（主要指劳动力）拥有者的非对称性加剧。第二，全球化使一国政府在提供社会保险方面更加困难。第三，在经济全球化时代，各国大公司面临的竞争压力虽然加大，可是它们还能比较轻松地摆脱国内政府限制。它们为了追求利润最大化目标，尽可能地降低工资标准和环境标准，劳工权利和社会公共利益受到了严重侵害，劳资矛盾和社会问题日益突出。少数的富人成为全球化的受益者，多数的工人则陷于贫困之中。劳资关系出现了某种程度的进一步不平等的倾向。

因此，为了社会正义的实现，必须要发挥国家对社会的调节作用，增强对劳工特别是农民工的支援和特别保障的功能。

（二）政策上扶持：制定各种保护农民工权利的措施

立法解决问题是比较缓慢的过程，而我国目前农民工问题比较突出，亟须解决。因此，靠政策解决来得更快。而且，我国有政策解决问题的传统：政策和策略是党的生命。

早在 2003 年 7 月，国务院在部署研究增加农民收入的工作会议上便决定："做好农民外出务工的组织和信息指导、技能培训等服务工作，简化手续，降低收费。进一步清除对农民进城务工的不合理限制和歧视性做法，督促用工单位及时足额兑现农民工工资……"，农民工随迁子女接受义务教育"以流入地为主、以公办学校解决为主"，对符合规定接收条件的随迁子女，免除学杂费，不收借读费。以后，党中央和国务院关于农民工的养老保险政策，农民工的社会保障政策，农民工返乡创业政策等纷纷出台。各地政府也纷纷制定本地区的扶持农民工的各项政策，极力保护农民工的各项权利。到目前为止，全国已形成了政策保护农民工权利的网络。

现在，中央到地方的各项保护农民工的政策已初见成效，但问题还不少。主要的问题是，中央和各地的政策还有些粗放，不太细致，而各地还存在一些限制性规定。由于大政策的粗略，就使各地的限制性规定钻了空子，反而在起副作用。这样，中央和各地的扶持政策在执行的时候不能细微地保护农民工的利益，农民工的某些权利仍遭侵害。因此必须进一步制定更为具体细致的保护农民工的政策措施，废除各地的与宪法和法律有出入的限制性规定乃至一些"土"政策，以把"政策上扶持农民工"这项工作推向深入。

广东省在农民工就业培训、农民工子女义务教育、社会保障、减免收费等方面努力落实党中央和国务院的政策。特别是 2006 年开始，中央财政开始下达农民工职业培训和职业介绍专项资金，这些政策的落实力度更大。如：深圳市 2006—2009 年期间，对取得职业资格证书的农民工，按不同的情况，分别发放了相应补贴，并对培训工作好的企业，发放了培训补贴，共计发放 15830 万元。惠州市 2008 年利用中央专项资金和当地资金共免费培训 20487 位农民工。

中央关于农民工随迁子女接受义务教育的政策在这上海落实得也不错。到目前为止，上海市接收 34 万农民工子女进行义务教育，与总的受义务教育学生的比率为 30.6%，其中在全日制公办学校就读的有 25 万。深圳市 2007—2008 学年为农民工子女提供 527097 个学位，占全市义务教育阶段学位总数的 67.8%，全市公办学校 50% 左右的学位提供给了外来人口子女。

在为农民工提供就业服务方面。如，惠州市建立了"惠州人力资源网站"，免费为企业和求职人员在网上发布招聘信息和求职信息。东莞市在市、镇街、村（社区）三级设立公共就业服务中心（站）616 个，形成了覆盖广泛的服务网络，免费为包括农民工在内的各类求职者提供求职登记、政策咨询、职业介绍和指导等"一站式"服务。

虽然，各地在政策扶持上出台了许多具体措施，取得了明显成效。但是还存在着不少问题。比如，农民工子女在当地入学义务教育方面。按照《广东省流动人员管理条例》规定，在广东省居住半年以上、有固定住址、固定工作和收入来源的流动人口，子女列入流入地接受义务教育范围。不达此条件的农民工子女则不能接受当地义务教育。深圳市的地方规定也有较多的限制条件，这些条件是：农民工子女的父母必须连续在当地居住1年以上；父母在居住地的医保证明、居住地的计划生育证明、适龄儿童原籍就学联系函或转学证明、父母的居住证、购房合同或租房合同等。上海市农民工子女入学义务教育也有一些限制条件。即必须有"两证"：父母的身份证、家庭户口本和有效的上海市居住证或就业证。从上可以看出具体的问题就是：一是条件过多，二是部分条件，如父母的医保、计划生育证明等与义务教育关系不大的条件也与子女入学挂钩，三是在民办学校就读的还比较多，费用较高，给父母增添了较大的负担。再比如，农民工就业服务方面。农民工获得就业岗位的信息渠道还不够畅通，公共职业介绍机构服务成本较高。由于种种条件的限制，比如受人员编制、经费等局限，加上举办现场招聘会成本较高，一场招聘会大概需要2万多元费用，尤其是缺乏输出地与输入地之间岗位供需信息的及时沟通，各地在为农民工提供更加深入、广泛、便捷、专业对口的就业信息服务方面，还远不能满足农民工和用人单位的需要。当然也不能满足当地经济发展的需要，总的社会发展的需要。

（三）法律上保护：建立与健全各种保护农民工权利的法律

中外学者对政策的理解，尤其是对政策与法律的关系的理解上有很大差别。美国学者伍德罗·维尔逊认为"政策是由政治家即具有立法权者制定的而由行政人员执行的法律和法规"，詹姆斯·安德森认为"公共政策是由政府相关或政府官员制订的政策"。[①] 西方学者的政策概念往往具

---

① 陈振明．政策科学——公共政策分析导论［M］．北京：中国人民大学出版社，2003：48．

有以下含义：（1）政策几乎等同于法律和法规；（2）政策具有权威性和目的性；（3）政策具有公共性质，至少是面向社会中不确定的主体。我国的法律学者倾向于政策和法律的二分法，更侧重于二者之间的差异性而不是共同性，认为政策和法律二者至少在制订的组织和程序、实施方式，调整范围以及在形式化方面存在较大的区别。① 政策在方向上具有战略性和前瞻性，在速度上具有及时性，时代感强，面对国际国内形势变化，新的经济、社会问题形成等新情况能迅速作出反应；而法律具有稳定性，能将权利义务、责任后果及其实现程序作出具体的安排。然而，在对社会发展的掌控方面，法律和政策的作用是相辅相成的，实际上的融合要远远大于理论上的区分。如近年来，每年党中央1号文件都是关于农村政策的，这些政策有关保护农民实际利益的规定，形成的实效都使广大农民欢欣鼓舞，广泛传播，深得广大农民的广泛认同与拥护。同时，人大机构和各级政府也颁布了一定数量的法律法规，如就业促进法、劳动合同法、最低工资规定等。

但是，在对农民工权利保护的路径选择这个问题上，仍然有必要在立法保护抑或是政策保护上进行选择。在政策和法律之间的博弈过程中，公共政策有必要法律化。2009年诺贝尔奖经济学奖被来自美国的埃莉诺·奥斯特罗姆和奥利弗·E.威廉姆森共同获得，获奖理由是对制度经济学的研究。新制度经济学汇聚了包括组织理论、法学、经济学在内的大量学科交叉和学术创新，逐步发展成当代经济学的一个新的分支，是经济学渗透到法学领域的一个典型代表。新制度经济学认为，制度的完善供给决定着一个国家的经济发展速度，在规范人的行为的各种方式中，制度比人品更重要，社会制度决定着人们的行为。交易费用的概念是新制度经济学研究制度构成和运行的基本工具之一，是研究各个层次社会的通用工具。交易费用就是制度的运行费用，交易费用高的制度明显劣于交易费用低的制度。法律作为正式制度的构成部分极其重要，只要有法律的存在，制度的运行费用就会大为降低。"法律规则对新制度经济学是至关重要的，因为

---

① 沈宗灵．法理学［M］．北京：北京大学出版社，2004：186．

它们为社会化和经济上的生产行为创造了激励"① 政策的法律化在西方发达国家已经很普遍。当代发达资本主义国家为了执行统治阶级的经济政策，都制定了大量的立法对社会经济生活进行控制与调节，以保障经济顺利有序的发展。据日本公平交易委员会统计，1979 年日本全部法律有 1500 余项，其中 179 项是将政府产业政策法律化的。

基本人权的保障需要法律来巩固。在农民工的基本人权尚没有得到完善保障的背景下，立法保护是应当采取的路径选择。目前，"经济接纳，社会排斥"是城市对待农民工群体的真实写照。农民工的选举权和被选举权由于人员的流动性大而难以实现，各级政府出台的歧视性规定以及中小企业通过收取押金、扣押身份证的做法侵害了农民工的平等就业、自由择业权、劳动报酬权、休息休假权。许多用人单位未履行法定劳动保护义务，致使在各种工伤事故中受到损害最大的群体是农民工，诸如养老保险、失业保险、医疗保险、工伤保险、最低生活保障等各项社会保障制度都成为城里人的"特权"。国家在教育方面对城镇的重点投入使得农民工的再教育权存在重大缺失。宪法第 33 条规定，中华人民共和国公民在法律面前一律平等。国家尊重和保障人权。我国对农民工权利保护的立法取得了一些进展，但由于立法背景的差异、立法思想、立法价值取向和农民工在城市务工的各方面条件的限制，有效保护农民工权利的法律体系尚不完善。因此完善农民工权利保护的立法，建立多层次的法律保护体系是维护农民工权利的首要任务。总之，对农民工基本人权的保护不能完全依赖于政策，更多地需要依靠法律。

法律对于政府目标的实现具有以下作用：第一，确立立法的目的，而立法目的往往与国家目标是一致的；第二，确立执法机构，从而排除多头执法，防止国家权力分配不清和相互纠缠；第三，设定权利义务关系，统一社会上不同主体的行为规范，合理利用国家有限的资源；第四，制定惩

① ［法］克劳德·梅纳尔.制度、契约与组织——从新制度经济学角度的透视.刘刚等译，
北京：经济科学出版社，2003：18.

戒措施。新制度经济学以为，制度的执行规则主要表现在对违规行为的惩罚上，要使法律得到良好执行，就要使违规者的违规成本大于违规所得，从而使违规行为从投入和产出的角度上变得不划算。

当前，应当尽快制定《农民工权利保护法》，从法律上对农民工权利给予全面的刚性的保护。在制定《农民工权利保护法》时，我们必须要放弃过去的陈腐观念，以崭新的姿态投入到这一伟大而又艰巨的历史使命当中。我们一定要打破现有的思维定式，决不能再像以前那样把农民工简单地等同于农民，并将其排斥在工业化、城市化进程之外；决不能对农村土地的生活保障功能估计得太高，忽略农民工群体的经济利益以及政治权利；决不能放弃政府与社会的责任；更不能继续在制度安排与政策实践中，固守城乡二元分割分治的思维模式。能否全面地、妥善地解决好农民工问题是对我党执政能力和我国政府行政治理能力的巨大考验。应将农民工问题作为我国向发达国家迈进过程中的大事、要事来抓，统筹考虑，努力促使这一问题得到较好、较快的解决。

三、构建农民工权利法律保护体系

我国农民工既是社会主义新农村的建设者、先行者，又是城市化建设的重要推动力量。但农民工也是被社会利益边缘化的弱势群体，其权利法律保护已成为一个亟待解决的重要课题。农民工权利法律保护是一个系统工程，构建完善的农民工权利法律保护体系，不仅有利于有效维护农民工合法权利，更有利于促进城乡协调发展，构建和谐社会。

我们在构建农民工权利法律保护体系时，应当遵循一个基本原则，体现在四个基本环节上。

（一）构建农民工权利法律保护体系的基本原则

构建农民工权利法律保护体系，应当遵循基本人权优于一般人权，

"生"的权利优于其他权利的基本原则。

所谓人权，是指人应当享有的生命权、自由权、平等权等具体权利的总和。人权是普遍的和不可转让的权利，是人之所以为人所应享有的权利。正如麦克法兰所说："人权是那些属于每个男女的道德权利，它们之所以为每个男女所有，仅仅因为他们是人。"[①] 在法的价值体系中，人权居于最高层次，是法的终极价值。而基本人权，即人的生存和发展必须具有的最起码的权利，在人权体系中应当高于、优于其他一般人权，当其他人权与基本人权发生冲突时，宁愿牺牲其他人权，也要保护好基本人权。当然，最佳的人权保障方式是实现所有人权的共同发展。

目前农民工所享有的基本人权应体现在生存权及发展权上，其中，农民工的生存权优于其他权利。马克思曾指出："全部人类历史的第一个前提无疑是有生命的个人的存在。"[②] 人要在社会中存在，首先就要保持生命的存在。"从最低限度来讲，人之幸福要求有足够的秩序以确保诸如粮食生产、住房以及孩子抚养等基本需求得到满足。"[③] 农民工的权利尤其是平等就业、获得劳动报酬、安全生产等经济社会权利得不到保护，会直接威胁农民工的生命存在。保护农民工的权利，首先保护的是农民工的生命，有了生命的人，才会组成人类社会，才会有人类社会的文明和发展。因此，在构建农民工权利法律保护体系时，应当坚持不懈地贯彻"基本人权优于一般人权"、基本人权中"生"的权利优于其他权利的总体法律原则。一旦优先性、至上性人权受到侵害，应当采取具有优先的、超常规的法律方法予以救济。

（二）构建农民工权利法律保护体系的基本环节

构建农民工权利法律保护体系，应当以立法保护为基础，以执法保护

---

① 沈宗灵，黄楠森.西方人权学说 ［M］.成都：四川人民出版社，1994：3.

② 马克思恩格斯选集（第1卷）［M］.北京：人民出版社，1995：67.

③ ［美］E.博登海默.法理学——法律哲学和法律方法 ［M］.邓正来译，北京：中国政法大学出版社，2004：318.

171

为重点，以司法救济为后盾，以社会组织保护为辅助，以户籍制度改革为起点，构建包括立法、执法、司法和工会维权在内的全方位的立体化的农民工权利法律保护体系。

1. 立法保护——加快户籍制度等制度创新

（1）将迁徙自由重新写入宪法

迁徙自由也称迁徙权，从严格的法律意义上说，是指公民在本国境内享有离开原居住地移居异地的自由。① 迁徙自由是现代社会公民应当享有的一项基本权利，是一种普遍的和不可转让的权利。人权的普遍性是指：“人作为人，应该毫无例外地享有生命权、人身安全权、人身自由权、思想自由权、人格尊严权、最低生活保障权等与生俱来的最基本的人权。”② 人身自由是与生俱来的一种基本人权，而迁徙自由本身应该是人身自由的一个延伸。当今世界多数国家的宪法都有公民迁徙自由的规定，如日本、德国、瑞典、意大利等国家都在本国宪法中赋予公民迁徙自由权。日本宪法第二十二条规定：“在不违反公共福祉的范围内，任何人都有居住、迁徙及选择职业的自由”。美国联邦最高法院亦在判例中确认，美国公民有移居任何一州并享受移居州公民同等待遇的权利。迁徙自由也是联合国确认和保护的基本人权之一，《公民权利和政治权利国际公约》就规定了公民有迁徙和选择住所的自由。

迁徙自由在我国经历了一个由肯定到否定再到默认的曲折历程。1954年颁布的新中国第一部宪法曾规定，中华人民共和国公民有居住和迁徙的自由。由于 20 世纪 50 年代我国经济、文化发展相当落后，城乡差距过大，因而当时实行迁徙自由的经济及社会条件很不成熟。以 1958 年颁布的《户籍管理登记条例》为标志，我国政府开始对人口自由流动进行严格限制。这部一管就是 40 年的法规确定了以常住人口为主，严格控制人口流动的基本原则，明确地将城乡居民区分为农业户口和非农业户口两种不

---

① 彭水兰．我国公民迁徙自由实现的障碍探析［J］．江西社会科学，2003，（8）：172.

② 李步云．宪法比较研究［M］．北京：法律出版社，1998：440.

同户籍，并规定"公民由农村迁往城市，必须持有城市劳动部门的录用证明、学校的录取证明，或者城市户口登记机关的准予迁入证明"。自此，传统的封闭式户籍管理制度及其配套制度构成了堪称世界罕见的城乡壁垒，它在农村与城市、城市与城市之间筑起了一道屏障，这显然在事实上废弃了1954年宪法关于迁徙自由的规定。1975年宪法取消了有关迁徙自由的规定，此后一直没有恢复。

改革开放以来，随着我国市场经济的建立，工业化和城市化步伐的加快，农村劳动力的转移成为一种必然现象。如今，因务工经商、求职应聘等引发的人口迁移越来越获得政府的默认和政策的肯定，但迁徙自由法律规范的缺失，成为农村劳动力转移的一道门槛，也使农民的平等就业权和享受社会保障的权利受到了严重制约。事实上，迁徙自由作为一项基本人权，不应受到人为的限制和剥夺，如果对农民的居住和迁徙自由权进行严格限制，不仅会给农民带来了巨大的痛苦，也会给国家和民族带来无法估量的伤害。[①] 因此，将迁徙自由作为人权的一部分重新写入宪法，加强对基本人权的保障已经显得尤为迫切。在此背景下，改革城乡分割的户籍制度，以固定住所、稳定就业和收入等条件为依据，取消农业人口和非农业人口的户口区别，统一称为居民人口，消除附加在户口上的就业、教育、住房、社会保障等公共服务的优先权，让农民工在政治权利、就业求职、权利保护、社会保障、子女受教育方面与城市居民一视同仁，都能享受与城市居民同等待遇，建立统一、开放的人口管理机制。

（2）制定新的《户口登记法》

迁徙自由的实现是不可能一蹴而就的，迁徙自由权立法也不可能一步到位。迁徙自由权立法必须与户籍制度改革相协调，与经济、社会发展水平和城市综合承受能力相适应，采取分步推进的方式。"农民工问题的实质是户籍以及附加在户籍上的不公正待遇"[②]。因此，首要的工作就是要改

---

① 周湘伟，刘建华.关于我国农民工政治参与法律保障的几点思考［J］.湖南行政学院学报，2009，（6）：73.

② 陈仁涛.农民工阶层的政治成长与党的执政基础建设［J］.理论与改革，2008，（6）：49.

革户口制度，制定新的《户口登记法》，使户籍制度回归证明公民身份，便利国家管理，提供人口数据的功能。[①] 为此，政府应根据我国经济、社会发展的客观需要以及社会的综合承受能力，及时调整户口迁移政策，逐步放宽户口迁移的限制，最终实现户口自由迁徙；逐步取消农业人口和非农业人口的区别，统一称为居民户口，建立全国城乡统一的户口登记制度；逐步消除附加在户口上的一系列城乡有别的待遇，让农民在城市可以享有与城市居民一样的劳动就业、子女受教育、社会保障等权利，努力建立起城乡一体化的社会制度，实现城乡居民的平等对待。

当然，现阶段完全放开让公民自由迁徙，会给城市带来很大的压力，公共设施、医疗、就业和教育等很难跟上。笔者认为，我们可以从两个方面解决户籍问题：一是改革城镇户籍制度，放宽农民工进城落户的门槛。可以考虑先让在城市务工三年以上、有固定就业收入的农民工先登记为城市蓝印户口，以便农民工在政治权利、就业求职、权利维护、社会保障、子女受教育方面与城市居民享有平等权利。二是建立就业迁徙制度。逐步由投资、人才、投亲靠友迁徙转向就业迁徙，降低流入地的前期门槛，创造就业迁徙环境，逐步使农民工实现城市化。[②]

（3）修改《选举法》

新中国成立后，我国在人大代表选举中一直实行的是按比例原则配置选举权制度，[③] 即同一行政区域内每一代表所代表的人口数在农村与城市是不同的。1953 年我国第一部选举法规定，城乡人民代表可以代表不同的选民人数，自治州、县、自治县为 4∶1，省、自治区为 5∶1，全国为 8∶1。1979 年我国第二部选举法，仍然沿用了 1953 年选举法确定的城乡人大代表选举比例。1982 年对选举法进行了第一次修改，将县级人大

---

① 雍继敏，陈潮升．保护农民工权利亟须法律和制度创新［J］．中共成都市委党校学报，2006，（3）：61．

② 周湘伟，刘建华．关于我国农民工政治参与法律保障的几点思考［J］．湖南行政学院学报，2009，（6）：73．

③ 林建．城乡按相同人口比例选举人大代表的原因和意义［J］．人民论坛，2008，（5）：42．

代表的农村与城镇人口比例，从4倍改为可小于4：1直至1：1。1986年对选举法进行了第二次修改，维持了1982年确定的城乡人大代表选举比例。1995年选举法进行了第三次修改，将原来全国和省、自治区这两级人大代表中农村与城市每一代表所代表的人口数的比例，从原来的8：1，5：1，统一改为4：1。2004年对选举法进行了第四次修改，维持了1995年确定的城乡人大代表选举比例，即统一为4：1。这说明，我国选举法从制定开始，就从我国地区发展不平衡和城乡差异等现实国情出发，对城乡每一代表所代表的人口数作了不同的规定。这种规定在当时是符合我国国情的，因为我国当时人口构成的工农人数比十分悬殊，如果按照统一标准分配代表名额，农民代表所占的比例将远超于工人代表所占的比例。因此，"只有规定城市和乡村代表分别代表不同的人口比例，才能保证工人阶级在各级人大代表中占有相对多数"[1]，才能反映工人阶级对于国家的领导作用。这样规定在当时是完全符合我们国家的政治制度和实际情况的，是完全必要和完全正确的。

但随着社会的发展，城市化进程的加快，中国城乡人口比例已发生了根本性变化。农村人口大规模流向大中城市，使城乡人口结构发生了显著变化，"我国居住在城市和农村居民的人数比例已经由1953年的13：87，1979年的18：82，1995年的30：70，发展到2005年的42：58，而到2020年，将很可能会有高达60%左右的人居住在城市里"[2]。如果继续实行农村与城市每一代表所代表的人口数不同的制度，将造成新的城乡之间、地区之间因城市化程度不同而导致的代表分配不均衡。而且，由于我国教育事业的普及和发展，广大农民文化素质和民主法治意识不断提高，参政议政的要求和水平、追求权利平等的意愿和呼声不断增强，要求更多的参与权、话语权、决策权和监督权。同时，我国《宪法》第三条规定，

---

① 林伟.对十七大报告中建议取消"四分之一选举权条款"的思考［J］.广东省社会主义学院学报，2008，（2）：74.

② 孔云峰.关于逐步实行城乡按相同人口比例选举人大代表的思考［J］.重庆行政，2008，（1）：70—71.

每个年满十八周岁的公民，不分民族、种族、性别、职业、家庭出身、宗教信仰、教育程度、财产状况和居住期限，都享有选举权和被选举权。依据该条规定，城乡居民的选举权和被选举权应是平等的。而《选举法》却规定按不同户籍人口数，以不同比例分配人大代表名额，这种规定与宪法精神不一致，也无法体现城乡居民选举权平等原则，是法律对农民的制度性歧视。① 因此，党的十七大明确提出要逐步实行城乡按相同人口比例选举人大代表。这一主张和建议，是我党进行民主政治改革的一大新举措，也是对我国根本政治制度的一种改良。

为使执政党的主张能通过法定程序转化为国家意志，让城乡居民享有平等选举权，建议全国人大对《选举法》依法定程序进行修改，将现行的农村居民选举权"四分之一"规定予以取消，以实现城乡居民按相同人口比例选举人大代表，使《宪法》规定的"法律面前人人平等"原则，在公民的选举权利上能得到体现。这一建议如能实现，将有利于保证城乡居民政治权利的平等性，实现等量人口产生等量代表的选举平等原则。② 同时，改变《选举法》中完全按户籍人口计算分配代表名额的规定，改为以各级人民政府统计部门公布的常住人口为准来计算代表名额。常住人口由两部分组成，即户籍人口加外来常住人口。外来常住人口应当有取得连续两年异地居住和工作证明及不参加户籍所在地选举的证明。

（4）修改和完善《劳动法》

由于农民工"边缘人"的性质，我国已有法律中直接涉及农民工权利保护的法律很少。作为调整劳动者和用人单位之间劳动关系的法律，《劳动法》无疑是我国现行保护农民工权利的一部基本法律。这部法律对于构建市场经济条件下的劳动关系模式，维护劳动者的合法权利，推动劳动力市场化等方面发挥了重大作用。③ 但《劳动法》实施以来的十余年中，中国的社会经济发生了巨大变化，已越来越明显地暴露出它的局限性，其中

---

① 陈美秋.同票同权：民主的一大步［J］.人民政坛，2010，（1）：10.
② 杨连强.论全国人大代表名额精简之必要性及路径［J］.人大研究，2006，（5）：7.
③ 关怀.六十年来我国劳动法的发展与展望［J］.法学杂志，2009，（12）：4.

最突出的问题就是严重忽略了农民工的利益，农民工实际所受到的保护远远低于劳动法，农民工权利在现实生活中很难落到实处。为了更好地对农民工权利进行保护，我们有必要对《劳动法》进行适当的修改和完善。

在《劳动法》的修改和完善上，应进一步扩大其调整范围，规定农民工劳动争议案件一律适用《劳动法》，为农民工维权提供法律依据。在内容上，《劳动法》应规定农民工平等的劳动地位，明确禁止包括城乡歧视在内的就业差别，保证城乡居民平等的就业权；[①] 规定用人单位在保证劳动者合法权利方面的特定义务；规定用工单位必须在雇用农民工时与农民工签订规范的劳动用工合同；明确最低工资标准；建立企业欠薪保障基金制度，依法彻底治理拖欠农民工工资的现象；建立农民工劳动工资的先予执行制度；改变劳动争议先仲裁后诉讼的制度，延长劳动争议的诉讼时效，建立劳动争议或裁或审的制度；建立农民工劳动保险制度；建立适当的诉讼仲裁费用减免制度等。此外，应当对农民工适用探亲假、法定节假日、休息制度，以及其他《劳动法》相关条款作出的明确规定：使农民工在权利享有上得到公平待遇。

再次，制定《劳动法》及其配套法律、法规的实施细则或办法。在1994年《劳动法》制定时，由于我国刚刚进入市场经济初期，对于如何正确处理社会主义市场经济体制中的劳动关系缺乏经验，又迫于现实中劳动关系亟待法律调整的压力，在立法中很多方面只能做原则性规定。因此，《劳动法》的有些条款过于原则和宽泛，缺乏可操作性；有的制度没有相应的具体行为规范，以致作为劳动行政主管部门的劳动和社会保障部不得不以"规章"充实《劳动法》的内容，但其法律效力和等级都是不能与"法律"同日而语的。虽然近年来制定了许多劳动方面的法律，如2008年开始实施的《就业促进法》、《劳动合同法》和《劳动争议调解仲裁法》等，但这些法律在实施时需要制定具体的实施细则或办法，将法律规定具体化，便于其贯彻执行，这样才能构建起劳动者权利保护的完整法

---

① 贾静.农民工权益法律保障的缺失及其制度创新［J］.山东社会科学，2010，（9）：136.

律体系。①

（5）制定《农民工权利保护法》

如今，农民工已成为城市中的一个庞大而特殊的群体，为城市发展作出了巨大贡献。然而，这个群体在自己作出贡献的城市里却不能享受自己的劳动成果，面临着自身权利无法保护的难题，有的农民工工资被拖欠、工伤无保险，权利得不到保证，由于没有安身立命之所，有的农民工在冬天不得不住在立交桥下，水泥管中，基本的权利得不到保护。长此以往，势必会影响社会公平，导致社会不稳定因素的产生，最终会影响到社会主义经济建设。目前，有关保护农民工合法权利的法律法规主要是《劳动法》、《工会法》和《工伤保护条例》，尚没有对保护农民工权利进行专门立法。鉴于农民工群体的特殊性、维权问题的复杂性，只有出台《农民工权利保护法》，才能从根本上为农民工提供制度上的刚性保障。该法应当从保持社会和谐稳定的高度，按照城乡统筹、城乡一体的发展思路，从根本上保护农民身份的权利，为提高农民身份的地位提供法律保证。

2. 执法保护——加大执法力度

（1）强化政府对农民工权利保护的责任

解决农民工权利边缘化的问题，固然需要立法，但相对而言，政府通过公权力制止各种侵害农民工权利行为的发生，对保护农民工权利可能更为直接和有效。农民工工资被拖欠、不签订劳动合同、工伤、超时工作、频频发生职业病、休假待遇得不到落实等，既有法律不健全的原因，更重要的是执法不力所致。所以有学者认为，对保护农民工权利而言，我们缺少的并不是法律条款，而是严格依法办事的力度，只要政府及有关部门真正下决心使《劳动法》《工伤保险条例》得到不折不扣的贯彻落实，农民工权利得不到保护的问题就会迎刃而解。② 在现有的法律和政策下，农民工合法权得到保护的程度与政府有关部门履行法定义务的状况成正比关

---

① 赵凯东.农民工权益保护与劳动法的修改［J］.经济研究导刊，2007，（8）：133.

② 朱述古.不必专门制定《农民工权利保护法》［N］.深圳商报，2004—11—12（1）.

系。政府有关部门越积极作为，农民工的合法权利越能得到充分保护；反之，政府有关部门消极作为，农民工的合法权利则难以或得不到保护。

强化政府对农民工权利保护的责任，应从以下三个方面做起：首先，各级政府及其相关部门要坚决杜绝违法行政和行政不作为，加大劳动权利保护、监察执法力度，保证农民工权利的实现。农民工认为其合法权利受到侵害的，有权向政府有关部门投诉，相关部门应当及时处理，不得拖延、推诿。不属于本部门职责范围的，应当告知农民工具体受理部门。其次，各级政府及其相关部门要设立专门的申诉举报服务网络，建立起受理举报、行政执法、公民监督一体化的处理机制。通过报纸、广播、网络等新闻媒体向社会公布投诉举报电话，安排工作人员 24 小时接受群众举报、投诉受理工作，进一步健全举报投诉受理制度。明确受理人员职责和工作程序，要求对举报、投诉案件都做到认真、详细登记，安排专人受理，确保举报、投诉渠道畅通。最后，加强政府对农民工的培训和引导，建设服务型政府。地方各级人民政府应当坚持公平对待、强化服务、完善管理、合理引导的原则，建立惠及农民工的城乡公共服务体系和制度，将农民工及其随带配偶、子女的就业、教育、医疗等纳入当地公共服务和管理范围。改变过去对农民防范、限制式的传统管理的"管制政府""权力政府"等角色，实现政府向公共服务型现代政府的角色转变。在市场经济条件下，政府应积极为农民适应市场寻求发展搭建平台，运用政府的优势地位为农村市场经济的发展搭建一个公平、有序、开放、合理的市场平台。同时，政府应当开展农民工劳动技能、安全技能培训，增强农民适应市场的能力，促进农民工就业，保护农民工安全；劳动保障部门及公共就业服务机构应当加强信息网络建设，免费为农民工提供就业信息、政策咨询和职业指导；卫生部门应当将农民工随带子女免疫工作纳入当地免疫规划，计划生育部门应当为农民工免费提供基本项目的计划生育技术服务等。①

---

① 姜军，汪立生.我省立法保障农民工权益［N］.江苏法制报，2008—3—13（2）.

（2）加大劳动执法力度

从法律的角度讲，虽然诸多法律都对农民工权利保护作出了相关规定，但农民工权利受损现象依然十分严重，其中的一个重要原因，就是法律在执行中的失灵问题，即劳动执法中的不作为问题。如何使法定的权利落到实处，把"纸上的法"变为"实际的法"，当务之急是要加大劳动执法力度。

在加大劳动执法力度上，劳动保障部门要有针对性地加大宣传力度，发挥新闻媒体作用，采取到企业开展法制宣传日活动，开设维权热线等多种形式，广泛深入地宣传劳动法律法规，使其真正家喻户晓、人尽皆知，使企业和广大农民工知法、懂法、守法，在全社会营造遵纪守法的良好氛围；各级劳动监察执法部门应克服"行政不作为"的惰性，合理确定各个部门的法律义务，配齐配强劳动监察执法队伍，切实履行执法职责，及时纠正和制止违反劳动法律法规、侵害农民工合法权利的行为。在农民工较为集中的地区和企业，应建立定期和不定期的劳动执法监督检查，对那些明知故犯、拒不纠正的严重违反劳动法律法规的行为，采取有力措施，依法查处，对构成犯罪的要追究其刑事责任，杜绝以罚代刑，①提高用人单位触犯法律法规的机会成本，从而让法律真正成为捍卫农民工权利的"法宝"。

3. 司法保护——健全司法救济机制

司法救济是农民工权利保护的最后也是最有效最权威的手段，但在司法实践中却存在着诉讼费用高、诉讼周期长、举证困难、执行困难等弱点。因此，在保护农民工权利上，要做到：

（1）设立专事劳动审判的劳动法院或劳动法庭

劳动法律关系，是指劳动者与用人单位依据劳动法律规范，在实现社会劳动过程中形成的权利义务关系。它是劳动关系在法律上的体现，是劳动关系为劳动法律规范调整的结果。劳动关系双方是管理与被管理、雇佣与被雇佣的关系，具有与平等主体之间发生的民事关系不同的特点，因

---

① 崔秀荣.农民工权利的法律保护机制探究［J］.贵州财经学院学报，2009，（3）：62.

此，适用民事程序解决劳动争议并不恰当。为了提高法院处理案件的专门化程度，加快案件审理的步伐，缩短案件的审理周期，我们可以借鉴国外劳动争议司法机构的做法，设立由专业法官和兼职法官组成的特别劳动法院或劳动法庭，按照特殊的劳动诉讼程序专门从事劳动争议案件的审理，以逐步建立起相关案件的快速裁判机制。①

（2）完善劳动争议处理机制

我国现行的劳动争议处理机制，适用的是"先裁后审"制，即劳动争议发生后，当事人可以向本单位劳动争议调解委员会申请调解，调解不成的可以向劳动争议仲裁委员会申请仲裁；也可直接申请仲裁；对仲裁裁决不服的可以向人民法院提起诉讼；未经劳动仲裁的案件，人民法院不予受理。由此可见，劳动仲裁是劳动争议处理的必经程序。这种机制不仅耗时耗力，而且仲裁费、诉讼费、律师费等的发生，使得农民工的维权成本很高。因此，需要从以下几个方面加以完善：

第一，实行"或裁或审"、"一裁终局"的争议处理机制。对于农民工追索工资等劳动争议案件，应当实行类似于商事仲裁的"或裁或审"、"一裁终局"的争议处理机制，允许农民工选择仲裁或者诉讼，或者直接进入诉讼程序，以缩短争议处理的时间、减少争议处理的成本，节约司法资源，及时有效地保护农民工权利。

第二，实行举证责任倒置。针对大多数农民工来自偏远地区，文化素质不高，取证、质证能力有限，再加上有的用人单位拒绝向劳动者提供有关原始资料或者只提供对自己有利的证据，使得农民工无法举证或者举证无力的情况，在处理有关工资拖欠、职业病及工伤的劳动争议中，应当实行"举证责任倒置"，让用人单位承担举证责任。举证责任倒置可以促进用人单位建立健全相应的规章制度，严格遵守法律法规，有利于保护农民工的合法权利。

第三，实行适当的诉讼仲裁费缓交制度。针对农民工的经济收入普遍

①　郑莹.简论农民工权益的法律保护［N］.光明日报，2007—05—21（4）.

181

较低，交纳诉讼仲裁费具有一定困难，因而阻碍他们通过正当途径来维护自身权利的现状，可以考虑以法定方式明确规定，对符合条件的农民工劳动争议案件可以缓交案件受理费、申请执行费，或实行诉讼费用由用人单位预付，待案件处理结束后再确定相关费用的承担主体的制度，尽量降低农民工获得司法救济的门槛，降低诉讼成本，保证在权利受到侵害后能够通过合法的途径得到法律救济。①

第四，实行"快立案，快审理，快结案，快执行"的"四快"审判原则。对拖欠工程款和农民工工资等案件，人民法院应当依法尽快立案，尽快审结；依法申请人民法院强制执行的，人民法院应当及时办理，尽快执行，提高审判效率，以及时有效保护农民工权利。②

（3）发挥调解机制的作用

农民工面临的矛盾和问题，仅靠行政手段和司法裁决很难从根本上加以解决。在处理农民工权利纠纷时，不仅要构建多层次的调解组织体系，充分发挥企业调解委员会、人民调解委员会的作用，还要重视"调解优先"原则，鼓励当事人诉前、诉中和解，最大限度地促使当事人以和解方式解决争议，从而更有利于化解纠纷，消除社会不稳定因素，节省司法资源。

（4）用足财产保全、证据保全等保全措施

对于涉及农民工劳动权利纠纷的案件，不管是仲裁机构还是人民法院，应均可在案件终结裁决作出之前，裁决用人单位预先支付劳动者工资、医疗费等急需费用。在劳动仲裁和诉讼过程中，农民工可以向人民法院提出财产保全或证据保全的申请，人民法院可以考虑不要求提供财产担保而采取相应的措施。人民法院也可依职权及时对用人单位的相应财产采取保全措施。

（5）完善农民工的法律援助制度

目前，我国的法律援助制度还存在一定的局限性，如受援助门槛过

---

① 陈慧.农民工劳动权利的法律保护［J］.黑龙江社会科学，2007，（1）：192.

② 崔秀荣.农民工权利的法律保护机制探究［J］.贵州财经学院学报，2009，（3）：62.

高、相关法律援助制度不够健全等，致使现有的法律援助方式只能帮助到个别的农民工，农民工借助法律援助维护其劳动权利的实例不多。① 因此，应当建立相应的法律援助机制，加大对法律援助工作的经费保障，构建农民工维权的立体网络，以保证农民工可以及时有效地获得法律帮助，以保护自己的合法权利。各级司法行政部门可以依照《法律援助条例》的规定，将农民工请求支付劳动报酬等案件作为一项法律援助的重要内容，为农民工追讨工资等司法诉讼提供法律援助；而各类法律援助机构应当简化手续，为农民工申请援助提供方便，支持农民工权利的司法救济行为。

4. 组织保护——完善维权组织

（1）充分发挥工会的维权职能

目前，我国进城就业的农民工已成为我国产业工人的重要组成部分。工会，作为工人阶级的群众性组织和利益的代表者，理应把维护进城务工人员合法权利作为一项重要的工作来抓，将愿意加入工会的与用人单位建立劳动关系的农民工吸收为会员，变农民工与用人单位的个别劳动关系为工会与用人单位的集体劳动关系，以保证在农民工权利受损时充分发挥其维权职能。

同时，针对农民工职业不稳定、流动性强的特点，为充分发挥工会的维权职能，除加强企业工会建设外，可以考虑在城市中按照街道、农村中的乡镇设立社区农民工工会，主要负责本社区内农民工的失业登记、职业介绍、职业培训及维权法律援助等工作，提高农民工的组织化程度，为农民工提供培训、管理和服务。对于非公企业的农民工而言，工会组织大多不太健全，在这种情况下，农民工也可以自己组织起来组建工会。②

（2）充分发挥新闻媒体的监督功能

新闻媒体的自由言论权利是除了立法、司法、行政之外的"第四种

---

① 崔秀荣.农民工权利的法律保护机制探究［J］.贵州财经学院学报，2009，（3）：63.

② 杨小媚.农民工权益法律保护现状及重构——基于实证调查的视角［J］.辽宁行政学院学报，2010，（12）：76.

权利"①。新闻媒体作为社会监督的重要力量，对农民工权利受损个案的披露，显示了新闻媒体在维护包括农民工在内的弱势群体利益方面具有不可替代的作用。目前新闻媒介对农民工的报道，在报道规模、报道质量和议题设置上存在着内容少、规模小、缺乏热点等问题，农民工的话语权依然受到限制，信息反馈渠道不畅通，难以真正反映农民工需求等问题。因此，新闻媒体对农民工更应多一份关爱和帮助，为农民工提供更多更好的服务信息和话语平台，为保护农民工权利提供舆论保障。

同时，也有个别地方政府以及政府领导者，把媒体曝光、负面报道看成是抹黑、丑化，对此不是正视问题，寻找解决之道，而是千方百计阻挠媒体的如实报道。地方政府和政府领导者，一定要给新闻媒体以宽松的公共舆论环境，充分发挥新闻媒体的社会监督功能。新闻媒体的报道是否属实、是否合适，自有相关法律法规管理，各级政府的职责是正视出现的问题，在职能范围内解决问题。

总之，农民工权利法律保护是一个系统工程，不是一个部门、一个组织的事情，也不是政府能够单独解决的。就当前而言，要从根源上解决农民工权利保护问题，就必须要消除城乡二元体制，废除不合理的户籍管理模式，取消对农民的身份歧视，提高农民的地位和待遇，加强法律体系建设。只有社会各个方面相互配合、积极支持，形成保护农民工权利的合力，农民工的权利就会得到有效的保护。

四、健全农民工权利法律保护机制

健全我国农民工权利法律保护机制的主要任务就是要围绕农民工利益表达机制、执法监督机制、法律援助机制、司法救济机制和社会保障机制

---

① 赵排风.城市化进程中新生代农民工有序政治参与问题研究 ［J］.河南社会科学，2008，（7）：14.

这五个方面，通过不断的完善机构设置和加快制度建设，为农民工权益提供一个多主体参与、多层次的法律保护机制。

（一）农民工利益表达机制

农民工利益表达机制是指农民工向社会表明自己的利益要求，并试图通过一定的途径和手段来实现利益要求的行动。建立科学的利益表达机制是保证社会各阶层平等行使利益表达权利、实现社会公平正义、维持社会稳定、促进社会和谐的关键之举。随着我国工业化和城市化的加快，数以亿计的农民工率先突破了传统计划经济体制的束缚进入城市，成为推动经济建设的一支生力军。但是，农民工进城务工却因其不拥有城市居民身份象征的城市户籍，而被面向城市居民的各项制度所排斥，成为城市的"边缘人"。我国现阶段农民工利益表达机制的不健全，导致部分农民工在维护自身权利方面，往往很难通过正规的有效的途径来解决问题，在走投无路的情况下，往往通过杀人、跳楼、爬塔吊等非法对抗和极端方式来解决，使利益表达呈现无序状态，加剧了利益格局的失衡和部分群体对政治系统的抗拒，诱发了诸多的社会不稳定因素。[1] 因此，构建农民工利益表达机制，使社会不同阶层和群体的利益诉求都得到充分表达和有效反映，是构建社会主义和谐社会的必然要求。

1. 构建农民工利益表达机制的社会功能

目前，随着我国利益主体的多元化，农民工利益表达问题成为一个非常重要而又无法回避的问题。当农民工的权利受到侵犯而得不到保护时，当农民工群体的利益仅有自己利益的代表者，但其代表者又无法通过正当的途径充分表达而难以行使其权利时，社会和谐就难以体现和实现。"和谐社会并不是一个没有利益冲突的社会，而是一个能容纳并能够用制度化的方式解决冲突的社会，是一个通过解决冲突来实现利益大体均衡的社

---

① 李刚，彭伟.论和谐社会视域下利益表达机制的建构与完善［J］.开放导报，2008，（4）：49.

会"①。从另外一个角度看，如果说农民工对国家政策的影响力取决于利益表达的力度和有效性的话，那么国家对农民工权利的保护力度和准确性则取决于其利益表达机制架构的科学性和运行的有效性。

（1）构建农民工利益表达机制有利于实现社会的公平正义

促进社会公平正义，是构建社会主义和谐社会的一个重要基础。社会主义的本义就是它是以社会为本位的社会，是共同的、互助的、和谐的社会，是以公平正义精神为灵魂、为引领的社会。当前，我国实行效率优先、兼顾公平的市场经济，但是市场经济往往不能自发产生公平正义的结果。市场经济自由竞争的结果容易导致社会出现两极分化，使得城乡之间、区域之间、行业之间的收入差距进一步扩大，农民工这样的社会弱势阶层无法享受改革发展的成果，农民工的利益难以保证，社会公平正义的原则受到损害。如果这种情况不能得到有效改善，势必影响社会稳定与发展。近年来，侵害农民工权利的事件屡禁不止，严重影响了党和政府的形象，干扰了社会的安定和秩序，对社会的公平与正义造成了巨大冲击。"由于当前有效的农民工利益表达机制还没有建立，使得他们寻找不到合适的利益诉求渠道，导致农民工群体内部集聚抱怨，致使部分农民工采取过激的表达方式，以维护自身的利益。"②因此，要达到社会和谐，必须正视以上问题和矛盾的解决，消除这些不合理的制度因素，建立起完善的农民工利益表达机制，确保每个公民的平等发展权。

（2）构建农民工利益表达机制有利于维持社会的稳定

在城乡二元结构下，进城农民工无法享受与城市正式工人同等的待遇，农民向工人阶级的转变的不彻底性决定了农民工的二重性，即一方面农民工在外在的表现形式上初步具备了工人阶级的基本特征，但另一方面，农民工还不是完全意义上的工人阶级，他们在社会地位、综合素质等方面与先进的工人阶级相比还存在着较大的差距。由于农民工利益表达意

---

① 孙立平.和谐就是利益表达的规范化与制度化［J］.山西师大学报，2005，（3）：10.

② 石学峰.建立健全农民工利益表达机制［J］.江南论坛，2009，（5）：26.

识缺失，利益表达渠道不健全，利益表达方式不合理，农民工利益不能得到有效的保护，损害农民工合法权利的事件频频发生，导致农民工集体上访、抗议，甚至有的选择极端的暴力手段来争取自身的利益，造成了与农民工有关的大量社会矛盾的凸显，严重影响了社会稳定，危害了社会公共秩序。农民工作为广大劳动者的一部分，在社会中理应同其他社会成员一样享有平等的利益表达权利。政府应勇于承担起责任，支持和帮助农民工建立正常规范的利益表达机制，以减少社会冲突，维护社会稳定。

（3）构建农民工利益表达机制有利于增强公共政策的合理性

公共政策作为有约束力的行为规范，其制定应当具有合理性，如果公共政策没有合理性，在实施过程中就有可能因遭受抵制而无法发挥其作用。"利益表达的实质，从利益群体自身来说，就是要把利益要求通过正当合法的途径向公共利益的代表——政府反映出来；从政府来说，就是要充分吸纳制定社会公共政策的尽可能齐备的信息。只有建立在充分的信息基础上，社会公共政策的制定才不会出现偏差和失衡。"[①]政府作为一个有限理性的组织，信息来源的有限性和信息源头的可能失真性，其制定的政策不免带有局限性和片面性。在农民工利益表达存在着利益表达失真、无法表达、不愿表达的情况下，其制定的公共政策就会失去合理性。完善的利益表达机制则可以使政府能真切听到来自源头的人民群众的呼声，为政府决策提供相对真实、准确有效、内容丰富的信息，避免了信息的失误和失真，使政府政策能真正充分反映最广大人民群众的根本利益，体现政府政策制定的科学化、民主化和公共政策的公共性特征，降低政府的决策成本。

2. 农民工利益表达机制的构建

针对农民工利益表达机制中存在的突出问题，我们认为，要构建有效的农民工利益表达机制，应当为该机制提供相应的物质基础和精神文化支撑；建立农民工维权组织，使其承担起农民工利益表达的主要角色；同时还要拓宽农民工利益表达渠道，保证农民工向政府的信息传递。

---

① 方同义.多元利益群体的利益表达与和谐社会建设［J］.浙江社会科学，2006，（6）：12.

（1）打破城乡分割的二元户籍制度，统筹城乡发展

城乡分割的二元户籍制度，严重阻碍了城乡统筹发展，加剧了社会分化。拥有城市户口的居民，可以享有与住房、教育、社会保障等一系列特权，而没有城市户口的大量城市务工农民，连基本的生存条件及安全感都没有，户口的附加值，使得农民工子女在升学、就业、医疗等方面遭遇极大的困难，这既不符合社会主义的理想，也不符合和谐社会公平正义的原则。① 这种户籍制度不仅钳制了人才的自由流动，不利于经济的可持续发展，而且严重伤害了农民工的感情，损害了农民工的利益。因此，应当按照党的十七届三中全会统筹城乡发展、实现城乡发展一体化的思路，尽快改革现行的户籍制度，取消农业和非农业户口性质，把户籍管理纳入法制化轨道，变"二元化"城乡户籍管理制度为城乡统一的"一元化"户籍制度，逐步剥离赋予户口诸多附加功能，取消粘附在户口上的各项利益差别，恢复户口的本来面目，为农民进城务工提供宽松的环境，使城乡人口有平等的迁徙权、就业权和社会保障权，能在同等条件下合理有序竞争。

（2）提高农民工经济收入，为农民工利益表达提供物质基础

经济基础决定上层建筑，农民工的经济收入状况决定了他的生存状况。农民工的经济收入，主要的是工资收入。在城市中，农民工的收入处于社会的底层，报酬低廉。同时，农民工缺乏应有的社会保障。一项调查报告显示，98.7%的雇主没有为农民工办理养老金、住房公积金和医疗保险，93.4%的雇主没有为他们办理工伤保险。② 他们在社会经济生活中居于从属地位，他们的利益常常受到剥夺和侵害，农民工的工资不同程度地遭到拖欠。经济基础的劣势地位，决定了农民工进行利益表达的物质基础十分薄弱，他们不能有效地表达自己的利益诉求。因此，我们应认真贯彻中央的有关方针政策，督促企业落实劳动合同制度和集体协商制度，严格执行最低工资制度，建立工资保障金等制度和农民工工资稳定增长机制，

① 石学峰.建立健全农民工利益表达机制［J］.江南论坛，2009，（5）：27.
② 刘克桥.中国"民工潮"的现状与疏导［J］.河南社会科学，2007，（6）：152.

切实保护农民工权利，提高农民工收入。同时，还要为农民工提供职业技能培训，提供工伤保险、医疗保险和养老保险等社会保险，为农民工利益表达提供物质基础。

（3）建立农民工维权组织，为农民工利益表达提供组织保证

农民工作为处于社会结构底层的弱势群体，他们的利益诉求表达往往缺少通畅的途径，其合法权利维护也因自身文化素质欠缺而丧失话语权，政府和社会也缺乏相应的机制来维护农民工利益。另外，农民工的组织化程度也较低，很少参加党组织、工会等正式组织。一些私营企业没有工会组织，或者是厂长、经理担任工会主席，不能很好地代表农民工的权利。因此，农民工群体不能通过集体的力量维护自己的利益，只能处于被动适应、服从的地位，又无法参与城市的管理，在政府决策中也就缺少了为自己争得平等权利的渠道。① 他们的权利只能通过其他阶层和间接的渠道，如传播媒介的道德同情，学者的正义感，政府中部分官员的关心，其他阶层一些代表的呼吁等来表达。因此，有必要组建农民工工会或者类似组织作为他们的维权组织，从而增加农民工与社会进行沟通对话，加大其维权的力量。农民工维权组织同时应当担负起提供信息、进行职业技术培训等义务，以增强农民工在劳动力市场上的竞争力，维护农民工的合法权利。如信阳市建立的农民工双向维权机制，在市、县、乡、村层层建立农民工工会组织，并向农民工在外务工集中地派出工作机构，设立农民工维权服务中心和维权跟踪服务站。农民工外出务工前由当地工会发展为会员，农民工凭会员证在务工地工会接转工会组织关系。会员管理以当地工会为主，家乡工会及其派出机构协助管理。当农民工的合法权利受到侵害时，两地工会可以联合互动，携手维权，发挥了良好作用。

（4）拓宽农民工利益表达渠道，保证农民工向政府的信息传递

民主的社会应保证每一个公民都有向政府传递他们的信息的通道，让大多数群众的意愿能够通过制度化的渠道表达出来；政府在决策时能够听

---

① 张晓云．农民工劳动权益的行政法保护［J］．安徽农业科学，2008，（1）：356.

到来自各种不同利益群体的声音，这些意见和声音最终应该成为制约并引导政府决策的有效力量。在农民工参与意识不断觉醒的情况下，拓宽利益表达渠道，需重点加强以下几个方面的工作。

第一，强化人大和政协的利益表达功能。人大、政协是目前我国社会各个群体进行利益表达最主要的渠道。从人大代表和政协委员的构成情况来看，弱势群体的比例是很低的，人大代表和政协委员的代言机制有待进一步完善。在人大制度方面应将弱势群体的群众监督与人大工作的权利监督有机结合起来，强化人大制度的权利监督。因此，要提高农民工人大代表比重，农民工人大代表要从农民工中通过直接选举产生，提高农民工人大代表的待遇，农民工人大代表要经常深入选民，反映选民要求，接受选民监督，同时努力提高农民工人大代表的参政能力。人民政协也应当把社会各阶层、社会各个群体及其代表人物尽可能地包容起来，使社会各阶层、社会各个群体的利益诉求在政协这个"大舞台"上都能得到表达，为构建和谐社会提供广泛的力量支持和雄厚的群众基础。

第二，建立农民工调查听证机构和制度。"长期以来实行的精英决策体制损伤了农民工参与政治的热情，农民工往往出于政治参与效能较低的考虑放弃自身的政治参与权利，因此，我们应加大民主透明政府的建设力度，通过建立针对农民工问题的调查听证机构和制度来鼓励农民工的利益表达，引导农民工参与到政治生活中来"①。此外，还要同时建立和完善与农民工利益密切相关的政府信息披露制度、社情民意反映制度、重大事项社会公示制度，进一步推动政府决策的科学化、民主化。

第三，进一步规范劳动信访制度。劳动信访在我国是一种独特的利益表达渠道，对于农民工来说，既是他们参政议政的特殊途径，又与他们的表达习惯相吻合；通过劳动信访制度化机制，政府也能够比较方便和直接地了解农民工的处境和意愿。可以说，劳动信访部门使农民工有了一个表

---

① 刘红云，张晓亮.论多元视角下农民工利益表达机制的制度化建设［J］.理论观察，2007，（4）：98.

达自己的意愿、寻求政府帮助的场所。因此，进一步规范劳动信访制度将更加有利于实现农民工和政府的双向信息沟通。

第四，发挥新闻媒体的利益表达窗口作用。新闻媒体是社会话语权的掌握者，通过他们可以迅速唤起社会关注并形成舆论压力，[①] 社会舆论的介入，可以为弱势群体权利的伸张提供可能性。针对农民工利益表达载体稀缺的现状，政府可以给予大众媒体适当政策扶持，建立健全大众传媒的组织机构和体制，充分利用电视、报刊等大众传媒的开放性和社会性，表达群众诉求，反映群众心声，使其成为人民群众和不同利益群体表达利益要求和呼声的窗口。在此基础上，通过媒体对农民工的报道，从而使农民工问题有可能成为公共问题，进而得到政府的关注，引起政府针对农民工制度的思考和改进。当前一些地方建立"民心网"，开设"市民心声"、"行风热线"、"在线投诉"等栏目，起到良好效果。

（5）多渠道多途径提升农民工综合素质，增强其利益表达能力

一般而言，农村进城务工人员是农村中素质较高的人口，但相对于城市工商业和市场经济发展的要求来说，农民工的综合素质尚有待提高，特别是在法制观念上和职业技能上，缺乏现代文明的熏陶和法制观念，这是造成农民工利益表达能力严重不足的一个重要原因。[②] 因此，通过多渠道，多层次的教育和技术培训，提高农民工的综合素质，使农民工掌握现代民主政治理念，增强其自主能力和合法表达能力。在提升农民工综合素质上，首先要提高农民工的法律素质。积极普及法制教育，引导农民工增强法制观念，知法守法，学会运用法律、通过合法渠道维护自身权利。其次要提高农民工的文明素质。要引导农民工提高自身素质，在工作之余加强自身学习，关心时政要闻和国家大事，关心城市建设和发展实践。再次要提高农民工的科学文化素质。引导农民工学习科学、相信科学、依靠科学，用丰富的科学文化知识充实自己，努力掌握各种新知识、新技能，适

---

① 杨炼.和谐社会背景下社会弱势群体利益表达机制现状分析及路径选择［J］.兰州学刊，2008，（10）：92.

② 赵晓昕.和谐社会视野下农民工利益表达机制构建分析［J］.企业导报，2010，（1）：77.

应经济社会发展的需要。最后要提高农民工的职业技能素质。认真实施农民工技能提升计划，加强师资力量建设，扩大农民工职业培训的数量，提高培训的效果，争取使大多数接受培训的农民工能够获得相应的职业资格证书或专项职业能力证书。

（二）执法监督机制

1. 健全农民工执法监督机制的整体思路

加强执法监督，既是当今管理法治化的重要环节，又是保证执法效果的重要保障。执法监督机制由内部监督和外部监督两部分组成，内部监督是指执法机关各部分之间的相互监督，以及执法权力机关内部上下级之间的监督。在西方国家，这一监督主要是通过法定权力制约机制和司法审查制度来实现的。在我国，主要是通过国家权力机关对其他国家机关以及上级国家机关对下级国家机关的法定监督来实现的。外部监督是指对执法的广泛社会监督，包括政党监督、舆论监督和公民申诉控告监督等形式。外部监督是通过保障政党活动自由、新闻自由和公民申诉控告权利而获得的。内部监督和外部监督的有机结合，形成对执法过程的全方位监督。

我国目前的执法监督，无论是内部监督还是外部监督，其效能都还不高。这种情况固然有运作过程中种种社会因素的影响，但主要还是由执法监督机制本身不够健全所造成的，它直接导致了外部监督效力难以实现，外部监督与内外监督机制无法协同运作。[①] 笔者认为，完善我国的执法监督机制，应着重从以下几方面进行建设：

（1）内部监督制度化

内部监督包括一般监督和专门监督。一般监督指行政体系内部上级部门对下级部门的执法情况进行监督，专门监督是监察机关和审计机关的监督。对行政监察监督，职能必须独立。对审计机关的监督，应加深和拓展审计监督的作用范围，搞好对固定资产投资缓建项目的跟踪审计，加强对

---

① 董和平. 执法效果论［J］. 当代法学，1997，（6）：20.

流通活动、消费基金、财政金融等部门的审计，抓好对发展农业和扶贫专项资金的审计。通过监察机关和审计机关的监督，及时纠正和严肃查处违法违纪行为和执法中的不正之风，严格执行执法责任制和错案责任追究制，对执法过错者予以坚决追究，情节严重的，要给予行政处分，直到调离、清除出执法队伍。同时，坚持以人为本，加强执法队伍建设，执法机关负责人要定期交流，重要岗位的执法人员也要定期转换，严把"进人关"，通过公开招考、选拔、录用执法人员，努力建设一支思想素质高、法律素质强、业务素质过硬的执法队伍。

（2）外部监督规范化

外部监督规范化，就是通过立法使外部监督的形式、程序、方法和效力规范化、具体化，使外部监督具有可操作性和效力发挥的法律保障。① 外部监督既是制约执法权力腐败的手段，也是广大社会成员民主参政的基本途径，也是我国依法治国的重要保证。外部监督有助于克服执法机关的官僚主义，提高执法效率，保护农民工的合法权利。同时，由于外部监督既无法定的程序和指标，又往往要受种种政治的或社会的因素的干扰，所以相对于内部监督而言，外部监督的难度更大，它往往是一国民主制度的保证和标志。如果不通过法律手段建立起规范的政党监督、舆论监督和公民申诉控告监督的运作机制，外部监督就只能处于一种随意性较大并易受种种外来因素制约的无力状态，其作用也不能很好地发挥。

（3）建立内部监督和外部监督的联动机制

实现内部监督与外部监督的效应互补，是监督制约机制完善的内在要求，也是保证农民工权利的重要保证。内部监督和外部监督密切配合，协同作用，才能形成对执法过程的全方位监督。所谓"协同作用"，是指不仅要让二者发挥各自的作用，而且要让二者在运作上相互联动和协调，这是充分发挥执法监督效果的关键。② 由于外部监督主体缺乏对不法权力的

---

① 董和平.民生关怀：中国宪政改革的现实基础［J］.法律科学，2009，（3）：39.
② 董和平.论完善我国执法监督机制［J］.人大研究，1996，（5）：18.

自主处分权，其监督作用的发挥只能通过一定的方式启动内部监督机制或司法程序，这个启动内部监督系统的过程必须法定化为一种内外监督系统的联动机制，才能有效地发挥作用，否则，外部监督就会名存实亡。而没有外部监督，内部监督亦会失去推动力，最终导致执法过程无人监督。因此，必须不失时机地重建内部监督与外部监督的联动机制，使执法监督机制更具可操作性。

（4）建立执法监督司法救济机制

执法监督司法救济机制，就是在执法监督活动受到不法权力阻挠的情况下，通过法定程序直接启动司法程序，以保障监督主体合法权利和监督活动继续进行的法律机制。其目的在于能够运用司法强制力保证监督活动的有效进行，保障各类监督主体进行执法监督的合法权利。目前，我国刑法上有关惩治打击报复的规定，只能是在监督者属于个人并且因打击报复造成严重后果的情况下，才能起到一定的司法保护作用，而对于针对非个人监督主体的不法侵害行为，以及打击报复以外的其他阻挠监督和非法处分监督主体的行为，则无法实现司法救济。因此，建立执法监督司法救济机制，不但可以保证执法监督在体系上更为完整和有效，而且可以弥补目前有关刑事立法的不足，解决监督过程存在的现实问题。

2.完善执法监督机制的具体建议

（1）提升监督机构地位，确保监督权威

监督的本质在某种程度上说是一种权力的较量，监督的有效性在根本上取决于力量的支持和保证。① 因此，能否有效地监督各级行政机关和行政人员依法行使职权，更重要的是看监督主体的地位和力量。就现行的行政执法内部监督体制而言，监督主体的地位不高，独立性差，权力不完备。因此，应提升监督主体的地位，使之具有较大的独立性和较完备的权力。可考虑部分监督主体实行垂直领导，实行上一级行政机关派驻制度；部分监督主体，例如各级行政机关的法制部门，其级别应高于或至少不能

---

① 孟昭阳.改革与完善执法监督机制的理论与实践［J］.公安研究，2004，（9）：93—96.

低于本机关的其他工作部门。与此同时，可赋予法制、督察等监督机构一定的对执法行为的直接纠错权，对责任行政人员予以追究的处分权或处分建议权。只有如此，才能使监督主体顺利开展监督工作、确保执法监督权威、增强监督实效。

同时，要大力改善执法监督机构的设备技术条件，充分保证执法监督机构的业务经费，以适应执法监督工作现代化的客观要求。特别是在交通工具、通信设备、调查取证的工具、强制执行手段、资料档案管理设施等方面，应予以充分保障并保持一定的先进性。同时提高执法监督机构工作人员的各种待遇，解决他们的后顾之忧。这是一种必不可免的行政成本和执法成本，因此，各级行政机关应在财政能力允许的范围内，最大限度地保证执法监督机构有充足的业务经费和必要的物质技术条件，最大限度地提高执法监督人员的待遇。

（2）加快立法进程，加强执法监督检查

一是建立和完善用工单位"诚信守法记录"制度，并形成一个可用于网络查询的信息系统。将用工单位在保护农民工权利中的各种违规行为记录在案，定期向社会公布。对于有不良记录的单位除给予法定的处罚之外，其在享受政策优惠、税费减免、银行贷款等方面都将受到限制。二是采取多种手段，加大对用工单位缴纳社会保险的监察力度。例如，要求建筑施工企业一次性向工伤保险经办机构缴纳工伤保险费，对拒不参加工伤保险的建议行政主管部门不予发放安全生产许可证。三是严格规范企业用工行为，切实保护农民工劳动权利。明确农民工与其他职工同工同酬，工资支付方式为现金、按月、足额、向本人支付，对擅自延长劳动时间、违反最低工资标准的行为制定严厉的罚则，并对受侵害的农民工给予一定的经济赔偿。对于建筑行业，实行强制预存保证金制度，对于加工、制造、服务等其他农民工集中的行业，实行违规预存保证金制度。政府还要设立专门机构监督农民工工资支付情况，接受拖欠工资的举报。四是加强安全生产监督检查。用工单位应当按照国家和行业标准为农民工提供必要的安全生产设施和劳动保护条件以及符合国家职业卫生标准和要求的工作、生活环境。对从事有害作业的务工人员，用工单位必须每年为其安排不少于一次的健康检查。对于劳动合同少于一年或工期不确定的行业，劳资双方在解除劳动关系之前必须为农民工进行体检。五是提高农民工的福利水平。用工单位应为农民工提供必要的职工食宿、洗浴、托幼等福利设施，提倡有条件的单位为农民工提供定期体检、上下班接送等福利服务。

（3）扭转执法观念，健全执法监督培训

长期以来，我国存在着"重立法、轻执法、忽视监督"的现象，这种状况不符合我国依法治国、执法为民和建设法治国家的基本要求。在执法机关中，有些执法机关没有树立正确的执法监督意识，缺乏自觉接受监督的观念。① 因此，完善执法监督机制、强化执法监督，首先应当扭转执法观念，建立健全执法监督培训制度。各级执法机关应采用各种有效方式，有计划、经常性地对全体执法人员进行执法监督的培训与考核，使各级执法机关的领导和执法人员明确执法监督的重要意义，充分认识加强对权力的制约和监督的极端重要性，牢固树立"执法者受监督、负责任"的观念，自觉接受监督，切实做到严格、公正、文明执法。

（4）完善监督机制，健全执法监督规范

当前，行政机关存在着多个执法监督部门，例如纪检、法制、信访等，这些部门之间存在着职权的交叉重叠和空隙，没有统一的执法监督工作机制，不能形成合力，从而影响到监督效率。② 所以，应该对此进行调整，明确各监督部门的职责，杜绝出现扯皮现象。要加强各执纪执法机关之间的协调配合，加强联系和沟通，互通情况、共同分析，形成良好的监督工作机制。同时，加强执法监督规范建设。通过对相关执法监督文件的统一，明确监督部门的职责、权限、工作程序和相关纪律责任，提高监督的效率。

---

① 汪中山. 论我国人民代表大会监督制度创新［J］. 中州学刊，2006，（2）：3.
② 孟昭阳. 改革与完善执法监督机制的理论与实践［J］. 公安研究，2004，（9）：95.

（5）调整监督重心，强化过程监督

把握好执法监督的侧重点，可以使执法监督见成效，所以应该根据执法监督的现状，适当调整监督重心。第一，强化上下级行政机关的监督，改变下级机关不执行上级机关决定和命令的现象。第二，加强平时监督，改变以往的突击检查的做法，工夫下在平时，并且强化日常监督效果。第三，开展针对性的专项执法监督，解决存在的突出问题。第四，强化事前、事中监督，改变现行事后监督的体制和做法，最大限度的减少过错执法行为和侵害公民权利的现象发生，强化对权力的监督。在事前监督上，要重点对执法决策环节和执法制度的规范环节进行监督。在事中监督中，实行检、查、审分离的做法和集体决议制度，最终形成事前、事中、事后全方位的执法监督机制。第五，对人和事实行结合监督，责任追究到人。现行的监督工作很大一部分只停留在事情本身而没有落实到人，使在完备的监督机制下还出现许多问题。不追究过错行为人的责任，会极大地削弱执法监督的实效性。所以要改变以事为主的监督机制，把事和人结合起来进行追究，对经查证属实确实存在过错的人员，就应该根据相关规定予以处罚。监督者也要接受监督，对有违法失职行为的人员也要追究责任，使监督者和被监督者都能尽职尽责。第六，加强对各级领导的监督。采取财产申报制度，建立述职制度，使各级领导成为公正、公平、严格的执法典范。

（6）畅通外部监督渠道，加强新闻舆论监督

行政执法外部监督形式很多，但是真正发挥作用的却很少。外部监督作用发挥不充分的原因有很多种，其中行政机关不主动参与、接受，使外部渠道不畅通也是一个原因。所以，对于行政机关而言，应当改变不主动参与的现状。第一，确立向人大代表征询意见的制度，对于人大代表的建议和意见，要充分认真的研究，然后认真落实。第二，要接受司法机关的监督，充分听取、接受法院、检察院对行政机关提出的建议和意见。第三，逐步完善公民申诉制度。公民权利受到损害，应允许他们进行申诉，不能打压和隐瞒，听取他们的困境，这样才能实现为人民服务的宗旨。第

四，实行公开行政，除了涉及国家秘密等不可公开的以外，应该将执法的依据、程序、结果等向社会公开，以增强行政执法工作的透明度，为监督主体提供方便。第五，新闻媒体可以对行政执法过程中出现的问题进行负责任的报道，并且为其他舆论监督提供便利。

（三）法律援助机制

法律援助是指律师、公证员等基层法律工作者，在国家设立的有关机构的统一组织和协调下，对经济困难或特殊案件的当事人减收或免收法律服务费用，以保护其实现合法权利、从而更加完善地健全人权和社会保障机制。我国从1994年开始逐步建立法律援助制度，这种被喻为"驶向贫弱者的诺亚方舟"的法律援助制度，为实现社会公平、促进司法公正发挥了积极作用。① 但在实际运作中，农民工法律援助机制的发挥却存在一些不容忽视的问题和薄弱环节，与建设社会主义新农村、和谐社会的目标要求尚有较大差距。在城市中，大量的农民工因建设领域拖欠农民工的工资、人身损害赔偿、医疗事故等纠纷的发生，以及在城市犯罪后因经济困难无法实现辩护权等问题的出现，迫切需要政府采取有效措施解决。法律援助制度的设立，正好弥补了我国法律制度这方面的缺失。

1. 农民工法律援助的渊源

历史上法律援助制度最早起源于英国，可以追溯到1495年亨利七世的一个法案，是作为救助社会弱势群体的手段而出现的。随着社会的发展和公平正义理念的深入人心，特别是福利国家理念的实践，第二次世界大战以后，随着社会本位思想的发展，法律援助不仅被视为一种权利而且被视为国家福利的组成部分，现代意义上的法律援助制度被建立起来。② 我国法律援助制度的探索和展开是从无到有、摸索前进的，属于"摸着石

---

① 刘洪德.农民法律援助机制建设中存在的问题及治理对策分析［J］.农村经济，2007，（5）：115.

② 彭锡华.法律援助的国家责任——从国际人权法的视角考察［J］.法学评论，2006，（3）：64.

头过河", 其起步较晚, 但发展速度相对较快。1996 年修订的《中华人民共和国刑事诉讼法》首次正式确认了 "法律援助" 制度, 其 34 条规定: "公诉人出庭公诉的案件, 被告人因经济困难或其他原因没有委托辩护人的, 人民法院可以指定承担法律援助义务的律师为其提供辩护。被告人是盲、聋、哑或者未成年人而没有委托辩护人的, 人民法院应当指定承担法律援助义务的律师为其提供辩护。被告人可能被判处死刑而没有委托辩护人的, 人民法院应当指定承担法律援助义务的律师为其提供辩护。" 此外, 2003 年国务院颁布的《法律援助条例》是我国法律援助进程的里程碑, 它不但明确了政府在法律援助中的责任主体地位, 而且规定了法律援助的具体范围和条件, 其中就包括请求给予社会保险或者最低生活保障待遇以及请求支付劳动报酬等情形, 而这些就成了弱势群体在合法权利遭受侵害时请求法律援助的依据。

2. 完善农民工法律援助机制的对策

(1) 加强对法律援助制度的宣传

在我国法律援助制度发展相对落后的情况下, 社会公众对这一年轻的制度难免感到陌生和遥远, 所以, 加强对法律援助制度的宣传也是当前面临的一项重要课题。根据国务院《法律援助条例》的规定, 政府是法律援助的责任主体, 应当采取积极措施推动该项工作, 保障法律援助事业与经济和社会发展相协调。因此, 政府等部门应当高度重视, 增强有效作为。首先, 在宣传途径和方法方面, 应广泛利用宣传媒介, 通过电视、网络、广播、报纸等方式, 使更多的公众了解法律援助制度的存在及运行, 使该项制度体现的公平正义理念更加深入人心。在宣传过程中, 深入基层, 根据不同的对象采取通俗易懂或理论性稍强等不同方法。其次, 在宣传对象方面, 增强普及性和针对性, 不仅要使农民工等弱势群体有依靠感和安全感, 而且增强企业组织和社会公众的责任感。法律援助不能仅仅依靠政府拨款或律师免费服务, 社会也需要承担一些责任, 没有高度责任感的社会公众的广泛参与, 法律援助就会举步维艰。最后, 宣传内容方面, 应更加充实、广泛和实用。不但要宣传法律、法规和司法解释等关于法律援助及其相关的维权知识，增强受援群体的法律意识和观念，而且要宣传法律援助制度的实施目标、现状和障碍，吸纳更多的社会力量关注、关心和支持该制度的发展和完善。

（2）建立和完善农民工法律援助管理机制

第一，建立专门的农民工法律援助管理部门。农民工作为新兴的社会群体，其弱势特征非常突出，身处异乡的他们即使对法律援助制度有所耳闻，庞杂的政府和社会机构以及他们相对低下的素质难免使他们感到头绪紊乱、维权困难。在继续完善现行法律援助机制的同时，建立专门面向农民工的法律援助机构，甚至设立统一的热线服务平台，有助于农民工更好地了解并享用法律援助制度，从而维护自己的合法权利。此外，由于各类侵权和维权案件有时会横跨不同地域，而农民工的工作流动性又很强，为更好地保护农民工权利，应加强农民工法律援助机构的异地合作。当来自不同地域的农民工在异乡受到权利侵害时，避免出现各地援助机构信息沟通不畅、互相推诿的现象，增加农民工的维权成本，变相再次侵犯农民工权利。

第二，加强对法律援助主体的统筹和整合。无论怎样的法律援助制度，最终都要通过一定的主体来实施，加强对这些主体的统筹和整合，既可提高法律援助主体的积极性，又可以避免援助资源的浪费。首先，加紧完善法律援助机构工作人员和公职律师的队伍建设，提高援助力量的数量和质量，从根本上保障农民工维权之靠山。其次，建立对执业律师进行法律援助的激励和表彰机制。职业律师作为实施法律援助的主要力量，律师管理部门应明确作出有关规定，通过激励机制最大限度地调动他们的积极性。最后，充分发挥其他法律服务志愿者的作用，尤其是在校大学生和热衷公益事业的离退休人员。在校学生通过提供法律援助，对我国法律援助制度的施行起到推动作用，对解决社会纠纷、稳定社会秩序具有积极作用的同时，对于我国高校法学教育也具有重要的价值与意义。① 对于有些热

---

① 奚庆.高校学生法律援助机制的价值与完善［J］.江苏政协，2010，（12）：52.

衷公益事业的离退休人员，也应该予以重视。他们虽然没有非常专业、系统的法律知识，但他们不乏法律意识和法制观念，在年轻时积累了非常丰富的社会工作经验，依然能够帮助农民工用法律维护自己的权利。

（3）构建农民工法律援助的专业律师服务机制

在法律援助制度的发展进程中，律师始终扮演着最重要的角色，职业特征和属性决定了提供法律援助的主体首先是律师，这也是律师的职业道德和社会责任所要求的。究竟是专门的公职律师还是社会律师或私人律师来为农民工提供法律援助的模式更为合适，这取决于我国的律师和农民工群体的社会实际。从效率上讲，因为公职律师是主动地接受法律援助案件，其工作更具有针对性，并且可以更多地利用政府法律援助平台所提供的公共信息，所以他们在同一时间处理案件的效率要比社会律师高。但从实际上讲，由于我国的农民工数量较大，而公职律师中法律援助律师的数量又有限，需要援助的农民工和能够提供的援助资源之间悬殊太大，所以，纯公职律师援助模式也有其不可避免的缺陷，因此，在我国采用混合模式为农民工提供法律援助服务是最科学合理的选择。①

在混合模式下，如何更多地吸纳法律援助力量是一个首先面临的重要问题。执业律师较其他法律服务人员有更多的诉讼权利和专业优势，是为农民工提供法律援助的核心力量，但由于与农民工相关的法律案件调查取证困难，办案时间相对较长，且政府的激励和补助制度不够健全，致使很少执业律师主动地接受农民工法律援助案件。为此，可以从以下几个方面进行改进：第一，扩大公职律师法律援助群体的数量，由国家财政专项资金做后盾，提高公职律师对农民工提供法律援助的积极性和针对性，让公职律师承担更多的法律援助任务，更多的服务于社会弱势群体。② 第二，由政府出面与社会上的执业律师机构签订合同，进行农民工法律援助项目

---

① 裴小梅．论如何完善农民工的法律援助服务——兼论农民工法律援助的律师服务模式　[J]．河南司法警官职业学院学报，2006，（4）：84．

② 邓路遥．法律援助供给模式及其改革［J］．广西政法管理干部学院学报，2010，（4）：52．

的招标、评比和奖励，加强完善法律援助律师的税收、补贴等保障措施。第三，注重年轻律师法律援助资源的挖掘和培养。律师职业比较讲究经验的积累，一些新上手的年轻律师往往案源较少，政府可以通过广泛宣传和实施各种优惠保障措施吸纳他们从事农民工法律援助服务，不仅能够壮大法律援助的力量，而且锻炼了新手律师的职业素养。第四，建立志愿者法律援助服务机制，广泛宣传法律援助体现的公平正义理念，吸收自愿提供法律援助的社会志愿者力量，并做好志愿者的注册管理和表彰激励工作。

在混合模式下，如何更有效地提高法律援助质量也是一个需要研究的问题。农民工法律援助工作是一项社会公益事业，但提供援助的主体难免有一些追名逐利或被动接受的现象。因此，壮大农民工法律援助力量的同时，必须注重提高农民工法律援助的质量。首先，鼓励执业律师设立专门面向农民工的法律咨询和援助机构，并对此类机构予以必要的优惠性政策支持和保障。不仅使农民工感到维权帮助的归属感和认同感，而且有利于提高农民工法律援助的效率和质量。其次，完善执业律师办理法律援助案件的评估和管理机制。为确保质量，律师管理部门应加强对律师办理农民工法律援助案件的管理，作出一些具体明确的标准和要求，定期评估，并进行必要的淘汰和表彰。最后，政府可定期对农民工法律援助情况进行总结，通过研讨、培训和座谈等形式，促进农民工法律援助工作的信息交流和共享，进而提高农民工法律援助的质量。

（4）加强农民工法律援助的经费保障

在西方发达资本主义国家法律援助机构的组织形式中，一是以英美国家为代表的，国家对法律援助仅限于原则性指导和财政支持，具体实施由律师协会、各种私人基金会、律师个人等进行；二是以瑞典和丹麦等国为代表的，其法律援助面向全社会，由国家设立专门的机构，雇佣专门人员实施法律援助工作。在这种体制下，将法律援助纳入了国家的福利制度体系，政府责任得以充分的体现，但给国家财政造成的压力相对较大。我国是个人口众多的社会主义发展中国家，经济发展水平总体不高，国家还缺乏大规模负担法律援助费用的实力，目前难以单纯模仿西方发达国家模式。① 权宜之计就是国家提供必要的财政力量做基础性支持，通过广泛宣传、号召和倡导，使公平正义理念深入人心，使更多的社会力量关心和支持对农民工等弱势群体的法律援助。随着国家经济水平的发展和提高，逐步加大财政投入，加强政府责任，使我国的法律援助事业健康发展。

（5）提高农民工法律援助工作的便民化程度

农民工法律援助工作的开展，始终离不开农民工当事人的参与，为使农民工更好地通过该援助制度获得权利保障，必须提高农民工法律援助工作的便民化程度。首先，在法律援助制度的宣传阶段，应该深入基层采取通俗易懂、灵活多样的方式，使广大农民工了解该制度的存在，对其产生信任感和认同感。在农民工聚集的城市设立固定和流动的农民工法律援助宣传和咨询站，方便农民工了解和咨询。其次，在农民工接受法律援助的过程中，应快速受理，快速办理，简化诉讼程序，减少诉累，尽可能缩短其维权的时间，降低其维权成本。法律援助机构应根据农民工维权案件的特征定期总结规律，通过政府部门的信息沟通平台，形成全国性统一完整的法律援助网络，在省际间实现农民工法律援助工作互动，切实保证农民工能得到快捷、及时、优质的法律援助服务。② 最后，必须重视农民工合法权利的最终执行和落实。法律援助制度使农民工维权有了途径和依靠，但现实中有些农民工维权的结果是费尽九牛二虎之力得到一张胜诉的空纸，侵权单位根本不买账。因此，法律援助机构必须重视农民工受损权利的最终落实和执行，必要时及时帮助农民工申请法院强制执行。

（6）加强媒体监督制度的建设

在维护农民工合法权利方面，媒体始终发挥着不可忽视的作用。一些侵权事件发生后，由于媒体介入和关注，有关方面会很快作出积极反

① 裴小梅.论如何完善农民工的法律援助服务——兼论农民工法律援助的律师服务模式［J］.河南司法警官职业学院学报，2006，（4）：85.
② 刘铮，邓先军.当前农民工法律援助工作之路径探析［J］.湖北社会科学,2006,（12）：151.

应，快速解决农民工遇到的困难和问题。社会舆论在个案中当然体现了政府的权威和社会正义，但却不利于社会的长远发展。如果没有完整的机制保障，农民工权利受损案件并不会因为政府的直接干预而减少。换个角度来看，媒体舆论固然能够通过监督维护少数进入视线的农民工的合法权利，但谁也不能保证每个农民工权利受损案件都有进入舆论监督视线之内的机会。因此，媒体监督也只能扮演辅助性援助的角色，并且往往具有滞后性。如果能够通过媒体关注与农民工生存、生活和工作息息相关的环境和制度，将侵犯农民工权利的事件消灭于萌芽之中，媒体所体现的作用将更为突出。此外，除了舆论监督之外，舆论引导功能也应该发挥得更加突出，媒体肩负着呼吁、传播和维护公平正义理念的重大责任。尤为重要的是，面对农民工这个特殊群体，媒体需要进一步建立和完善一系列有针对性的运行机制，通过舆论监督和导向，使生活在城市里的农民工有一种安全感和归宿感，真正融入城市的物质和文化生活，成为建设和谐城市的中坚力量。①

（7）相关部门统筹协作，齐抓共管

法律援助是政府责任的一种，为了确保法律援助制度的顺利实施，政府可以把它扩展为一项社会行为，通过立法让社会组织广泛参与法律援助的具体实施，使法律援助成为在社会组织协助下的一项政府行为。② 根据《法律援助条例》规定，国务院司法行政部门负责监督全国的法律援助工作，律协对法律援助工作予以协助。同时，由于法律援助制度同属社会保障体系中的重要部分，且法律援助案件的处理需要与公、检、法机关打交道，因此，要更好地使农民工法律援助制度有序运行，必须加强司法行政部门、社会保障机构、民政机构、公检法机关和律协等相关部门的统筹协作，逐步探索建立以国家援助机构为主导，各有关部门、社会团体、高等院校共同参与的多层次法律援助工作体系，使我国的农民工法律援助制

---

① 刘晓岚．农民工法律援助机制与和谐城市之构建［J］．湖南文理学院学报（社会科学版），2006，（3）：104．

② 陈秀丽．论和谐社会的法律援助制度建设［J］．理论前沿，2007，（12）：39—40．

度对于每一个需要援助的农民工来说，受援途径都能通畅无阻，最终维护好、落实好广大农民工的合法权利。

（四）司法救济机制

司法救济，指通过司法机关实现的权利救济，即利益冲突的当事人，利用设计精巧、顺序推进、依据法治、且在某种程度上必然具有自由裁量特征并因此具备政策导向、造法过程的司法程序来解决纠纷，救济权利。司法程序长久以来一直是法律运作的核心环节，司法救济机制的合理建构对于有效保护农民工的合法权利，促进社会和谐至关重要。但是，农民工司法救济机制在实际运作中存在一些不容忽视的问题，制约了农民工司法救济机制的功能。

1. 构建司法救济机制的必要性

（1）司法救济机制是以人为本法治理念的必然要求

"以人为本"的科学内涵需要从两个方面来把握，首先是"人"这个概念。"以人为本"的"人"是在社会历史中生活着的现实的人，是相对于神和物而言的。其次，"以人为本"的"本"不只是"本位"，更是"根本"，是人的价值与人的意义之所在。正如有学者所指出，"以人为本"是要回答在我们生活的这个世界上，什么最重要、什么最根本、什么最值得我们关注。主张"以人为本"，就是强调人对一切实践活动的主体性、主导性。也就是说，各种社会活动都必须把关心人的生命和命运，把满足人的需要和利益，实现和维护发展人的权利，作为首要的原则和标准。①人是社会的"精灵"，没有人就无所谓"社会"，法治是社会的"规范"，没有法治就无所谓社会的"文明"。对农民工群体的保护，在很大程度上是一种人本主义诉求。农民工民事诉讼权利的保护，同样也是人权运动的重要内容。树立以人权为中心的中国法治理念，是对法治的最好诠释，同

---

① 张薇薇."以人为本"是社会主义法治理念的意涵内核和价值核心［J］.武汉大学学报，2008，（2）：152.

时也是社会正义的最终表现。

（2）司法救济机制是达到实质正义的必然要求

农民工民事诉讼程序权利保护，是在确认农民工社会弱势的前提下，在民事诉讼程序中为农民工具体民事关系的确认提供倾斜性保护。这不是对民事诉讼程序正义的摒弃，而是在实质上为农民工提供平等发展的条件，保证他们拥有与用人单位等强者实质上平等的参与诉讼的能力和机会，赋予农民工的这种特殊意义上的"特权"，"并不意味着人们在权利享受方面的不平等，而是标志着人权保障的全面化，标志着对所有人的人格尊严的尊重"①。当前我国法律面临的重要任务就是改变农民工与城市居民贫富差距幅度过大，社会再分配力度较弱，农民工基本权利保护的总体状况偏弱的状况。依法律程序确保每个社会成员基本权利的平等，给予处于弱势地位的群体以特殊的法律保护，是实现社会正义的必然要求。

（3）司法救济机制是实现实体法对弱势群体保护的必然要求

实体法是规定权利义务的规范体系，基于公平和正义的理念，实体法对于弱势群体在法益的分配上都会有所倾向，给以弱势群体特殊的权利，使其能够和非弱势群体进行平等对话的公益目的。在劳动法领域中，从《劳动合同法》的颁布到即将出台的《社会保险法》，甚至有部分人大代表提出加快《进城务工人员权利保障法》的立法进程，每一部法律中都彰显了立法者对于农民工这个社会弱势群体的关注和倾斜。然而，实体权利的实现必然要依仗程序权利的保障和救济作用。权利的程序保障是权利保障的核心，程序性权利是为了保证发现真实，从而更好地实现实体权利，达到实体正义。

2. 司法救济机制的具体构建

基于我国目前的现状，政府作为、媒体监督和社会援助等对农民工合法权利的保护起到了不可忽视的作用，但从长远发展的角度来看，建立社会主义法治社会是必然趋势，维护农民工合法权利最根本途径在于司法方

---

① 常健. 人权的理想·悖论·现实 [M]. 成都：四川人民出版社，1992：103—104.

面的救济和保障。基于此，司法救济机制的发展和完善对于农民工合法权利的维护将是主流趋势，并有利于科学、彻底地解决这个问题。对于完善司法救济制度从而更好地解决农民工权利受损问题，应当从以下这些方面着手完善：

（1）改革诉讼程序，减少诉累，方便农民工诉讼

农民工阶层是一个受教育程度不高、法律意识淡薄且经济实力弱小的弱势阶层，他们的合法利益容易受到侵害，却很难得到维护。一旦权利受损，农民工先是忍气吞声，自谋解决办法，再是克服重重压力拿起法律武器，然后历经千辛万苦参与繁冗复杂的司法救济程序，最终终于维护了受损的权利，却付出了高额的维权成本，包括时间成本和金钱成本，这对于身处异乡的弱势农民工来讲，几乎等于变相二次侵权。因此，要想真正通过司法制度来维护农民工受损权利，必须简化诉讼程序，降低诉讼成本，减少诉累。

在案件受理方面，应适当灵活放松受理的形式和程序要求。首先，我国目前实行的劳动争议处理模式是"一裁两审"制，"仲裁前置"机制使劳动纠纷案件解决的周期较长，不利于纠纷的快速有效解决。鉴于此，可以针对农民工试行"裁审自选"的模式，他们可以选择向仲裁机关申请仲裁，同时也可不经仲裁直接进行诉讼，这样虽加重了法院的责任，却减少了农民工的负担，有利于提高解决争议的效率，并且体现了对社会弱势群体的关爱。其次，在案件管辖方面，可准许有特殊困难的农民工在其住所地提起诉讼，若住所地法院确实不适合受理，由该法院负责对该案件的受理进行下一步的引导和沟通工作。此外，对于起诉过程中一些法律文书的要求，可允许农民工运用口头形式，从而在司法实践中彰显人文关怀。

在案件审理方面，首先，针对农民工法律素质低下的现实，应在不妨碍司法公正的前提下，为农民工提供针对诉讼的法律常识服务。多作解释性权利说明，让农民工明白自己享有的诉讼权利，同时多作引导性义务提示，让农民工清楚在不同诉讼阶段的诉讼义务，避免因为程序、期限等非实体因素影响胜诉权。其次，在保证案件审理事实清楚、判决公正的前提

下，缩短审理期限。农民工的工作流动性相对较强，身处异乡的他们长时期参与诉讼直接影响了他们工作和生活，会令他们感到身心俱疲，因此，针对农民工维权的案件，应尽量缩短审理期限。

在案件执行方面，应增加法院的提醒义务。农民工通过法律途径维权多属于第一次，在获得胜利的判决或裁决之后，可能缺乏申请法院强制执行的意识，而侵权者往往不会主动履行义务，结果使农民工辛辛苦苦维权换来的却是一张胜诉的空文，一旦过了强制执行的申请期限，他们将有苦难言。针对这种情形，应该增加法院对农民工维权案件判决的"执行提醒"义务，避免因农民工法律素质低下而导致本已胜诉的实体权利受损。

（2）建立和完善诉讼费用减免和律师法律援助制度

作为一个社会弱势群体，农民工的生活和工作环境都是比较差的，其经济基础更处于低贫状态，因此，对于农民工权利维护的援助归根结底是要减轻他们的经济压力，以改善他们的生存和生活质量。在司法救济的过程中，无论是律师参与援助，还是法院诉讼程序的改革和创新，对诉讼费用的缓、减、免始终是对农民工最实际的人文关怀。但是现行《民事诉讼法》及《人民法院诉讼收费办法》能够真正适用减免诉讼费用的情况很少且申请程序复杂，这就要求修改相关法律法规时对诉讼费用减免加大可操作力度。针对农民工维权案件，可将侵权单位纳入承担诉讼费用的主体，在审理查明有关侵权的权利义务关系之前，由用人单位支付或垫付一切与诉讼相关的费用。除了诉讼费用之外，律师代理费的支付也是农民工维权的另一负担，就我国的法律援助现状而言，其援助模式是司法机关＋律师的二元模式，即由司法机关指定和律师自愿相结合的模式。这种模式只是律师基于同情心在自愿的情况下免除费用的，但大多数侵权案件都难以得到免除。虽然随着社会主义法治社会的建设，对农民工合法权利的保护逐渐得到重视，相关的法律援助也日趋增多，诸如成立农民工维权性质的组织等相应的解决机制，在一定程度上起到了重要作用。但是从根本上讲，这些举措不能从根本上解决农民工的诉讼费用及律师费用问题，要想从根本上解决必须从法律层面上入手给予相应的帮助：区分农民工胜诉败诉时的律师费用承担问题；改变司法机关＋律师的二元援助模式，尽量使大多数农民工维权案件都适用援助；建立专业性的法律援助机构，完善农民工法律援助机制。①

（3）强化法院责任，为农民工维权开辟"绿色通道"

人民法院象征着法律的权威和尊严，是我国的法定审判机关，肩负着维护社会公平和正义的终端使命。在民主法治发展相对完善的现代社会里，所有公民尤其是弱势群体的合法权利都应该得到法律的平等保护，所以，人民法院在维护农民工合法权利上具有无可替代的核心作用。农民工运用法律武器维权最大的障碍就是耗不起时间和金钱面对繁冗复杂的诉讼程序，法院系统应该审时度势，加强对如此严重的农民工权利受损问题的重视，做到快立案，快审判，快执行。为缩短案件审理时间，可考虑在基层法院设立专门的劳动庭来审理劳动争议案件，在审理有关侵害农民工权利案件的时候，应灵活程序和形式，尽量减少文书送达和等待的时间，尽可能在事实清楚的情况下当庭结案。针对农民工法律素质低下的现状，为他们提供专门的"绿色通道"，引导和帮助农民工顺利参加诉讼，以提高案件审理和农民工维权效率。在案件受理、审判和执行环节，都应该强化法院责任，在不影响司法公正的前提下，对农民工所享有的一切有利于诉讼和维权的权利予以提醒和释明，比如申请财产保全、先于执行、强制执行等权利。

此外，司法实践中还有一个现象值得注意，那就是作为权利受损方的农民工往往人数众多，而最终选择向法院起诉的却是少数，造成法院审理工作增加了一定的难度。这种情况符合民事诉讼法中关于普通共同诉讼的构成要件，法院的判决不会当然地对其他受损农民工生效，若其他农民工不能在诉讼时效期间届满前提起诉讼，他们就会丧失请求法律保护胜诉权利。鉴于此，如果法院受理侵害农民工权利案件，应在法律允许的范围内以通知或公告的方式提醒其他权利受损的农民工共同参与诉讼，这样既可

① 杨帆，邹亚.论我国农民工权益司法救济机制的不足与完善［J］.2008，（2）：46.

以避免缠诉和滥诉，节约司法资源，又能使尽可能多的权利受损农民工获得司法救济。

（4）完善劳动争议处理机制，加大劳动争议案件执行力度

我国目前实行的劳动争议处理模式是"一裁两审"制，实践证明，此"仲裁前置"模式费时费力，且法院审理不以仲裁裁决为基础，使仲裁和诉讼不能有效衔接，不利于劳动争议的快速解决。鉴于此，笔者认为，劳动争议纠纷解决的模式可适当改革，采取"或裁或审"模式，让当事人自由选择通过仲裁或审判来解决，这样能够最大限度地缩短解决争议的时间，降低农民工维权成本，从而更好地维护其合法权利。在纠纷解决过程中，可尝试改革举证制度，实行举证责任倒置。用人单位本就处于强势地位，再加上没有接受良好教育的农民工身处异乡，法律素质低下，使他们在证据收集方面的能力远远低于侵权者。凡有关侵害农民工权利的案件均由用人单位承担相应的举证责任，这样不仅体现了社会公平，而且有利于用人单位健全用工制度，保护工人权利。

此外，无论何种争议解决机制，裁决或判决的执行才是落实农民工权利的最终保障，应通过各种方法加大劳动争议案件的执行力度。由于很多单位侵害农民工权利都是处于恶意，很容易出现农民工虽已胜诉但因用人单位暴力抗法或陷入经济困境而难以实现自身权利，因此，农民工进行诉讼，一般需要申请先于执行或财产保全等诉前措施，否则就可能影响案件的最终执行力度。但是，由于农民工一般无力提供财产担保而使得诉前执行措施难以实现，所以，对于农民工申请先于执行或财产保全应适当放宽条件给予相应的照顾，实行不担保或少担保，尽快立案审理，查明事实，作出判决，并在判决执行过程中强化法院责任，依法对恶意抗法的侵权单位财产进行查封、扣押、冻结、变卖或拍卖，从而切实维护农民工的实体权利。

（5）发挥调解机制的作用

在司法实践中，与农民工权利受损的相关案件往往具有其特殊性，农民工权利纠纷不仅包括人身伤害、劳动报酬、劳动合同，还涉及直接与农民工生存和生活相关的一系列社会保障问题。这些问题的解决通过强硬的

行政和司法措施也许更加快捷，但不一定彻底，不能令权利义务双方都能接受的结果还可能导致上访等相关社会问题，因此，调节机制的作用就显得尤为重要。建立全方位的调节机制和体系，积极发挥企业相关调解部门、人民调解委员会等机构的作用，同时将调解机制运用于仲裁和审判当中，不仅有利于劳动争议的彻底解决，而且有利于维护社会的稳定。

（6）加强对农民工侵权行为的防范

首先，应增强农民工法律意识，提高他们自身素质。农民工自身文化素质相对较低、现代法制观念不强，缺乏现代"政治人"所应具备的权利主体意识，不清楚自己到底拥有哪些权利以及如何行使自己的权利，对于权利的概念模糊不清。[①] 在权利受到侵害后不知道如何应对，甚至浑然不知，自认倒霉，或者有的农民工即使事后知道为自己讨个说法，却因为之前没有法律意识而使很多证据灭失，维权困难，因此，用人单位才屡屡侵犯农民工的权利。所以，增强农民工的法律意识已经十分迫切，若能对农民工进行有关法律常识的普及和宣传，使农民工在和用人单位签订劳动合同之前就有防范的意识，将会大大减少自身权利受损事件的发生，即使有些用人单位以身试法，也不至于因为缺乏最基本的法律素质而有苦难言。其次，应积极发挥政府相关职能部门的作用，为农民工提供切实有用的岗前培训和普法教育，创造良好的就业环境，保障其在职业劳动过程中的安全权、获得报酬权和其他重要权利。与此同时，关注农民工的生存和生活环境，关心和保障其子女的受教育权，以体现对社会弱势群体的人文关怀，彰显现代法治社会的公平和正义。

（五）社会保障机制

1. 构建社会保障机制的必要性

（1）解决我国社会保障资金不足的需要。任何社会保障机制的建立都

---

① 唐连凤，吴新团. 对农民工权利意识现状的理性思考［J］. 通化师范学院学报，2009，（9）：24.

是以雄厚的经济实力为基础的，没有经济基础，社会保障问题只能是虚无的。改革开放以来，我国经济发展迅速，社会产品也有了一定程度的丰富，国家财政也有了一定的缓解，但我国经济基础依然薄弱，社会保障资金仍然严重不足，这使得政府对建立全面完善的农民工社会保障制度爱莫能助。这些年来，我国重点加强城镇社会保障的建设和改革，以确保经济体制改革的顺利进行。但是由于我国养老保险、失业保险资金也处于困境之中，出现的大量下岗失业人员需要领取失业保险金，所以财政支出明显增多。城镇的社会保障制度的运行受到资金的影响，如果再把农民工群体考虑进来的话，势必将面临严重的资金困难，从而可能会出现多种类型群众都得不到社会保障的局面。在这种情况下，极大地延缓了农民工社会保障制度的建立。

（2）建设小康社会和和谐社会，维护社会稳定的需要。全面建设小康社会，就是要逐步缩小和消除城乡差距，实现农村剩余劳动力向非农生产和城镇转移。如果不建立与其风险相适应的农民工社会保障体系，就不能使农民从土地上走出来，加快城乡一体化的进程。如果使农村富余劳动力向城镇转移，成为城市工业中不可或缺的组成部分，就应当保证他们的基本权利。如果进城打工没有社会保障，享受不到社会的公平待遇，将会使农民工处于生活没有保障的状态，从而失去对城市的信任，甚至造成对城市的仇恨，进而会造成严重的矛盾，破坏社会安定稳定的局面。随着事故的频繁发生和农民工保险意识的增强，只有满足他们社会保障的需求，才能使农民工没有后顾之忧，才能使他们安心工作，创造稳定安全的社会环境，为城市化进程做准备。

（3）经济发展兼顾效率与公平的需要。在市场经济条件下，使资源得到有效配置和合理利用是市场经济的要求，市场根据效率向劳动者提供报酬。为了使效率得到最高利用，就必须使报酬有差距，这种差距是客观存在的，并且也是经济发展的动力。但是这种差距必须有度，否则会造成贫富差距的扩大，这就涉及社会公平。在初次分配中获得较少利益的群体，在再次分配的时候应该得到相应补偿，这就是社会公平。大量农民工参与城市建设，不仅对促进城市经济的增长作出很大贡献，而且又转移大量农村剩余劳动力，缩小了城乡的差距，推动着我国改革的不断深入和发展，提高经济运行的效率。但是大多数的农民工都被排除在社会保障之外，人身和财产权利都得不到保障。建立农民工的社会保障体系，能够很好的体现社会公平，有利于兼顾效率和公平。① 但是，由于我国的社会保障制度刚刚起步，社会保障各方面都不健全，资金缺乏，户籍制度的改革也还未深入展开和实施，农民工流动性较大等现状，要将农民工的社保全面纳入五大保险体系，条件还不够成熟。所以，我们目前只能采取分类分层的社保机制。

2.农民工社会保障体系的构建和完善

我国目前的农民工可以分为三种类型，第一种是已经市民化的农民工，他们已经在城市中安家落户，有稳定的职业、住处和收入；第二种是流动性性质的农民工，不是城市人也不单纯是农民，有雇主但是职业不定，是农民工主体所在；第三种是农村的农民工，农闲时外出打工，农忙时在家从事农业生产。如果将所有农民工纳入城镇社保体系中，势必会给目前脆弱的城镇社保体系带来巨大压力。如果把所有的农民工一下子都城市化也不现实，这将远远超过城市的负荷，给城市的发展带来许多社会问题，同时社会的发展也要靠农村的发展来实现。因此，我们不能简单地将农民全部纳入城镇社会保障体系，就目前来说，可以将第一类已经市民化的农民工纳入城镇社保体系，其他两类则根据工伤保险优先、医疗保险制度随后、失业保险和养老保险跟进的设计思路，建立分类分层的农民工社会保障机制。

（1）建立农民工工伤保险制度

工伤保险又称职业伤害保险，是指依法对因工而致伤害、疾病、残废、死亡的劳动者及其供养的亲属给予赔偿性物质帮助的社会保险制

---

① 崔燕.试论我国农民工社会保障体系的建立［J］.内蒙古民族大学学报（社会科学版），2007，（2）：62.

度。① 商贸、住宿、餐饮、娱乐、洗浴等服务业发展迅猛，农民工是这些行业的生力军，他们是否参加工伤保险的问题，日益受到人们的重视。而在矿山开采、建筑施工和化学危险品生产三个行业发生的伤亡事故中，农民工所占比例高达 80% 以上。由于用工灵活，员工流动性大，许多单位以此为借口，不给员工缴纳工伤保险费。而一旦发生工伤，员工又得不到及时的救治，更谈不上工伤补偿。为了使农民工及其家属不致因为工伤而陷入困境，建立农民工工伤保险制度是非常必要的。农民工工伤保险的建立，可以参照《企业职工工伤保险试行办法》的规定，按时定额为农民工缴纳工伤保险费。在资金的筹集方面，国家和企业应该占主要份额。对农民工来说，经济负担并不重，农民工也是会乐意接受的，在一定程度上，对雇主也是非常有利的。因此，应该将农民工纳入工伤保险的范畴，企业应该为所有农民工缴纳工伤保险费。

（2）建立农民工医疗保险制度

农民工进城务工，患病成为他们最烦心但却是难以避免的问题，在现在医疗保障制度不完善的情况下，患病不仅给他们造成身体上的伤害，导致农民工失业，而且还会使他们的生活陷入贫困。② 农民工中以青壮年居多，对于小病，他们不愿到医院救治，所以对于他们来说，建立大病统筹医疗保险是比较实际的。他们是城市建设和发展的生力军，应该尽快建立符合农民工的医疗保险制度，让他们病有所医，可以得到基本的医疗保障。根据实际情况，采取单位和个人缴费为主，国家补助为辅的缴费方式，由卫生部规定统一的个人医保账户，构成农民工大病医疗保险账户。但大病发生时，无论农民工在何地，都可以享受医疗保险金；如果没有发生过大病，可将个人账户资金转入到养老保险。由医院和银行合作，省去保险费迁移的手续。

（3）农民工失业保险制度

---

① 杨文德.农民工工伤保险制度的困境和出路［J］.中州学刊，2007，（5）：84.
② 王俊梅.关于建立健全农民工社会保障制度的思考［J］.理论界，2009，（5）：206.

失业保险是由国家通过立法强制实行的，为失业的职工提供物质帮助的制度。农民工由于其文化水平不高，技术不熟练，加之有农业户口的束缚，使得农民工的就业问题日趋严重，激烈的就业竞争使得处于弱势的农民工频频失业，导致他们出现严重的生存危机，因此，为农民工建立失业保险制度已显得尤为重要。① 对农民工的就业状况极不稳定的现状，应建立农民工失业保险制度，实行"现收现付"制。但是由于城镇失业保险制度建设面临着巨大压力，企业在转制过程中面临的资金困难，使这项制度实施起来具有相当难度，鉴于此，应采取积极的就业促进措施或失业援助计划作为建设失业保险制度的有益补充。有条件的地方可以把农民工纳入城镇失业保险制度。失业保险制度需要建立激励机制。比如，对缴费者可采取若按时缴费、并且缴费数量大的企业给予一定程度的返还；对个人也可考虑建立个人账户，将个人缴纳的失业保险金全部记入到个人账户上，个人账户的资金只能在失业和退休期间才可以动用。此外，许多地方的失业保险待遇往往五六年都不变，应该及时随着物价水平和低保待遇进行调整。

（4）建立农民工养老保险制度

养老保险（或养老保险制度）是国家和社会根据一定的法律和法规，为解决劳动者在达到国家规定的解除劳动义务的劳动年龄界限或因年老丧失劳动能力退出劳动岗位后的基本生活而建立的一种社会保险制度。在目前情况下，有条件的地方，可将稳定就业的农民工直接纳入城镇职工基本养老保险。流动性较大的农民工，可参照当地灵活就业人员参保的有关规定参加城镇职工基本养老保险，也可自愿参加原籍的农村养老保险。根据不同的缴费水平享受不同层次的养老保险。农民工户口所在地也可以为本地外出务工人员建立档案，为他们建立个人账户，不论到哪个城市务工，都可以把账户告诉雇主，可以直接把保险费存入该账户。那些放弃土地承包权的，可以鼓励他们把部分收益转入个人账户，提高他们的养老保险水

---

① 孔丽.试论农民工社会保障制度的构建［J］.安康师专学报，2005，（12）：14.

平。在政府部门的监督下，由银行收取养老保险费，将这部分资金投入家乡经济建设中，获得利润，提高保险层次。①

目前，80后、90后出生的新生代农民工，出生以后就上学，上完学以后就进城打工，对农业、农村、土地、农民等不是那么熟悉，他们更接近于市民，对城市的认同感较高，但与城市劳动力相比，由于受城乡二元结构中的户籍问题制约，他们仍面临工资低、房价高等问题，加之缺乏必要的专业技能和进入正规就业市场的本领，心中过高的期望与所面对的非正规就业市场，形成巨大落差，在城市中无法实现真正立足，但也不愿甚至没有能力退回到农村中务农，成为了城市和农村之间真正的"两栖人"，如果他们的市民化问题长期不能得到顺利解决，强烈渴望就会异化为心理失衡，少数人产生对社会的不满和积怨，累积到一定时期和规模时很有可能引发为比较严重的社会问题。② 因此，我们应高度重视农民工问题出现的新情况，加快社会保障机制建设，从而解决农民工最急需的保障待遇，实现城镇社会保障和农村社会保险相衔接。也只有给予农民工以基本的市民待遇，让他们分享城市改革、发展和繁荣之成果，一个城市才能真正实现和睦相处、社会和谐的理想，才能保持可持续性发展。

五、制定《农民工权利保护法》的建议

（一）我国农民工权利保护立法现状分析

1. 农民工权利保护立法现状

我国目前尚没有一部统一的《中华人民共和国农民工权利保护法》，有关农民工权利保护的法律规定散见于宪法、法律、法规与各种规章之

---

① 崔燕.试论我国农民工社会保障体系的建立 [J].内蒙古民族大学学报（社会科学版），2007，（2）：63.

② 姜胜洪.城市化进程中新生代农民工的舆情问题研究 [J].社科纵横，2011，（2）：21.

中，有的仅仅是一种政策而已。

（1）宪法关于农民工权利的规定

宪法是国家的根本法，也是保护农民工权利的基础。中国现行宪法是 1982 年制定的新中国历史上的第四部宪法。随着改革开放和现代化建设的不断发展，1988 年、1993 年、1999 年和 2004 年，全国人民代表大会又分别对宪法的个别条款和部分内容做了必要的修正。2004 年的宪法修正案明确规定，"国家尊重和保障人权"。宪法关于保护农民工权利的规定主要集中在公民基本权利与义务部分。如宪法第二条"中华人民共和国的一切权力属于人民，人民依照法律规定，通过各种途径和形式，管理国家事务，管理经济和文化事业，管理社会事务"。第十三条"公民的合法的私有财产不受侵犯"。第十九条"国家发展各种教育设施，扫除文盲，对工人、农民、国家工作人员和其他劳动者进行政治、文化、科学、技术、业务的教育，鼓励自学成才"。第二十一条"国家发展医疗卫生事业，……，保护人民健康"。第三十三条"凡具有中华人民共和国国籍的人都是中华人民共和国公民。中华人民共和国公民在法律面前一律平等"。第四十二条"中华人民共和国公民有劳动的权利和义务。国家通过各种途径，创造劳动就业条件，加强劳动保护，改善劳动条件，并在发展生产的基础上，提高劳动报酬和福利待遇"。第四十三条"中华人民共和国劳动者有休息的权利"。第四十五条"中华人民共和国公民在年老、疾病或者丧失劳动能力的情况下，有从国家和社会获得物质帮助的权利"。农民工自然属于公民的范畴，国家赋予公民的一切基本权利农民工自然也享有，这是一个不证自明的道理。

（2）劳动法等关于农民工权利保护的规定

民生立法是当下中国立法的一个重点。民生立法是指保护公民的经济、社会和文化权利的法律。2009 年全国人大常委会将把立法的重点更多地转向民生立法，旨在通过法律手段来调节社会矛盾、平衡社会关系、保障社会公众特别是弱势群体的经济、社会和文化权利。公民的权利尤其是农民工的权利是否得到法律保护是和谐社会的一个重要参照体系。

我国对弱势群体的立法已经取得了一定的进展，近年来先后颁布了《妇女权利保障法》《残疾人保障法》《老年人权利保障法》等，但是针对农民工这个特殊而又庞大的弱势群体尚没有专门的立法。有关的部门法律有《劳动法》《劳动合同法》《就业促进法》《劳动争议调解仲裁法》《行政诉讼法》《行政复议法》等法律，这些法律从劳动机会的获得，工资的保护，劳动合同的签订以及获得法律援助等反面为农民工提供了一定的保护。但与农民工权利相关的覆盖城乡居民公共卫生服务体系的《基本医疗卫生保健法》还有待加快立法进程。

（3）行政法规关于农民工权利的规定

近年来，国务院颁布的与农民工权利有关的行政法规主要有《流动人口计划生育工作条例》、《中华人民共和国劳动合同法实施条例》、《职工带薪年休假条例》、《中华人民共和国企业劳动争议处理条例》、《信访条例》、《中华人民共和国行政复议法实施条例》、《诉讼费用交纳办法》、《工伤保险条例》等。但是上述行政法规的规定，对于农民工权利的保护是"片段"性而非整体性的。

（4）部门规章关于农民工权利保护的规定

根据《立法法》的规定，部门规章是指国务院各部、各委员会、中国人民银行、审计署和具有行政管理职能的直属机构根据法律和国务院的行政法规决定、命令，在本部门的职权范围内依照《规章制定程序条例》制定的规章，也属于我国立法体系的组成部分。与农民工权利相关的主要有《农民工参加基本养老保险办法》、《建设领域农民工工资支付管理暂行办法》、《关于改善农民工居住条件的指导意见》等。由于国务院管辖下的具有行政立法职能的部委众多，因此部门规章中涉及农民工权利的规定也较为庞杂混乱。

（5）地方性法规和地方政府关于农民工权利保护的规定

根据《立法法》的规定，地方性法规是省、自治区、直辖市以及省级人民政府所在地的市和国务院批准的较大的市的人民代表大会及其常务委员会，根据宪法、法律和行政法规，结合本地区的实际情况制定的并不得与宪法、法律行政法规相抵触的法规。地方政府规章指省、自治区、直辖市人民政府及省、自治区的人民政府所在地的市和经国务院批准的较大的市的人民政府，根据法律和国务院的行政法规，制定的适用于本行政区域规章。目前，与农民工权利有关的地方性法规有《山西省农民工权利保护条例》、《河南省进城务工人员权利保护条例》等。地方政府规章有《辽宁省农民工权利保护规定》、《江苏省农民工权利保护办法》、《云南省农民工权利保障办法》、《黑龙江省农民工工资保障规定》、《新疆维吾尔自治区农民工工资保证金管理暂行办法》、《重庆市进城务工农民权利保护和服务管理办法》、《哈尔滨市进城务工农民权利保障办法》、《沈阳市建筑业农民工工资支付管理办法》。在全面保护农民工权利方面，地方性的立法走在了国家级立法的前面。地方立法先行一步无疑给国家层面的立法提供更多的借鉴经验。

（6）政策等行政规范性文件关于农民工权利保护的规定

政策指国家政权机关、政党组织为了实现自己利益与意志，以权威形式标准化地规定在一定的历史时期内，应该达到的奋斗目标、遵循的行动原则、完成的明确任务、采取的一般步骤和具体措施。行政规范性文件是指除部门规章和地方政府规章外，各级行政机关依据法定职权制定的对公民、法人和其他组织具有普遍约束力、能反复适用的文件，民间俗称为"红头文件"。行政规范性文件的主要功能是将法律、法规及规章的基本原则与主要精神，结合本地区、本部门的客观情况加以具体化、细则化，保障法律、法规、规章在本部门、本地区的实施。同时，一个必须搞清楚的问题是，并非立法机构颁布的所有规定都属于法的范畴。行政法规和规章分别是按照《行政法规制定程序条例》和《规章制定程序条例》的规定制定的，要经过立项、起草、审查、决定和公布几个环节，行政法规和规章都必须以命令的形式对社会予以公布，这些是与行政规范性文件的主要不同。从这个角度说，政策也是行政规范性文件的表现形式之一。

与农民工权利相关的行政规范性文件有国务院《关于解决农民工问题的若干意见》，国家工商行政管理总局关于贯彻落实《国务院关于解决农民工问题的若干意见的通知》等。

2. 农民工权利保护立法存在的问题

（1）缺乏一部高位阶的农民工权利保护法律

按照立法法规定，全国人民代表大会和全国人民代表大会常务委员会行使国家立法权，并有权就民事基本制度，基本经济制度以及财政、税收、海关、金融和外贸的基本制度制定法律。国务院 2006 年《关于解决农民工问题的若干意见》认为，"农民工问题事关我国经济和社会发展全局"。因此，农民工权利保护法律由国家最高立法机构制定为宜。制定农民工权利保护法律对于刚性地解决农民工问题具有划时代的意义。当前，我国在保护农民工权利方面，各级党委、政府通过几年来的大量工作积累了大量经验，目前立法的环境已经比较成熟。

（2）关于农民工权利保护的规定政出多门

例如对农民工的乱收费，最多的是九个部委联合颁布《关于进一步解决拖欠农民工工资问题的通知》、《关于进一步清理和取消针对农民跨地区就业和进程务工歧视性规定和不合理收费的通知》。"立法"级别不高，强制性不够，法律责任模糊。《关于进一步解决拖欠农民工工资问题的通知》中要求"积极建立工资支付保障制度。有条件的地区要积极探索建立工资支付保障制度；暂不具备条件的，可以先在农民工比较集中的行业开展试点"。这样的用语属于典型的裁量性条款，什么叫做"有条件的地区"？什么又叫做"暂不具备条件的"？各个地方人民政府只有根据自身的情况进行斟酌，这样的话就会导致建立工资支付保障制度的实际效果大打折扣。至于"依法进行处理""依法严厉查处"亦不知如何依法处理和查处的情形更是俯拾即是。

（3）地方性法规关于农民工权利保护的局限性

虽然在保护农民工权利方面，地方性立法走在国家级立法前面，但其局限性也很明显，一是地域性，二是局部性。关于农民工劳动权利、社会权利的规定很多，操作性也很强，但诸如迁徙自由、政治权利鲜有规定。从另一个侧面反映有必要制定一部统一的国家级关于农民工权利保护的法律。

（二）制定我国《农民工权利保护法》的现实意义

制定《农民工权利保护法》，从根本上为农民工依法维权提供法律保护是构建社会主义和谐社会的急迫需要。

农民工作为庞大的弱势群体，其权利保护的缺失已成为当前构建和谐社会的一个主要矛盾。"和谐是以差别和对立的存在为前提的"[1]。伴随着中国特色社会主义的进程，农民工日益彰显着其重要的地位和作用，他们既是中国产业工人的主力军，也是用工业文明改造贫困乡村的生力军；他们既为城市发展提供源源不断的新生产力，不断创造新的市场需求，又极大地改变了中国农村落后的面貌。然而，在我国城乡二元体制的框架下，加之法制供给的滞后，使得农民工参与社会管理的权利、迁徙自由、劳动权利、子女受教育权利以及社会保障权等还没有得到切实有效的保护，结果造成了农民工选举缺席、话语缺失、文化生活贫乏、劳动与社会保障缺失。可见，现阶段农民工问题的本质是农民工权利问题，是一个包含了政治权利、经济权利、社会权利的综合性问题。

对农民工权利的漠视和侵害不仅会引起农民工对社会的不满，甚至在少数农民工身上发展为社会仇视和社会报复。即使农民工不进行社会报复，面对同样的权利状况，他们的相对剥夺感会增强，很容易成为政治不稳定的发源地和政治动员的目标人群。另外，农民工权利缺失容易导致许多社会矛盾的产生，如城乡矛盾、穷富矛盾等问题。[2] 这些矛盾如果不妥善解决，会不断激化，甚至引起社会动荡，影响到社会主义和谐社会的构建。

法治是构建和谐社会最重要的机制和有效保证。保护农民工的合法权利，消除各种不合理的限制，给予农民工应有的国民待遇，立法应当先

---

[1] 张文显.法理学（第三版）[M].北京：高等教育出版社，北京大学出版社，2007：413.

[2] 梅定祥.和谐社会的构建与农民工权利保护的意义 [J].党政干部论坛，2007，（10）.

行。①另外，为保护某一特殊群体的合法权利而专门立法是有现实依据的，并有许多成功先例，如《妇女权利保护法》、《未成年人权利保护法》、《老年人权利保护法》等，这些法律的颁布，都为保护一定的特殊社会群体的合法权利起到了决定性作用。鉴于农民工群体的特殊性，及其在维权问题上的复杂性，应当尽快制定《农民工权利保护法》，明确农民工权利保护机构的职责，明确农民工的权利和义务，明确侵犯农民工权利所应承担的法律责任，从根本上为农民工提供法律制度上的保护和保障，为构建公平正义、诚信友爱、消除各种歧视的社会主义和谐社会保驾护航。

（三）《农民工权利保护法》的立法宗旨

立法宗旨是立法的基本要求。所谓立法宗旨是指立法的根本目标和指导思想，它是立法者希望通过立法所获得的结果。任何立法都有其立法目的，《农民工权利保护法》的制定也不例外。《农民工权利保护法》的立法宗旨应为：确立农民工的平等法律地位，保护农民工的合法权利，推动我国工业化、城镇化、现代化健康发展，促进城乡经济繁荣和社会全面进步。

我国农民工问题的实质，是农民工能否享受与城市居民相同的权利，获得与城市居民完全平等的社会地位。社会地位是指社会成员基于社会属性的差别而在社会关系中的相对位置及其围绕这一位置所形成的权利和义务关系。目前，在中国几十个社会阶层中，决定社会地位的诸多因素如：经济收入、政治权利、职业声望等农民工是最低的，反映了农民工的社会地位是最低的。如果不能正视农民工的社会地位低下这一现实，我国城乡差距、地区差距和贫富差距扩大的趋势就不可能得到根本的改变和扭转，农业弱质、农村落后、农民弱势的问题也不可能得到解决。"②由此可以看出，让农民享受与城市人一样的国民待遇，确立农民工的平等法律地位，

---

① 丁滨，张术环.和谐社会视角下的农民工利益问题［J］.前沿，2007，（8）.
② 国务院研究室.中国农民工调研报告［N］.新华社，2006—04—17.

保护农民工的合法权利，对于推动我国工业化、城镇化、现代化健康发展，促进城乡经济繁荣和社会全面进步，具有重要的现实意义。

确立《农民工权利保护法》的立法宗旨既要立足当前，又要着眼长远。长期以来，学术界对农民工的研究一直没有脱离"农民工是农民"的窠臼，地方政府在解决农民工问题时也总是把政策的立足点放在"农民问题"上，从而使得农民工问题一直没有得到有效地解决。农民工问题的存在与发展变化，正在全方位地影响着中国的城市化进程与社会和谐稳定。如果我们对农民工权利保护问题视而不见，就可能丧失解决农民工问题的良好时机，进而丧失国家发展的良好时机。因此，我们要打破城乡二元分割、二元分治的思维模式，不能再简单就农民工权利问题来就事论事；不能再把农民工权利排斥在制度安排之外；不能再对农民工权利缺损视而不见；不能再把农民工排斥在城市化进程之外。应当从保持社会和谐稳定的高度，按照城乡统筹、城乡一体的发展思路来解决农民工权利保护问题。既要抓紧解决农民工面临的突出的权利保护问题，又要将农民工问题放在城乡统筹、城乡一体的发展和城市化进程中加以宏观长远考量，并不断创新与完善法律制度。

（四）《农民工权利保护法》权利与义务体系的重心

《农民工权利保护法》的权利体系构建的重心是农民工所应具有的各项权利。农民工权利在法律上表现为个体权利和普通权利。所谓个体权利也称之为公民权利，是相对于国家权利等而言的，是自然人依法所享有的政治权利、经济权利、文化教育权利、社会权利等。所谓普通权利是相对基本权利而言的，是人们在普遍经济生活、文化生活和社会生活中的权利。与一国宪法或基本法确认和规定的基本权利不同。[①]《农民工权利保护法》所调整的社会关系，主要是因农民工合法权利是否得到保护而产生的社会关系，其核心是农民工作为法律关系的主体所应具有和应得到保护

---

① 曹海晶.制定我国《农民权益保障法》的几点思考［J］.江汉论坛，2005，（3）：136.

的权利。农民工在享有权利的同时，理所当然地要承担相应的义务，但农民工义务体系的设置只能是原则性的，无法将其所有义务具体化。其具体义务由其他立法加以规定。

《农民工权利保护法》所构建的权利体系内容的重点是将宪法或基本法确认和规定的基本权利进行具体化，将其具体为普通权利和个体权利。将宪法所规定的公民基本权利具体化，绝对不是简单地重复宪法的规定，而是应当将宪法规定的基本权利作分类选择，将与农民工权利密切相关的内容进行细化，显示《农民工权利保护法》应具有的特点。根据农民工权利保护现状，农民工权利应包括政治权利、结社自由、迁徙自由、土地权利、劳动权利、社会权利等普通权利。

《农民工权利保护法》义务体系构建的重心是国家机关，社会公共组织所应承担的义务。农民工是权利主体，其权利的享有和实现主要依赖于国家机关，社会公共组织等义务主体履行义务。由于国家机关、社会公共组织在拥有和行使相关权力的同时，也就伴随着义务和责任，不行使权力，便意味着放弃义务，就要承担责任。《农民工权利保护法》对国家机关及社会公共组织的权力设置应侧重于管理监督和服务权等方面，其中包含着义务和责任，是该法义务体系的主要内容。

（五）《农民工权利保护法》重点调整的几大权利

1. 关于平等权的保护

我国宪法第三十三条规定，公民在法律面前一律平等。平等是指人们的地位、权利和福利等的相同。平等权作为权利和法治社会的基本原则，对所有的国家权力都具有约束力。总之，人的尊严、自由与平等价值的维护是法治主义实质内容的基本要素，同时也是构成宪法体系的价值基础。法律面前的平等是一切其他权利实现的基本要求，它不仅是我国公民的一项基本的权利也是社会主义法制的一个基本原则。

在社会保障方面，城市居民可以享受退休养老保险、最低生活保障、医疗保险等多项社会保障与福利，而农民工则很少能享受到，尤其是农民工的伤、病问题没能得到应有的保障。在教育平等权方面，国家在农村教育投入的不足导致大量农民难以接受良好的教育，留守儿童的存在，使大部分儿童学业尽失，受教育权无法得到保证；在城镇入学又要收取借读费等。这种不公平的社会现象的存在，严重阻碍了社会的发展。在劳动就业权方面，大部分城市的劳动管理部门都要求外来进城务工人员办理各种证件，并收取相应的费用。从寻找工作的成本上比较，显然，农民工的成本明显要大于具有城市户口的劳动力供给者。二元户籍制度的存在，使得即使农民离开了农村，与城市居民做着同份工作，但只要户口还在农村，就仍然是农民工，就无权享受与城市人同等的待遇。

法定的平等权在次级法律制度中被扭曲。《劳动法》第3条规定，"劳动者享有平等就业和选择职业的权利、取得劳动报酬的权利、休息休假的权利、获得劳动安全卫生保护的权利、接受职业技能培训的权利、享受社会保险和福利的权利、提请劳动争议处理的权利以及法律规定的其他劳动权利"。第12条规定，"劳动者就业，不因民族、种族、性别、宗教信仰不同而受歧视"。《劳动法》生效于1995年1月1日，但是从近年来各级人民政府颁布的规定分析，农民工的平等就业权并没有得到很好的落实。许多政府的行政立法、部门规章、地方政府规章和行政规范性文件都包含有歧视农民工的地方立法和政策，限制和剥夺了农民工的平等就业权。例如，2004年武汉市人大常委修改通过后的《武汉市劳动力市场管理条例》第6条规定，本市城镇劳动者求职，可持劳动力市场行政主管部门颁发的《劳动手册》到职业介绍机构办理求职登记，第7条规定，外来劳动者求职，持身份证和户籍所在地签发的《外出人员就业登记卡》，按本市有关规定到劳动力市场行政主管部门办理就业许可手续，第13条规定用人单位招（聘）用外来劳动力的，应符合本市外来劳动力计划和行业工种目录要求。从上述规定可以看出，本市城镇劳动者求职，直接到"职业介绍机构办理求职登记"即可，而外来劳动者求职则要"办理就业许可手续"，且用人单位招（聘）用外来劳动力的，"应符合本市外来劳动力计划和行业工种目录要求"，而对本市城镇劳动者求职则没有这样的要求。

2008 年 1 月 1 日起施行的《就业促进法》第 20 条规定，国家实行城乡统筹的就业政策，建立健全城乡劳动者平等就业的制度，引导农业富余劳动力有序转移就业。第 31 条则进一步规定，农村劳动者进城就业享有与城镇劳动者平等的劳动权利，不得对农村劳动者进城就业设置歧视性限制。该部法律的实施效果是否也会像《劳动法》那样，遇到地方政府的扭曲性解读尚是一个拭目以待的事情。

2. 关于参与权的保护

政治参与权作为宪法上的一项基本权利，其发展程度是衡量一个社会民主政治发展水平的重要尺度。农民工是社会弱势群体。重视弱势群体的话语权是和谐社会的基本要求，重视和保护农民工的话语权是全社会的责任。农民工的政治地位、民主权利怎样，直接涉及我国全面建设小康社会进而实现现代化的进程，并对农民工自身的利益维护和政治成熟有着重要作用，同样对于我国的政治稳定和和谐社会的建设也有着重要的价值。

但令人遗憾的是，在农民工权利表达渠道上，多数是由非农民工代表来提出，而农民工却没有相应的参与权，不论在平时的言论平台上，还是"两会"议席上，都鲜见农民工们的身影。与农民工切身利益关联的问题，不能由农民工自己提出，这本身就容易出现某种偏差，制定出来的法规政策也可能会产生偏差，这样的现实就让解决农民工问题处于某种不利境况。其实，农民工最清楚自己的利益何在，《劳动合同法草案》向社会全文公布征求意见后，就受到农民工群体的广泛关注，他们结合自己的打工经历，提出了许多修改和完善的意见、建议。

农民工缺少参与权，很少能拥有参政议政的机会，这恰恰就是外来工合法权利长期受忽视的一个重要原因。而且，当农民工的话语权长期被剥夺，他们的声音只能成为社会的"隐藏文本"，进一步加剧了他们的边缘状态。赋予外来工话语权，不仅仅是对外来工作为城市主体一部分的身份认同，同时，这也是对他们平等参政权利的支持与保护。外来工问题，说到底就是社会公平问题。解决它的关键，是实现政治权利的公平。来自官方的声音已经强调对农民工参与权的重视。国务院《关于解决农民工问题的若干意见》指出，要"公平对待，一视同仁。尊重和维护农民工的合法权利，消除对农民进城务工的歧视性规定和体制性障碍，使他们和城市职工享有同等的权利和义务"。十七大报告也指出，公民政治参与要有序扩大。

实际上，农民工参政议政的意识正在觉醒，行动也有所加强。"农民工的政治参与正在经历从自发走向自觉的转变，即从无意识参与走向有意识参与、从个体化参与走向组织化参与、从非制度化参与走向制度化参与、从政治参与的边缘走向政治参与的中心。这不仅是农民工维护自身权利的需要，同时也是构建和谐社会的需要"①。2008年，康厚明、胡小燕和朱雪芹三位农民工，成为全国十一届人大代表中的首批农民工代表，让两亿多农民工阶层在中国的最高权力机关中也能直接发出自己的声音，成为现代中国政治生活进步的标志。

要从根本上解决农民工的政治权利问题，必须通过立法途径加以突破，以实现对农民工政治参与权利的合理分割。农民工只有在法律法规及相关组织的"保护伞"下衣食无忧，才能有足够的时间和精力行使自己的政治民主权利。

3.关于结社权的保护

我国宪法第三十五条规定了中华人民共和国公民有言论、出版、集会、结社、游行、示威的自由，我国公民不分民族、性别、教育程度、财产状况，都一律平等地享有宪法和法律规定的权利。结社自由是指公民为了一定的宗旨并按照一定的原则，自主、自愿、自由地组织各种社会团体进行活动的权利。结社自由（Freedom of Association）是联合国人权宪章宣告的基本人权，也是我国宪法及中国其他法律确认和保障的基本权利。组织和参加工会权被认为是公民结社自由权的具体体现。农民工与我国其他公民一样都享有宪法规定的权利，其中当然也包括结社权。农民工通过社团保护自己的民主权利，实现政治参与，影响关系到自身利益的政策、

① 汪勇.从自发走向自觉：农民工政治参与的擅变［J］.中国青年研究，2008，（7）：5.

法规的制定和实施。不仅如此，农民工社团还可以发挥其社会服务功能，例如为农民工群体提供物质和精神上的服务，提高其生存能力和生活质量，使之尽快融入城市生活，同时农民工通过社团可以对自己所受的直接侵害予以救济。

工会是农民工行使结社权的法律结晶。《工会法》第3条规定，"在中国境内的企业、事业单位、机关中以工资收入为主要生活来源的体力劳动者和脑力劳动者，不分民族、种族、性别、职业、宗教信仰、教育程度，都有依法参加和组织工会的权利。任何组织和个人不得阻挠和限制"，也就是说，在成为工会会员主体资格问题上，农民工成为会员已经不再存在什么法律问题。然而，第10条规定，"企业、事业单位、机关有会员二十五人以上的，应当建立基层工会委员会；不足二十五人的，可以单独建立基层工会委员会"，从这条规定可以看出，我国工会的组建是按"单位工会"的模式来组织，单位工会还在相当大的范围内广泛存在。众多国家机关、企事业单位存在的工会都是这种单位工会，私企、外企建立工会仍是习惯性地组建这种单位工会，少有其他形式。这种单一形式阻碍了工会作用的发挥，也不利于农民工以工会为依托来维权。

目前农民工除参加了所在企业的工会外，还主要参加了以下三种形式的工会：（一）户籍所在地政府建立的工会，（二）务工所在地政府建立的工会，（三）成立专门的"农民工工会"。但必须看到，这些工会主要由政府所组建或政府促动建立，农民工大多是被动的参与到工会中来，而且反映消极，在整个过程中看不到他们的积极性，大多数农民工甚至嫌麻烦不愿入会，并且前述的三种工会组织形式并没有被法律肯定，合法与否还存在疑问。① 农民工的权利长时间被我国《工会法》所忽视，《工会法》理应为农民工做一些改变，打破单位工会的垄断地位，给单位工会造成一定的竞争压力，因此为农民工作出专门规定是必要的和应该的。

---

① 刘大洪，张晓明.农民工权利保护的法治化途径探索——从结社权的角度来研究［J］.湖南工程学院学报，2006，（9）：105.

结社权已经被当做公民的一项基本权利被宪法所赋予，但这并不意味着结社权利得到了有效保障，更不意味着人们会运用好这项权利。农民工自己组织工会虽然不存在法律上的障碍，但是在具体条件的设置上导致农民工不愿意去组织工会。依据现行的《社会团体登记管理条例》的规定，我国的社团登记被纳入"业务主管部门——登记管理部门"双重管理体制，这意味着社会团体在成立之前就必须找到业务主管单位。但由于户籍管理制度的限制，农民工自身在城市的生存权都成问题，要让其组织的社团被某个主管单位所接纳是难上加难。不仅如此，社团还要有固定住所，专职工作人员，3 万元（地方性团体）或 10 万元（全国性团体）以上的活动资金，这些条件农民工可以说几乎一条都不具备，基本上堵死了农民工合法结社的可能性。"如果不让农民工进入工会这种合法组织，因出于维权需要，农民工自然而然会按血缘或地缘方式组织起来，这种血缘和地缘组织很容易变性，极可能会发展成黑社会组织或其他形式的非法组织，危害一方。同时农民工与资本、城市和社会的对立在长期的压抑下一旦爆发，局面很可能难以收拾，结果也可能无法预料"①。

提高农民工的组织化程度，在现有的基础上赋予农民工更多的结社自由权，是实现农民工政治参与权利的"突破口"。农民工由于普遍的受歧视性、社会身份的特殊性、就业的不稳定性、流动性、从业岗位的低层次性、社会保障的缺失性，在我国，最能满足农民工组织需求的应该是工会组织，工会是农民工的最佳和最实际的组织选择。然而，他们的需求应该怎样在法治的空间内得以实现是中国社会以及工会建设中面临的新问题。全国人大常委会执法检查组在 2009 年 10 月建议，现行的《工会法》及国务院 1986 年颁布的《全民所有制工业企业职工代表大会条例》，其中的有些规定已不完全适应新形势下工会工作和维护职工合法权利的需要，要适时对《工会法》进行修改和完善。

---

① 蒋银华，张晓明.论结社权视野下的农民工权利保护［J］.华南理工大学学报（社会科学版），2007，（2）：20.

本研究认为，对基本人权的保护应当通过制定立法的渠道来实现。现代社会是法治社会，农民工自然属于公民的范畴，国家赋予公民的一切权利农民工自然也享有，为上亿人的农民工群体立法不仅在理论上是必要的，在技术上也是可行的。只有通过立法渠道，政策保护大于立法保护的状况才能得到根本性的扭转。也只有通过立法，国家相关的配套性规范性文件才能保持同步和协调，法治统一性才能真正实现。

4. 关于劳动权的保护

劳动权本来是作为民法权利性质出现的，1919 年德国魏玛宪法率先将具有社会权性质的劳动权写入宪法。魏玛宪法第 157 条规定："劳力受国家特别保护。联邦应制定划一之劳工法。"这在世界上是第一次以宪法的形式强调国家应当对劳动权实施"特别保护"。之后许多国家都将劳动权写入宪法。可见，劳动权已经成为一项重要的宪法权利，在基本人权的体系中占有重要地位。

劳动权不仅包括有劳动能力的公民有获得参与社会劳动和领取相应的报酬的权利，而且包括选择职业的权利，获得劳动卫生安全保护的权利，休息、休假的权利，接受职业技能培训的权利，平等晋升的权利，组织和参加工会的权利，提请劳动争议处理的权利。《经济、社会、文化权利国际公约》第 6 条第 1 款规定："本公约缔约各国承认工作权，包括人人应有机会凭其自由选择和接受的工作来谋生的权利，并将采取适当步骤来保障这一权利。"我国《劳动法》第 3 条规定："劳动者享有平等就业和选择职业的权利、取得劳动报酬的权利、休息休假的权利、获得劳动安全卫生保护的权利、接受职业技能培训的权利、享受社会保险和福利的权利、提请劳动争议处理的权利以及法律规定的其他劳动权利。"劳动权是获得生存权的必要条件。没有劳动权，生存权利也就没有保障。所以劳动权是公民基本权利之一。《宪法》第 42 条规定："中华人民共和国公民有劳动的权利和义务"；"国家通过各种途径，创造劳动就业条件，加强劳动保护，改善劳动条件，并在发展生产的基础上，提高劳动报酬和福利待遇"。这不仅确认有劳动能力的公民有工作的权利，而且在劳动报酬、劳动条件、集体福利等方面都有切实的保障，为公民实现劳动权提供了物质基础。

权利向社会权利的转变是劳动权的自身发生的重大变化。自由权利的性质要求国家"应当尊重个人依照自己意愿从事工作的自由，包括选择职业的种类、场所，开始、持续与终止劳动的自由等。正当理由不能剥夺公民既有的工作机会，禁止通过法律或行政命令对劳动自由作不当限制，禁止强迫或强制劳动，禁止奴役；禁止歧视和不合理差别待遇"①。随着市场经济的日益完善和竞争的加剧，仅仅强调劳动权的自由性质已经不能完全保障劳动者的权利，在劳资双方的对峙中，劳动者越来越处于下风，在这种背景下，国家公权力出面对劳动者实施倾斜性保护成为社会发展的必要。国家的作为或者不作为对社会权利的实现具有决定性的影响。公民的社会权利要求国家积极采取措施建立某种社会福利制度来为个人提供生存所需的基本条件，要求国家积极干预社会经济生活，消除因经济、社会的不公平而引起的社会弊端，保护和帮助弱者，要求国家主动积极地干预劳动就业，保障劳动者的生存和发展，保障公民劳动权的实现。

农民工作为我国改革开放和工业化、城镇化进程中涌现的一支新型劳动大军，在我国社会转型过程中已经悄然汇入中国新产业工人阶层。他们在为我国城市经济社会发展作出了重大贡献的同时，却没有很好地享受自己应有的劳动权利，反而其种种合法的劳动权利在社会资源短缺时首当其冲地经常受到侵害。

首先，劳动就业权受到歧视。表现为就业机会歧视、就业待遇歧视和就业安全保障歧视三个方面。国内很多城市为满足城市居民的就业率和就业需要，相继出台一系列城市居民就业和再就业的特殊优惠政策与措施政策，限制农民工在某些行业、岗位，或提高行业、岗位门槛使农民工无法在这些行业就业，变相地和更为隐蔽地保护了本地居民就业。低工资报酬、同工不同酬、拖欠工资成为一种普遍的社会现象，农民工失业后继续留在城市却又没有生活保障，真正地成为城乡边缘人群。截至 2009 年，

---

① 邓剑光.我国劳动权的宪法保护及其完善［J］.广州大学学报，2009，（9）：6.

贵州省仍在要求在贵州的建筑业企业要优先、就近使用黔籍农民工，并通过各种培训，提高他们在建设行业的就业能力。

其次，工资被拖欠或克扣的现象仍然普遍。

劳动报酬权是农民工的宪法权利，我国《宪法》第六条第二款规定，国家在社会主义初级阶段，"坚持按劳分配为主体、多种分配方式并存的分配制度"，《劳动合同法》第30条规定："用人单位应当按照劳动合同约定和国家规定，向劳动者及时足额支付劳动报酬。用人单位拖欠或者未足额支付劳动报酬的，劳动者可以依法向当地人民法院申请支付令，人民法院应当依法发出支付令。"劳动报酬权是劳动者最重要也是最基本的生存权利，实现劳动报酬权的重要形式是工资，它是劳动者及家属赖以生存的物质基础，农民工艰辛劳动时常不能换来应得的报酬，这一权利的实现与否，关系到劳动者的生存和发展。

工资是参与社会分配的形式，如何分配、按何种标准分配，如何平衡国家利益、企业利益、农民工利益，直接关系到国家现阶段的经济政策和就业政策，关系到国家经济的发展速度。工资分配的合理与否，直接影响到劳动关系的协调和稳定，农民工辛勤劳动一年却衣食无着，必将增加社会动荡的因素，因拖欠农民工工资而引发的社会矛盾和冲突在我国各地都时有发生。最新的轰动消息是2010年1月26日，"双刀男"黎恩旺在广东东莞向公司索要工资被拒后手持两把杀猪刀大闹东莞街头。他自称"没衣服、没饭吃，就只能去偷去抢。并不是我不想做好人，是家庭环境、社会现实没有给我机会。有钱人什么都有，我连烟都没得抽。与其苟且活着，不如通过这样来改变命运。"劳动报酬权不仅仅是农民工和用人单位之间的私权关系，由于工资在现阶段仍是农民工及其家庭的主要生活来源，关系到每一个农民工及其家庭的生存，所以也是一个公权行为，是一个重要的社会政治和经济问题，因此各级人民政府必须出于社会公平和正义理念，维护弱者利益，保护农民工劳动报酬权的实现。

第三，劳动安全与卫生条件亟待改善。一些企业为了节省成本，在劳动安全、卫生设施的投入和维护方面没有执行相关的规定，缺少防护装置，缺少防尘、防毒、防辐射设施及物品，农民工在处于生命健康受威胁或直接受侵害的状况下工作，他们在劳动安全卫生设施、个人防护设施及用品、安全卫生事故的处理等方面受劳动保护的程度均令人堪忧。近几年来，全国各地频繁发生生产安全事故，动辄伤亡几十甚至上百人，其中大多是农民工。

5. 关于社会保障权的保护

相对于劳动权而言，社会保障权是一个后生事务。1919年，德国魏玛宪法第51条首先对社会保障权作了概括性的规定："经济生活秩序，以使各人获得人类应得的生活为目的，并需符合正义的原则。各人的经济自由，在此限度内予以保障。"作为法律词汇，"社会保障"一词最早源于1935年美国制定的《社会保障法》，经过几十年的发展，社会保障权已经成为现代公民的一项基本人权，得到很多国家宪法的认可，其范围也延伸到公民在年老、疾病、伤残、失业、生育、死亡、遭遇灾害、面临生活困难时给予物质帮助等众多领域，其宗旨在于保障公民个人和家庭基本生活需要并提高生活水平、实现社会公平和社会进步的制度。"现代社会保障制度是人类21世纪所取得的最重要的制度文明之一，是人类文明的伟大发明"①。

社会保障责任主体虽然呈现出多元化的特质，第三部门、企事业单位、雇主、家庭等非国家主体也是社会保障责任体系之一，他们都理应为社会保障权的实现承担部分责任、履行部分义务，但是，国家责任是第一位的和首要的，国家责任是社会保障权实现的坚实基础。

社会契约论认为，为了生活在一个更高级的状态中，原先各自独立的人们互相让渡自己天然享有的权利而组成政府，权利的让渡是政府存在的前提，国家或政府是人们通过缔结"契约"而产生的并基于缔约者的同意而存在和运转，政府既然是基于人们权利的让渡而产生，所以政府的根本宗旨是提供公共利益服务，以充分保护生活在其中的每一个公民的权利。

---

① 郑秉文，和春雷．社会保障分析导论［M］．北京：法律出版社，2001：52.

社会契约论以假想的方式成功地回答了政府权力来源、政府宗旨、人民与政府的关系等重大理论问题。

从法理上讲，社会保障权属于生存权这一基本人权的范畴，其核心内容是社会中的成员在特定情况下可以请求国家和社会提供物质帮助，并以此确保能平等地与其他社会成员共同享受健康、幸福的生活；其法律根基在于社会保障在国家与公民个人的关系表现为一种权利义务关系。因此国家和社会负有保障其每一个社会成员免于物质匮乏与恐惧的义务。

我国现行宪法中明确规定了社会保障权，第十四条，"国家建立健全同经济发展水平相适应的社会保障制度。"第四十四条，"国家依照法律规定实行企业事业组织的职工和国家机关工作人员的退休制度。退休人员的生活受到国家和社会的保障。"第四十五条，"中华人民共和国公民在年老、疾病或者丧失劳动能力的情况下，有从国家和社会获得物质帮助的权利。国家发展为公民享受这些权利所需要的社会保险、社会救济和医疗卫生事业。"上述条款是我们制定社会保障法律、行政法规和规章、地方法规的重要原则和根本依据。"社会保障"一词明确了国家与公民之间的权利义务关系，它表明提供社会保障是国家的一种责任和义务，国家履行在公民权利方面的实现义务，当公民的权利遇有障碍时，国家负有帮助实现的义务。

当然，将社会保障制度写入宪法，只是为制度发展提供了一种契机和可能性。社会保障制度的健全和完善，还要依赖我国诸多相关法律制度和公共政策的重新架构和整合，从而更好地保护公民的生存权利。

社会保障权的内容非常广泛，包括社会救助权、社会保险权、医疗保障权、住房保障权、社会福利权、社会优抚权以及弱势群体的特殊保障等内容。我国已经在社会保障制度领域取得了三个方面的突破性进展，形成了养老保险、下岗职工基本生活保险和城市居民最低生活保险三条保证线。1994 年年底，我国有 27 个省、自治区、直辖市颁布了失业保险的地方性政策和法规，1997 年国务院发布了《关于在我国建立城市居民最低生活保障制度的通知》，该通知标志着现代社会救济制度开始在我国建立。2007 年国务院又发布了《关于在全国建立农村最低生活保障制度的通知》，2009 年，《关于巩固和发展新型农村合作医疗制度的意见》《关于进一步完善城乡医疗救助制度的意见》也先后出台。但从总体上分析，我国尚没有制定和颁布实施专门调整社会保障关系的基本法律；有关社会保障的制度被分散规定在不同的法律规范文件中。立法空白多，缺乏整体规划，立法层次低，规范性文件多于行政立法的数量，缺乏较高的法律效力，而且社会保障实施机制弱。

目前，侧重于城市居民的社会保障立法尚不完善，农民工享受社会保障的程度就更低了一个层次了。这个方面的欠缺主要表现在以下领域：

首先，缺乏统一的社会保障基本法。《社会保险法》是社会保障法的核心，2008 年 12 月公布的《中华人民共和国社会保险法（草案）》仍处于征求社会意见的阶段。现有的规定则多以"规定""决定""意见""通知""试行""暂行"等形式出现，法律效力等级较低。在缺乏全国性统一规定的背景下，各地政府只能制定地方性的法规和规章，这样就不可避免地出现政策不一的情形。现代社会保障事业一般以国家为主体兴办并体现全体社会成员的共同意愿，这一点应当通过全国人大机关进行立法并以其统率行政法规来具体体现。

其次，立法调整的对象狭窄。目前只有少数法律文件，如《工伤保险条例》比较明确地将农民工包括在其适用范围之内，调查结果表明，医疗保险、工伤保险和失业保险在农民工最希望参加的保险中居于前三位。正因为农民工参保率偏低，他们在遇到各种风险时也就难以获得正式的社会支持，只能依托由血缘、地缘为主体所建构的初级社会关系网络获得些许救助。"农民工失业后，有 52% 的人靠自己过去的积蓄生活，24% 的人向亲友、老乡借钱度日，有 20% 的人选择离开城市回家去，仅有 4% 的人靠失业救济金生活。"[①]

第三，某些法规、规范性文件的可操作度不高。由于在制定政策时没

---

① 张敏.农民工社会保障状况的实证分析［J］.农村经济，2009，（10）：74.

有允许农民工充分参与和表达自己的意见，工会也没有完全发挥自身的作用，农民工群体在政治上出现弱势化趋势。在制定法律和重要的公共政策时，农民工的声音越来越弱，对于政策和社会的影响力也越来越小，对于社会事务的参与程度大为降低，涉及农民工利益的规定多数出自于所谓的社会精英，导致法律政策在实施的过程中出现很大的折扣。《城镇企业职工基本养老保险关系转移接续新政暂行办法》从 2010 年 1 月 1 日起施行，但是在 2009 年年底，深圳出现了史无前例的退保潮，近两万名参保人员将社保个人服务中心和各区的社保服务站围得水泄不通，争先参与退保，其退保人数创历史新高。此次《暂行规定》的实施，利益受到损害最明显的就是农民工这一特殊群体，所以此次深圳爆发大规模的退保潮也在情理之中了。

（六）《农民工权利保护法》建议的主要内容

第一，关于政治权利。应明确规定：农民工进城务工依法享有与城镇居民同等权利，不得在就业工种、项目和审批程序方面加以歧视；各级人大、政协组织、企业职代会和工会委员会都要有一定比例的农民工代表；农民工户籍所在地的村民委员会，在组织换届选举或决定涉及农民工权利的重大事务时，应及时通知农民工，并通过适当方式行使民主权利。

第二，关于结社自由。应明确规定：农民工依法享有参加工会的权利，任何组织和个人不得限制或者变相限制农民工加入工会。用人单位要依法保护农民工参加工会的权利。

第三，关于迁徙自由。应明确规定：中小城市和小城镇要适当放宽农民工落户条件；大城市要积极稳妥地解决符合条件的农民工户籍问题。对农民工中的劳动模范、先进工作者和高级技工、技师以及其他有突出贡献者，应优先准予落户。

第四，关于土地权利。应明确规定：国家保护农民工土地承包权利。农民工外出务工期间，所承包土地无力耕种的，土地经营权可以依法、自愿、有偿地流转。任何组织、个人不得强迫、阻碍其依法实施的流转活动，不得收回其承包的土地，不得截留、扣缴或以其他方式侵占土地流转收益。

第五，关于劳动权利。应明确规定：农民工与本单位其他职工实行同工同酬；农民工工资的确定和增长与本单位其他职工同等对待；农民工的工资不得低于当地最低工资标准；实行凡是用工务工，一律签订合同的用工制度；实行用人单位对农民工的工资支付保障和支付监督制度，严禁克扣、拖欠农民工工资等侵害农民工合法权利的行为；各级政府和用人单位必须依法保护农民工职业安全卫生权利；用人单位必须依法保护女工的特殊权利；对介绍和使用童工的违法行为从严惩处。

第六，关于社会权利。应明确规定：各级政府应当把对农民工的就业服务、义务教育、住房和社会保障纳入预算与城市公共服务范围中；中央和地方各级财政要加大支持力度，落实农民工培训责任，国家大力发展面向农村的职业教育；国家依法保障农民工子女平等接受义务教育，城市公办学校应当同等对待接受义务教育的农民工子女，不得违反国家规定向农民工子女加收借读费及其他任何费用，农民工输出地政府应当解决好农民工托留在农村子女的教育问题；国家采取多种渠道，逐步改善农民工居住条件；国家依法将农民工纳入工伤保险范围，用人单位必须及时为农民工办理参加工伤保险手续，并按时足额缴纳工伤保险费；国家实行大病医疗保险统筹办法，鼓励农民工参加原籍的新型农村合作医疗；国家实行广覆盖、可转移、可衔接的农民工养老保险办法。

第七，关于其他权利。任何组织或者个人不得侵犯农民工的人身自由、人格尊严及其他合法权利。禁止侮辱、体罚、殴打、非法搜查和非法拘禁农民工。农民工认为其合法权利受到侵害时，有权向有关行政主管部门投诉或者依法向人民法院起诉。有关行政主管部门对农民工的投诉应当依法及时处理，不得拖延、推诿。投诉内容不属于本部门职责管理范围的，应当向农民工具体告知受理部门。

第八，关于监督保障。应明确规定：国务院成立农民工进城务工工作领导小组，统筹协调保护农民工利益；劳动保障、公安、工商、建设等政府部门，工会、共青团、妇联等群众组织，公共就业服务机构，法律援助机构，农民工输出地和输入地有关部门根据各自职责，建立相关部门和地区间合作工作机制；劳动保障行政部门应当建立健全务工人员投诉举报机制，对侵害务工人员合法权利的行为及时调查处理；有关行政机关和行业协会应引导法律服务机构和从业人员积极参与涉及农民工的诉讼活动、非诉讼协调及调解活动。用人单位要依法保障农民工参加工会的权利；各级工会要以劳动合同、劳动工资、劳动条件和职业安全卫生为重点，督促用人单位履行法律法规规定的义务，维护农民工合法权利。

第九，关于法律责任。应当明确规定行政机关及其工作人员、用人单位、职业介绍机构、职业技能培训机构、城市全日制公办中小学校等责任主体，实施何种违法行为，承担何种法律责任。

附　录

国务院关于解决农民工问题的若干意见

国发〔2006〕5号

各省、自治区、直辖市人民政府，国务院各部委、各直属机构：

农民工是我国改革开放和工业化、城镇化进程中涌现的一支新型劳动大军。他们户籍仍在农村，主要从事非农产业，有的在农闲季节外出务工、亦工亦农，流动性强，有的长期在城市就业，已成为产业工人的重要组成部分。大量农民进城务工或在乡镇企业就业，对我国现代化建设作出了重大贡献。为统筹城乡发展，保障农民工合法权利，改善农民工就业环境，引导农村富余劳动力合理有序转移，推动全面建设小康社会进程，提出如下意见：

一、充分认识解决好农民工问题的重大意义

（一）农民工问题事关我国经济和社会发展全局。农民工分布在国民经济各个行业，在加工制造业、建筑业、采掘业及环卫、家政、餐饮等服务业中已占从业人员半数以上，是推动我国经济社会发展的重要力量。农民外出务工，为城市创造了财富，为农村增加了收入，为城乡发展注入了

活力，成为工业带动农业、城市带动农村、发达地区带动落后地区的有效形式，同时促进了市场导向、自主择业、竞争就业机制的形成，为改变城乡二元结构、解决"三农"问题闯出了一条新路。返乡创业的农民工，带回资金、技术和市场经济观念，直接促进社会主义新农村建设。进一步做好农民工工作，对于改革发展稳定的全局和顺利推进工业化、城镇化、现代化都具有重大意义。

（二）维护农民工权利是需要解决的突出问题。近年来，党中央、国务院高度重视农民工问题，制定了一系列保障农民工权利和改善农民工就业环境的政策措施，各地区、各部门做了大量工作，取得了明显成效。但农民工面临的问题仍然十分突出。主要是：工资偏低，被拖欠现象严重；劳动时间长，安全条件差；缺乏社会保障，职业病和工伤事故多；培训就业、子女上学、生活居住等方面也存在诸多困难，经济、政治、文化权利得不到有效保障。这些问题引发了不少社会矛盾和纠纷。解决好这些问题，直接关系到维护社会公平正义，保持社会和谐稳定。

（三）解决农民工问题是建设中国特色社会主义的战略任务。农业劳动力向非农产业和城镇转移，是世界各国工业化、城镇化的普遍趋势，也是农业现代化的必然要求。我国农村劳动力数量众多，在工业化、城镇化加快发展的阶段，越来越多的富余劳动力将逐渐转移出来，大量农民工在城乡之间流动就业的现象在我国将长期存在。必须从我国国情出发，顺应工业化、城镇化的客观规律，引导农村富余劳动力向非农产业和城镇有序转移。我们要站在建设中国特色社会主义事业全局和战略的高度，充分认识解决好农民工问题的重要性、紧迫性和长期性。

二、做好农民工工作的指导思想和基本原则

（四）指导思想。以邓小平理论和"三个代表"重要思想为指导，按照落实科学发展观和构建社会主义和谐社会的要求，坚持解放思想，实事

求是，与时俱进；坚持从我国国情出发，统筹城乡发展；坚持以人为本，认真解决涉及农民工利益的问题。着力完善政策和管理，推进体制改革和制度创新，逐步建立城乡统一的劳动力市场和公平竞争的就业制度，建立保障农民工合法权利的政策体系和执法监督机制，建立惠及农民工的城乡公共服务体制和制度，拓宽农村劳动力转移就业渠道，保护和调动农民工的积极性，促进城乡经济繁荣和社会全面进步，推动社会主义新农村建设和中国特色的工业化、城镇化、现代化健康发展。

（五）基本原则。

——公平对待，一视同仁。尊重和维护农民工的合法权利，消除对农民进城务工的歧视性规定和体制性障碍，使他们和城市职工享有同等的权利和义务。

——强化服务，完善管理。转变政府职能，加强和改善对农民工的公共服务和社会管理，发挥企业、社区和中介组织作用，为农民工生活与劳动创造良好环境和有利条件。

——统筹规划，合理引导。实行农村劳动力异地转移与就地转移相结合。既要积极引导农民进城务工，又要大力发展乡镇企业和县域经济，扩大农村劳动力在当地转移就业。

——因地制宜，分类指导。输出地和输入地都要有针对性地解决农民工面临的各种问题。鼓励各地区从实际出发，探索保护农民工权利、促进农村富余劳动力有序流动的办法。

——立足当前，着眼长远。既要抓紧解决农民工面临的突出问题，又要依靠改革和发展，逐步解决深层次问题，形成从根本上保障农民工权利的体制和制度。

三、抓紧解决农民工工资偏低和拖欠问题

（六）建立农民工工资支付保障制度。严格规范用人单位工资支付行

为，确保农民工工资按时足额发放给本人，做到工资发放月清月结或按劳动合同约定执行。建立工资支付监控制度和工资保证金制度，从根本上解决拖欠、克扣农民工工资问题。劳动保障部门要重点监控农民工集中的用人单位工资发放情况。对发生过拖欠工资的用人单位，强制在开户银行按期预存工资保证金，实行专户管理。切实解决政府投资项目拖欠工程款问题。所有建设单位都要按照合同约定及时拨付工程款项，建设资金不落实的，有关部门不得发放施工许可证，不得批准开工报告。对重点监控的建筑施工企业实行工资保证金制度。加大对拖欠农民工工资用人单位的处罚力度，对恶意拖欠、情节严重的，可依法责令停业整顿、降低或取消资质，直至吊销营业执照，并对有关人员依法予以制裁。各地方、各单位都要继续加大工资清欠力度，并确保不发生新的拖欠。

（七）合理确定和提高农民工工资水平。规范农民工工资管理，切实改变农民工工资偏低、同工不同酬的状况。各地要严格执行最低工资制度，合理确定并适时调整最低工资标准，制定和推行小时最低工资标准。制定相关岗位劳动定额的行业参考标准。用人单位不得以实行计件工资为由拒绝执行最低工资制度，不得利用提高劳动定额变相降低工资水平。严格执行国家关于职工休息休假的规定，延长工时和休息日、法定假日工作的，要依法支付加班工资。农民工和其他职工要实行同工同酬。国务院有关部门要加强对地方制定、调整和执行最低工资标准的指导监督。各地要科学确定工资指导线，建立企业工资集体协商制度，促进农民工工资合理增长。

四、依法规范农民工劳动管理

（八）严格执行劳动合同制度。所有用人单位招用农民工都必须依法订立并履行劳动合同，建立权责明确的劳动关系。严格执行国家关于劳动合同试用期的规定，不得滥用试用期侵犯农民工权利。劳动保障部门要制定和推行规范的劳动合同文本，加强对用人单位订立和履行劳动合同的指导和监督。任何单位都不得违反劳动合同约定损害农民工权利。

（九）依法保障农民工职业安全卫生权利。各地要严格执行国家职业安全和劳动保护规程及标准。企业必须按规定配备安全生产和职业病防护设施。强化用人单位职业安全卫生的主体责任，要向新招用的农民工告知劳动安全、职业危害事项，发放符合要求的劳动防护用品，对从事可能产生职业危害作业的人员定期进行健康检查。加强农民工职业安全、劳动保护教育，增强农民工自我保护能力。从事高危行业和特种作业的农民工要经专门培训、持证上岗。有关部门要切实履行职业安全和劳动保护监管职责。发生重大职业安全事故，除惩处直接责任人和企业负责人外，还要追究政府和有关部门领导的责任。

（十）切实保护女工和未成年工权利，严格禁止使用童工。用人单位要依法保护女工的特殊权利，不得以性别为由拒绝录用女工或提高女工录用标准，不得安排女工从事禁忌劳动范围工作，不得在女工孕期、产期、哺乳期降低其基本工资或单方面解除劳动合同。招用未成年工的用人单位，应当在工种、劳动时间、劳动强度和保护措施等方面严格执行国家有关规定。对介绍和使用童工的违法行为要从严惩处。

五、搞好农民工就业服务和培训

（十一）逐步实行城乡平等的就业制度。统筹城乡就业，改革城乡分割的就业管理体制，建立城乡统一、平等竞争的劳动力市场，逐步形成市场经济条件下促进农村富余劳动力转移就业的机制，为城乡劳动者提供平等的就业机会和服务。各地区、各部门要进一步清理和取消各种针对农民工进城就业的歧视性规定和不合理限制，清理对企业使用农民工的行政审批和行政收费，不得以解决城镇劳动力就业为由清退和排斥农民工。

（十二）进一步做好农民转移就业服务工作。各级人民政府要把促进农村富余劳动力转移就业作为重要任务。要建立健全县乡公共就业服务网络，为农民转移就业提供服务。城市公共职业介绍机构要向农民工开放，免费提供政策咨询、就业信息、就业指导和职业介绍。输出地和输入地要加强协作，开展有组织的就业、创业培训和劳务输出。鼓励发展各类就业服务组织，加强就业服务市场监管。依法规范职业中介、劳务派遣和企业招用工行为。严厉打击以职业介绍或以招工为名坑害农民工的违法犯罪活动。

（十三）加强农民工职业技能培训。各地要适应工业化、城镇化和农村劳动力转移就业的需要，大力开展农民工职业技能培训和引导性培训，提高农民转移就业能力和外出适应能力。扩大农村劳动力转移培训规模，提高培训质量。继续实施好农村劳动力转移培训阳光工程。完善农民工培训补贴办法，对参加培训的农民工给予适当培训费补贴。推广"培训券"等直接补贴的做法。充分利用广播电视和远程教育等现代手段，向农民传授外出就业基本知识。重视抓好贫困地区农村劳动力转移培训工作。支持用人单位建立稳定的劳务培训基地，发展订单式培训。输入地要把提高农民工岗位技能纳入当地职业培训计划。要研究制定鼓励农民工参加职业技能鉴定、获取国家职业资格证书的政策。

（十四）落实农民工培训责任。完善并认真落实全国农民工培训规划。劳动保障、农业、教育、科技、建设、财政、扶贫等部门要按照各自职能，切实做好农民工培训工作。强化用人单位对农民工的岗位培训责任，对不履行培训义务的用人单位，应按国家规定强制提取职工教育培训费，用于政府组织的培训。充分发挥各类教育、培训机构和工青妇组织的作用，多渠道、多层次、多形式开展农民工职业培训。建立由政府、用人单位和个人共同负担的农民工培训投入机制，中央和地方各级财政要加大支持力度。

（十五）大力发展面向农村的职业教育。农村初、高中毕业生是我国产业工人的后备军，要把提高他们的职业技能作为职业教育的重要任务。支持各类职业技术院校扩大农村招生规模，鼓励农村初、高中毕业生接受正规职业技术教育。通过设立助学金、发放助学贷款等方式，帮助家庭困难学生完成学业。加强县级职业教育中心建设。有条件的普通中学可开设职业教育课程。加强农村职业教育师资、教材和实训基地建设。

六、积极稳妥地解决农民工社会保障问题

（十六）高度重视农民工社会保障工作。根据农民工最紧迫的社会保障需求，坚持分类指导、稳步推进，优先解决工伤保险和大病医疗保障问题，逐步解决养老保障问题。农民工的社会保障，要适应流动性大的特点，保险关系和待遇能够转移接续，使农民工在流动就业中的社会保障权利不受损害；要兼顾农民工工资收入偏低的实际情况，实行低标准进入、渐进式过渡，调动用人单位和农民工参保的积极性。

（十七）依法将农民工纳入工伤保险范围。各地要认真贯彻落实《工伤保险条例》。所有用人单位必须及时为农民工办理参加工伤保险手续，并按时足额缴纳工伤保险费。在农民工发生工伤后，要做好工伤认定、劳动能力鉴定和工伤待遇支付工作。未参加工伤保险的农民工发生工伤，由用人单位按照工伤保险规定的标准支付费用。当前，要加快推进农民工较为集中、工伤风险程度较高的建筑行业、煤炭等采掘行业参加工伤保险。建筑施工企业同时应为从事特定高风险作业的职工办理意外伤害保险。

（十八）抓紧解决农民工大病医疗保障问题。各统筹地区要采取建立大病医疗保险统筹基金的办法，重点解决农民工进城务工期间的住院医疗保障问题。根据当地实际合理确定缴费率，主要由用人单位缴费。完善医疗保险结算办法，为患大病后自愿回原籍治疗的参保农民工提供医疗结算服务。有条件的地方，可直接将稳定就业的农民工纳入城镇职工基本医疗保险。农民工也可自愿参加原籍的新型农村合作医疗。

（十九）探索适合农民工特点的养老保险办法。抓紧研究低费率、广

覆盖、可转移，并能够与现行的养老保险制度衔接的农民工养老保险办法。有条件的地方，可直接将稳定就业的农民工纳入城镇职工基本养老保险。已经参加城镇职工基本养老保险的农民工，用人单位要继续为其缴费。劳动保障部门要抓紧制定农民工养老保险关系异地转移与接续的办法。

七、切实为农民工提供相关公共服务

（二十）把农民工纳入城市公共服务体系。输入地政府要转变思想观念和管理方式，对农民工实行属地管理。要在编制城市发展规划、制定公共政策、建设公用设施等方面，统筹考虑长期在城市就业、生活和居住的农民工对公共服务的需要，提高城市综合承载能力。要增加公共财政支出，逐步健全覆盖农民工的城市公共服务体系。

（二十一）保障农民工子女平等接受义务教育。输入地政府要承担起农民工同住子女义务教育的责任，将农民工子女义务教育纳入当地教育发展规划，列入教育经费预算，以全日制公办中小学为主接收农民工子女入学，并按照实际在校人数拨付学校公用经费。城市公办学校对农民工子女接受义务教育要与当地学生在收费、管理等方面同等对待，不得违反国家规定向农民工子女加收借读费及其他任何费用。输入地政府对委托承担农民工子女义务教育的民办学校，要在办学经费、师资培训等方面给予支持和指导，提高办学质量。输出地政府要解决好农民工托留在农村子女的教育问题。

（二十二）加强农民工疾病预防控制和适龄儿童免疫工作。输入地要加强农民工疾病预防控制工作，强化对农民工健康教育和聚居地的疾病监测，落实国家关于特定传染病的免费治疗政策。要把农民工子女纳入当地免疫规划，采取有效措施提高国家免疫规划疫苗的接种率。

（二十三）进一步搞好农民工计划生育管理和服务。实行以输入地为主、输出地和输入地协调配合的管理服务体制。输入地政府要把农民工计划生育管理和服务经费纳入地方财政预算，提供国家规定的计划生育、生殖健康等免费服务项目和药具。用人单位要依法履行农民工计划生育相关管理服务责任。输出地要做好农民工计划生育宣传、教育和技术服务工作，免费发放《流动人口婚育证明》，及时向输入地提供农民工婚育信息。加强全国流动人口计划生育信息交换平台建设。

（二十四）多渠道改善农民工居住条件。有关部门要加强监管，保证农民工居住场所符合基本的卫生和安全条件。招用农民工数量较多的企业，在符合规划的前提下，可在依法取得的企业用地范围内建设农民工集体宿舍。农民工集中的开发区和工业园区，可建设统一管理、供企业租用的员工宿舍，集约利用土地。加强对城乡结合部农民工聚居地区的规划、建设和管理，提高公共基础设施保障能力。各地要把长期在城市就业与生活的农民工居住问题，纳入城市住宅建设发展规划。有条件的地方，城镇单位聘用农民工，用人单位和个人可缴存住房公积金，用于农民工购买或租赁自住住房。

八、健全维护农民工权利的保障机制

（二十五）保障农民工依法享有的民主政治权利。招用农民工的单位，职工代表大会要有农民工代表，保障农民工参与企业民主管理权利。农民工户籍所在地的村民委员会，在组织换届选举或决定涉及农民工权利的重大事务时，应及时通知农民工，并通过适当方式行使民主权利。有关部门和单位在评定技术职称、晋升职务、评选劳动模范和先进工作者等方面，要将农民工与城镇职工同等看待。依法保障农民工人身自由和人格尊严，严禁打骂、侮辱农民工的非法行为。

（二十六）深化户籍管理制度改革。逐步地、有条件地解决长期在城市就业和居住农民工的户籍问题。中小城市和小城镇要适当放宽农民工落户条件；大城市要积极稳妥地解决符合条件的农民工户籍问题，对农民工中的劳动模范、先进工作者和高级技工、技师以及其他有突出贡献者，应优先准予落户。具体落户条件，由各地根据城市规划和实际情况自行制定。改进农民工居住登记管理办法。

（二十七）保护农民工土地承包权利。土地不仅是农民的生产资料，也是他们的生活保障。要坚持农村基本经营制度，稳定和完善农村土地承包关系，保障农民工土地承包权利。不得以农民进城务工为由收回承包地，纠正违法收回农民工承包地的行为。农民外出务工期间，所承包土地无力耕种的，可委托代耕或通过转包、出租、转让等形式流转土地经营权，但不能撂荒。农民工土地承包经营权流转，要坚持依法、自愿、有偿的原则，任何组织和个人不得强制或限制，也不得截留、扣缴或以其他方式侵占土地流转收益。

（二十八）加大维护农民工权利的执法力度。强化劳动保障监察执法，加强劳动保障监察队伍建设，完善日常巡视检查制度和责任制度，依法严厉查处用人单位侵犯农民工权利的违法行为。健全农民工维权举报投诉制度，有关部门要认真受理农民工举报投诉并及时调查处理。加强和改进劳动争议调解、仲裁工作。对农民工申诉的劳动争议案件，要简化程序、加快审理，涉及劳动报酬、工伤待遇的要优先审理。起草、制定和完善维护农民工权利的法律法规。

（二十九）做好对农民工的法律服务和法律援助工作。要把农民工列为法律援助的重点对象。对农民工申请法律援助，要简化程序，快速办理。对申请支付劳动报酬和工伤赔偿法律援助的，不再审查其经济困难条件。有关行政机关和行业协会应引导法律服务机构和从业人员积极参与涉及农民工的诉讼活动、非诉讼协调及调解活动。鼓励和支持律师和相关法律从业人员接受农民工委托，并对经济确有困难而又达不到法律援助条件的农民工适当减少或免除律师费。政府要根据实际情况安排一定的法律援助资金，为农民工获得法律援助提供必要的经费支持。

（三十）强化工会维护农民工权利的作用。用人单位要依法保障农民工参加工会的权利。各级工会要以劳动合同、劳动工资、劳动条件和职业安全卫生为重点，督促用人单位履行法律法规规定的义务，维护农民工合法权利。充分发挥工会劳动保护监督检查的作用，完善群众性劳动保护监督检查制度，加强对安全生产的群众监督。同时，充分发挥共青团、妇联组织在农民工维权工作中的作用。

九、促进农村劳动力就地就近转移就业

（三十一）大力发展乡镇企业和县域经济，扩大当地转移就业容量。这是农民转移就业的重要途径。各地要依据国家产业政策，积极发展就业容量大的劳动密集型产业和服务业，发展农村二、三产业和特色经济，发展农业产业化经营和农产品加工业；落实发展乡镇企业和非公有制经济的政策措施，吸纳更多的农村富余劳动力在当地转移就业。有关部门要抓紧研究制定扶持县域经济发展的相关政策，增强县域经济活力。

（三十二）引导相关产业向中西部转移，增加农民在当地就业机会。积极引导东部相关产业向中西部转移，有利于促进农村劳动力就地就近转移就业，也有利于形成东中西良性互动、共同发展的格局。要在产业政策上鼓励大中城市、沿海发达地区的劳动密集型产业和资源加工型企业向中西部地区转移。中西部地区要在有利于节约资源和保护环境的前提下，主动承接产业转移，为当地农村劳动力转移就业创造良好环境。

（三十三）大力开展农村基础设施建设，促进农民就业和增收。按照建设社会主义新农村的要求，统筹规划城乡公共设施建设。各级人民政府要切实调整投资结构，把对基础设施建设投入的重点转向农村，改善农村生产生活条件，带动农村经济发展和繁荣。加快形成政府支持引导、社会资金参与、农民劳动积累相结合的农村建设投入机制。农村基础设施建设要重视利用当地原材料和劳动力，注重建设能够增加农民就业机会和促进

农民直接增收的中小型项目。

（三十四）积极稳妥地发展小城镇，提高产业集聚和人口吸纳能力。按照循序渐进、节约用地、集约发展、合理布局的原则，搞好小城镇规划和建设。加大对小城镇建设的支持力度，完善公共设施。继续实施小城镇经济综合开发示范项目。发展小城镇经济，引导乡镇企业向小城镇集中。采取优惠政策，鼓励、吸引外出务工农民回到小城镇创业和居住。

十、加强和改进对农民工工作的领导

（三十五）切实把解决农民工问题摆在重要位置。解决好涉及农民工利益的问题，是各级人民政府的重要职责。各级人民政府要切实把妥善解决农民工问题作为一项重要任务，把统筹城乡就业和促进农村劳动力转移纳入国民经济和社会发展中长期规划和年度计划。做好农民工工作的主要责任在地方，各地都要制定明确的工作目标、任务和措施，并认真落实。地方各级人民政府要建立农民工管理和服务工作的经费保障机制，将涉及农民工的劳动就业、计划生育、子女教育、治安管理等有关经费，纳入正常的财政预算支出范围。

（三十六）完善农民工工作协调机制。国务院建立农民工工作联席会议制度，统筹协调和指导全国农民工工作。联席会议由国务院有关部门和工会、共青团、妇联等有关群众团体组成，联席会议办公室设在劳动保障部。各有关部门要各司其职、分工负责，检查督促对农民工的各项政策的落实。地方人民政府也应建立相应的协调机制，切实加强对农民工工作的组织领导。输出地和输入地的基层组织要加强协调沟通，共同做好农民工的教育、引导和管理工作。

（三十七）引导农民工全面提高自身素质。农民工是我国产业大军中的一支重要力量。农民工的政治思想、科学文化和生产技能水平，直接关系到我国产业素质、竞争力和现代化水平，必须把全面提高农民工素质放在重要地位。要引导和组织农民工自觉接受就业和创业培训，接受职业技术教育，提高科学技术文化水平，提高就业、创业能力。要在农民工中开展普法宣传教育，引导他们增强法制观念，知法守法，学会利用法律、通过合法渠道维护自身权利。开展职业道德和社会公德教育，引导他们爱岗敬业、诚实守信，遵守职业行为准则和社会公共道德。开展精神文明创建活动，引导农民工遵守交通规则、爱护公共环境、讲究文明礼貌，培养科学文明健康的生活方式。进城就业的农民工要努力适应城市工作、生活的新要求，遵守城市公共秩序和管理规定，履行应尽义务。

（三十八）发挥社区管理服务的重要作用。要建设开放型、多功能的城市社区，构建以社区为依托的农民工服务和管理平台。鼓励农民工参与社区自治，增强作为社区成员的意识，提高自我管理、自我教育和自我服务能力。发挥社区的社会融合功能，促进农民工融入城市生活，与城市居民和谐相处。完善社区公共服务和文化设施，城市公共文化设施要向农民工开放，有条件的企业要设立农民工活动场所，开展多种形式的业余文化活动，丰富农民工的精神生活。

（三十九）加强和改进农民工统计管理工作。充分利用和整合统计、公安、人口计生等部门的资源，推进农民工信息网络建设，实现信息共享，为加强农民工管理和服务提供准确、及时的信息。输入地和输出地要搞好农民工统计信息交流和工作衔接。

（四十）在全社会形成关心农民工的良好氛围。社会各方面都要树立理解、尊重、保护农民工的意识，开展多种形式的关心帮助农民工的公益活动。新闻单位要大力宣传党和国家关于农民工的方针政策，宣传农民工在改革开放和现代化建设中的突出贡献和先进典型，加强对保障农民工权利情况的舆论监督。对优秀农民工要给予表彰奖励。总结、推广各地和用人单位关心、善待农民工的好做法、好经验，提高对农民工的服务和管理水平。

各地区、各部门要认真贯彻国家关于解决农民工问题的各项法律法规和政策规定，按照本文件的要求，结合实际抓紧制定和完善配套措施及具体办法，积极研究解决工作中遇到的新问题，确保涉及农民工的各项政策措施落到实处。

中华人民共和国国务院

二○○六年一月三十一日

参考资料

［1］马克思．马克思恩格斯全集（第 26 卷）［M］．北京：人民出版社，1973.

［2］王家福，刘海英，李林主编．人权与 21 世纪［M］．北京：中国法制出版社，2000.

［3］张文显．法理学（第三版）［M］．北京：高等教育出版社，北京大学出版社，2007.

［4］张文显．法哲学范畴研究［M］．北京：中国政法大学出版社，2001.

［5］李昌麒．中国农村法治发展研究［M］．北京：人民出版社，2006.

［6］韩俊．中国农民工战略问题研究［M］．上海：上海远东，2009.

［7］郑功成，黄黎若莲．中国农民工问题与社会保护（上下册）［M］．北京：人民出版社，2007.

［8］谢建社．中国农民工权利保障［M］．北京：社会科学文献出版社，2009.

［9］蒋月．中国农民工劳动权利保护研究［M］．北京：法律出版社，2006.

［10］蔡禾．城市化进程中的农民工［M］．北京：社会科学文献出版

社，2009.

［11］张国胜.中国农民工市民化：社会成本视角的研究［M］.北京：人民出版社，2008.

［12］佟丽华.谁动了他们的权利？：中国农民工维权案例精析［M］.北京：法律出版社，2006.

［13］韩福国.新型产业工人与中国工会［M］.上海：上海人民出版社，2008.

［14］夏勇.人权概念起源：权利的历史哲学［M］.北京：中国政法大学出版社，2001.

［15］陈民等.农民工维权论［M］.北京：中国工人出版社，2003.

［16］卢海元.走进城市：农民工的社会保障［M］.北京：经济管理出版社，2004.

［17］李涛，李真.农民工：流动在边缘［M］.北京：当代中国出版社，2006.

［18］李强.农民工与中国社会分层［M］.北京：社会科学文献出版社，2004.

［19］李琼.西欧社会保障制度［M］.北京：中国社会科学出版社，1989.

［20］程燎原，王人博.权利及其救济［M］.济南：山东人民出版社，2004.

［21］张敏杰.中国弱势群体研究［M］.长春：长春出版社，2003.

［22］吴忠民.社会公正论［M］.济南：山东人民出版社，2004.

［23］李路路，孙志祥主编.透视不平等——国外社会阶层理论［M］.北京：社会科学文献出版社，2002.

［24］卢海元.走进城市：农民工的社会保障［M］.北京：经济管理出版社，2003.

［25］郭书田，刘纯彬等.失衡的中国——农村城市化的过去、现在与未来［M］.石家庄：河北人民出版社，1990.

［26］李培林.中国进城农民工的经济社会分析［M］.北京：社会科学文献出版社，2003.

［27］余红.中国农民工考察［M］.北京：昆仑出版社，2004.

［28］朱力.中国民工潮［M］.福州：福建人民出版社.2002.

［29］刘应杰.中国城乡关系与中国农民工人［M］.北京：中国社会科学出版社，2000.

［30］郭夏娟.为正义而辩［M］.北京：人民出版社，2004.

［31］齐延平.社会弱势群体的权利保护［M］.济南：山东人民出版社，2006.

［32］柯兰君，李汉林.都市里的村民——中国大城市的流动人口［M］.北京：中央编译出版社，2001.

［33］王章辉，黄柯可.欧美农村劳动力的转移与城市化［M］.北京：社会科学文献出版社，1999.

［34］［美］罗纳德·德沃金.认真对待权利（中译本）［M］.北京：中国大百科全书出版社，1998.

［35］［英］A.J.M.米尔恩.人权哲学［M］.王先恒等译，北京：东方出版社，1991.

［36］［日］大须贺明.生存权论［M］.林浩译，北京：法律出版社，2001.

［37］［美］约翰·罗尔斯.正义论（中译本）［M］.北京：中国社会科学出版社，1988.

［38］［美］迈克尔·J.桑德尔.自由主义与正义的局限［M］.万俊人等译，南京：译林出版社，2001.

［39］邓秀华.西方发达国家公共参与经验对农民工政治参与的启示［J］.求索，2009，（8）.

［40］冯哲.农民工法律援助制度困境［J］.分析与解决农业经济，2009，（8）.

［41］董保华."黑砖窑事件"引发的法律思考［J］.甘肃社会科学，

2009，（6）.

　　［42］罗晓红.农民工市民化：建设和谐社会的理性选择［J］.理论与改革，2007，（6）.

　　［43］何延军，张建兵.论农民工劳动权益保护与劳动法律的完善［J］.法学杂志，2007，（6）.

　　［44］汪勇."农民工"称谓的历史演变及其启示［J］.南京社会科学，2007，（11）.

　　［45］颜明权.农民工市民化过程实证研究［D］.长春：吉林大学，2007.

　　［46］蔡高强，张军莲.从国际劳工标准看农民工社会保障制度的完善［J］.河北法学，2006，（3）.

　　［47］张波.农民工合法权益保护的十大问题与出路［J］.南京社会科学，2006，（5）.

　　［48］刘翠霄.进城务工人员的社会保障问题［J］.法学研究，2005，（2）.

　　［49］冯彦君.劳动权的多重意蕴［J］.当代法学，2004，（2）.

　　［50］陈桂兰.城市农民工的权益保障与政府责任［J］.前沿，2004，（3）.

　　［51］郑传贵.农民工政治参与的边缘性［J］.理论前沿，2004，（5）.

　　［52］许经勇，曾芬钰.农民工：我国经济社会转型期的一个特殊范畴［J］.学术研究，2004，（2）.

　　［53］韩利文，付华英.我国农民工现象的制度分析［J］.市场经济研究，2004，（1）.

　　［54］王春光.农民工在流动中面临的社会体制问题［J］.党政干部论坛，2004，（4）.

　　［55］严红艳.论我国农民工薪酬权利的法律保护［D］.湘潭：湘潭大学，2004.

　　［56］蓝春娣，任保平.关于农民工社会保障问题的思考［J］.社会科学研究，2004，（5）.

　　［57］周春霞.农民工与市民冲突的经济社会分析［J］南京社会科学，

2004,（3）.

［58］杨守建.城市流动青年生存状况研究［J］.中国青年研究,
2004,（9）.

［59］吕斌.论民工工资的清欠与劳动争议法制的完善［J］.政法论
丛,2004,（2）.

［60］罗忆源.农民工流动对其社会关系网络的影响［J］.青年研究,
2003,（11）.

［61］李强.影响中国城乡流动人口的推力与拉力因素分析［J］.中国
社会科学,2003,（1）.

［62］陈曦.关于农民工子女受教育问题的几点思考［J］.理论观察,
2003,（5）.

［63］江立华.城市性与农民工的城市适应［J］.社会科学研究,
2003,（5）.

［64］郑杭生.全面建设小康社会与弱势群体的社会救助［J］.中国人
民大学学报,2003,（1）.

［65］郑功成.农民工的权益与社会保障［J］.中国党政干部论坛,
2002,（8）.

［66］蔡志海.制度变迁中农民工的生存状态及其未来命运［J］.华中
师大学报,2002,（7）.

［67］张恒山.论正义与法律正义［J］.法制与社会发展,2002,（1）.

［68］陈真,邓见光.社会弱势群体的法律保护［J］.当代法学,
2002,（8）.

［69］李强.中国外出农民工及其汇款之研究［J］.社会学研究,
2001,（4）.

［70］孔维军.论农村流动人口对城乡二元经济结构的影响［J］.广西
社会科学,2001,（1）.

［71］汪太贤.法学视野中的权利问题［J］.理论与现代化,2001,（2）.

后　记

　　本书是黄进才教授所主持的国家哲学社会科学基金项目的终期研究成果。由黄进才教授策划设计、组织调研和撰写；黄进才教授、李宏教授、杨红朝教授、黄延廷教授、王鹏祥教授、张长伟教授、马淑明同志等参与了撰写工作。最后，由黄进才教授统稿和修改。

　　在研究和出版过程中，得到了国家社会科学规划办和河南省社会科学规划办领导的亲切关怀，也得到了人民出版社的大力支持。河南师范大学大学科研处和河南师范大学法学院老师、本科生和研究生提供了很大的帮助。本书还获得了河南师范大学学术专著出版基金资助和河南师范大学法学院科研资助。在此，对各位领导、专家、同人、同学和河南师范大学一并表示诚挚的谢意！

　　在法学研究的园地中，强手如林，我虽耕耘多年，可常常感到惭愧，对自己的成果往往不甚满意，还望领导、专家、同人和读者不吝赐教，以便日后修正补充。

黄进才
2011 年 5 月于河南师范大学法学院

责任编辑：王世勇

图书在版编目（CIP）数据

中国农民工权利保护的法律考察 / 黄进才 著．
 －北京：人民出版社，2011.7
ISBN 978－7－01－010099－9

I.①中…　II.①黄…　III.①民工 － 劳动就业 － 劳动法 － 研究 － 中国
 IV.① D922.504

中国版本图书馆 CIP 数据核字（2011）第 148773 号

中国农民工权利保护的法律考察
ZHONGGUO NONGNINGGONG QUANLI BAOHU DE FALÜ KAOCHA

黄进才 著

人民出版社 出版发行
（100706　北京朝阳门内大街 166 号）

北京瑞古冠中印刷厂印刷　新华书店经销

2011 年 7 月第 1 版　2011 年 7 月北京第 1 次印刷
开本：710 毫米 × 1000 毫米 1/16　印张 16.5
字数：236 千字　印数：0,001－2,000 册
ISBN 978－7－01－010099－9　定价：39.00 元

邮购地址 100706　北京朝阳门内大街 166 号
人民东方图书销售中心　电话（010）65250042　65289539